谨以此书献给
厉以宁先生和何玉春老师

感谢北京大学管理科学中心
对本书出版的资助

陈骐 著

马儿探路未停蹄
——厉以宁改革论著评述（2002—2020）

哈尔滨出版社

图书在版编目(CIP)数据

马儿探路未停蹄:厉以宁改革论著评述:2002—2020 / 陈骐著. — 哈尔滨:哈尔滨出版社,2023.9
ISBN 978-7-5484-7586-6

Ⅰ.①马… Ⅱ.①陈… Ⅲ.①中国经济 – 经济改革 – 文集 Ⅳ.①F12 – 53

中国国家版本馆 CIP 数据核字(2023)第 184130 号

书　　名	马儿探路未停蹄——厉以宁改革论著评述(2002—2020)
	MA'ER TANLU WEI TINGTI——LI YINING GAIGE LUNZHU PINGSHU(2002—2020)

作　　者:陈　骐　著
责任编辑:韩金华　李　欣
装帧设计:赫小平

出版发行:哈尔滨出版社(Harbin Publishing House)
社　　址:哈尔滨市香坊区泰山路 82 – 9 号　　邮编:150090
经　　销:全国新华书店
印　　刷:玖龙(天津)印刷有限公司
网　　址:www. hrbcbs. com
E – mail:hrbcbs@ yeah. net
编辑版权热线:(0451)87900271　87900272
销售热线:(0451)87900202　87900203

开　　本:787mm×1092mm　1/16　印张:16.25　字数:240 千字
版　　次:2023 年 9 月第 1 版
印　　次:2024 年 3 月第 2 次印刷
书　　号:ISBN 978-7-5484-7586-6
定　　价:68.00 元

凡购本社图书发现印装错误,请与本社印制部联系调换。
服务热线:(0451)87900279

前言

作为一名经济学专业的学生，能够承担本书的撰写工作，说来也是机缘巧合。2016年夏，有出版社联系厉以宁老师，计划再版一位师兄于2002年撰写的图书《当代中国经济学家学术评传——厉以宁》，并希望能够在原有基础上进行内容扩充。当时我长伴厉以宁教授身边学习，有幸承担了这一工作。可能是燕园生活过于安逸，当然也主要由于我性格比较散漫，该书的撰写工作一直拖延，提笔已是2017年7月了，而完成初稿更是延至2018年2月。但是后来本书的出版一拖再拖，直到2021年，方才在添加了"文化经济学"一章后交给了出版社，之后又因种种原因，更换了出版社才得以出版，此时先生已经仙逝，也是人生遗憾。

对于该书的定位，我仅作为初出茅庐的博士生，面对厉以宁教授浩如烟海的著作，实在不敢将该书称为评论。我内心深处更多地将此书定义为论点整理或理论简介。厉以宁教授的作品，其本身理论的高度已经获得社会各阶层人士的认可，并且众多观点被直接用于国家战略，而更难能可贵的是作品具有极强的可读性。在当今经济学界过于注重数学、计量等技术性方法时，厉以宁教授的研究往往能够深入浅出，为广大群众所理解。这一点对我国经济学知识的普及和民众经济学素养的提升有着不可估量的作用。改革开放四十余年，社会主义市场经济的理念深入人心，但事实上，多数民众只知其名而不知其实，对基本的经济学概念也只有一层模糊的印象。这一点对我国经济政策的落实有着致命的影响。

事实上，我国民众的意识形态在潜移默化中发生了质变。50、60后乃至更年老的群体，他们从饥饿、物资匮乏的年代走来，精力集中在物质生活改善上，对自我诉求、自我愿望的表达意愿不是十分强烈，对与改善其生活物质水平无关的决定、措施、政策基本持有无所谓的态度。但随着时间的推移，当80、90后逐渐成长，日益成为社会的中坚力量，成为社会发声的主力时，情况就变了。这一群体成长于改革开放的浪潮中，相对而言物质生活比较丰富。他们在追求丰富的物质消费的同时，更加注重自身意愿的表达和实现，更加看重探究事物的原因。他们不再满足于"是什么"的告知，而注重"为什么"的追根溯源。但可悲的是，这一群体中的大多数人缺乏比较规范化、科学化的思考逻辑及框架，往往凭借主观判断事物的逻辑和内在联系，这将直接增加社会的不稳定性。2016年6月瑞士公投否决了政府无条件向每个公民发放"基本工资"的议案。在公投机制下，想必多数瑞士公民意识到了该议案对社会劳动力积极性、物价水平、经济运行等有着极大的负面影响。有感于瑞士公民经济学素养之高，远非我国公民能比，而回头阅读厉以宁教授的著作，其可读性之强就显得越发难得。厉以宁教授的学术著作能够有效帮助多数群体、不同人士构建属于他们自己的经济学分析框架，甚至一些作品（如《社会主义政治经济学》）可以直接作为经济学实操手册使用。

在撰写此书时，我阅读了大量厉以宁教授的专著、论文等，偶有几点心得，并以此为基础对厉以宁教授的观点进行了一定的整理。第一，厉以宁教授十分注重微观主体的构建。早在20世纪80年代，我国经济学界根据四位经济学家的观点取了四个雅号——"有计划、吴市场、厉股份、杨承包"。几十年过去了，现在社会上能听到声音的也就剩下厉以宁教授。改革开放初期国家针对城市经济改革制定的政策主要是改市场价格。厉以宁教授于1984年在北大礼堂突破性地喊出了股份制改革培育微观市场主体的观点。虽然该观点得到了一定程度的社会响应，但20世纪80年代后期政府仍然选择了双轨制并轨的价格闯关。然而价格闯关失败了，直接导致了1987年开始的高通货膨胀，以及20世纪90年代初期的经济硬着陆。众所周知在邓小平同志1992年南方谈话后，我国走上了股份制改革的道路，这与厉以宁教授的多方呼吁息息相关。从股份制开始，厉以宁教授一直关注我国市场经济微观主体的建设，特别是针对中国国情，提出了第二类非均衡的概念。区别于西方国家长期在均衡附近波动的第一类非均衡，第二类非均衡指在缺乏有效具有市场经济意识、适应市场经济发展各阶段需求的微观主体的前提下，经济长期处于非均衡的状态。厉以宁教授指出中国经济的改革重点在于微观主体的建设，在缺乏有效微观主体的前提下，任何政策的效果都将大打折扣，甚至无效。

第二，厉以宁教授众多观点的落脚点在于以人为本，激发微观主体的积极性。分析厉以宁教授解决不同问题所提出的政策建议，可以发现，厉以宁教授总是在不违背客观规律的前提下，以人为本，通过建立符合中国国情的制度、体制，激发市场微观主体的积极性，以求达到一定的经济目标。股份制改革、国有企业改革、鼓励民营企业发展、集体林权制度改革、混合所有制改革，直至文化经济的研究，厉以宁教授所提出的观点中，几乎看不到政府直接运用"看得见的手"进行行政干预，更多的是通过政府搭建平台、体制，为微观主体创建一个能够有效激发积极性、主观能动性的市场机制，最终利用"看不见的手"，达到改革的目的。

第三，对公平、公正的理解。厉以宁教授说过除非在大灾大难等极端条件下，人民可以追求结果的公平，即平均主义，否则平均主义本身就是不公平。在多数情况下，社会应该追求的是起点公平和制度的公平。事实上，平均主义扼杀的是人本身能力、认知、技术、知识等方面的差异，是对有能力者的极端不公平。而历史告诉我们绝对的平均主义是不存在的，厉以宁教授常举一个《水浒传》的例子。《水浒传》中梁山好汉大块吃肉、论斤分金银，看似公平，实际上这也是分锅吃饭，抢来的金银均分为两份，一份由少数头领瓜分，一份由多数士兵分配，这一制度本身就存在不平等。一个良性运转的社会唯有在起点公平并保证有公平的制度的前提下才能实现真正的公平。当然作为经济学的泰斗,厉以宁教授的政策中也不乏悲天悯人的情怀。20世纪90年代中期开始,我国进入了国有企业的改革期,为提速增效,国有企业破产重组,致使企业员工下岗再就业。众多双职工家庭一夜之间成为双下岗家庭,生活难以为继的比比皆是。当时厉以宁教授极力反对这一做法,认为提速增效是吃多吃少的问题,而下岗与否则是有无饭吃的问题。虽然下岗浪潮的剧痛期已经过去,但多年后的今天,该政策仍然深远地影响着我国的经济、社会各个方面。

第四,研究经济不局限于经济本身,从更广领域审视经济发展规律。厉以宁教授在青年时就专注于经济史的研究,有着十分深厚的史学、文学功底。为此厉以宁教授在研究经济学时,总能跳出传统经济理论框架,从历史、人文等更为广阔的视角研究经济学。从厉以宁教授20世纪80年代出版的《社会主义政治经济学》《体制·目标·人——经济学面临的挑战》到《超越市场与超越政府:论道德力量在经济中的作用》,再到晚年的《文化经济学》,厉以宁教授将人、道德、文化等因素引入了经济学研究中,为中国经济学研究打开了一个全新的领域。

这四点心得也不知对错、是否合适。但我还是以这四点心得为基础选取了厉以宁教授2002以来所关注的几个问题,整理阐述厉以宁教授的观点。当然对于厉以宁教授的众多观点而言,这几个问题犹如九牛一毛,仅仅是以偏概全之说,对于其他的观点,希望能在未来有机会撰写厉以宁教授观点补遗时加入。

本书分为八章,分别是:产权改革、扶贫开发、城镇化专题、二元体制改革、经济结构调整、创新创业、民营企业及文化经济学。每章将以厉以宁教授的观点与原话为主体,夹杂部分衔接内容及学习心得。

在本书的撰写过程中,十分感谢诸位师兄弟的帮助,他们是:程志强、童光毅、刘焕性、田成川、丁丁、刘玉铭、滕飞、郑少武、赵锦勇、傅帅雄、刘海北、刘丽文、吴宇晨等。

在前言的最后,仅以一首《满江红》送于厉以宁教授、师母。厉以宁教授与师母刚结婚时,两地分居,家徒四壁,并在之后的各次运动中都遭受迫害。直至被下放到鲤鱼洲时,二老才真正相聚。在这一过程中,厉以宁教授不断积累,纵使外界风云变幻,也不改初衷,待苍黄突变,一展拳脚。改革开放后,厉以宁教授与师母一同经历欢声笑语与诽谤恐吓,但回顾六十年的婚姻,唯有安之若素的态度,一直未变。

满江红·赠老师、师母

桑梓吴湘,避战乱,飘零逦客。

波澜起,身藏雍泮,师恩仁恻。

杏雨沾衣屯野径,蓼风迎面耕洲泽。

待苍黄,换日月清熙,蓬星蛰。

推股份,崇改革。书经典,传明德。

沥肝肠悃愊,飞文空刼。

千里江山皆足迹,万言雄论成良策。

甲子间,历厄共兰舟,和琴瑟。

目 录

第一章　产权改革 ... 1

一、农林产权改革 ... 2
二、国有企业混合所有制改革 ... 12
三、民营企业产权改革 ... 20
四、深化农垦体制改革 ... 26

第二章　扶贫开发 ... 30

一、产业视角下扶贫发展研究 ... 30
二、区域视角下扶贫发展研究 ... 37
三、贫困地区协调发展 ... 42
四、我国西部大开发战略研究 ... 49

第三章　城镇化专题 ... 55

一、中国城镇化道路 ... 55
二、城镇化背景下的农村发展 ... 64

  三、城镇化过程中的资源配置 ······················· 70

  四、城镇化过程中的问题及其解决方案 ··········· 74

第四章　二元体制改革 ······································ 81

  一、改革城乡二元体制 ··································· 81

  二、跨越中等收入陷阱 ··································· 93

  三、二元劳动力市场 ···································· 100

第五章　经济结构调整 ···································· 109

  一、结构调整 ·· 109

  二、供给侧结构性改革 ································· 117

  三、新常态下的中国经济 ····························· 124

第六章　创新创业 ··· 132

  一、创新驱动经济转型和观念转变 ················ 132

  二、支持企业自主创新 ································· 135

  三、推动中国制造业创新发展 ······················ 141

  四、创新创业者的作用 ································· 146

  五、创业投资业的发展 ································· 149

  六、寻找中国"红利"的新源泉 ······················ 151

第七章　民营企业 ··· 158

  一、民营经济在经济和社会发展中的作用 ······ 158

  二、民营企业的发展与问题 ·························· 163

  三、"非公经济36条" ··································· 167

  四、民营企业的转型 ···································· 171

五、民营企业的未来发展趋势 ················· 176
　六、中国企业家 ································· 179
　七、家族企业的传承 ···························· 182

第八章　文化经济学　186

　一、文化产品与文化产业 ······················ 186
　二、文化启蒙、创新、传承与共享 ············ 193
　三、文化调节和制衡 ···························· 196
　四、文化包容与自信 ···························· 200
　五、文化与经济管理 ···························· 203

厉以宁教授 2002—2020 年著作索引 ················· 208

厉以宁教授 2002—2020 年论文索引 ················· 212

第一章 产权改革

产权改革是推进社会主义市场经济发展的重要环节。社会主义市场经济的运行离不开农民、国有企业和民营企业等主体的活动,如果不考虑农民产权问题、国有企业产权改革的问题及民营企业产权界定的问题,那么很容易导致市场经济运行的主体界定模糊,不利于经济的快速发展。

厉以宁教授在20世纪80年代提出"非均衡的中国经济"的概念,中国所处的第二类非均衡区别于西方国家的第一类非均衡的最主要特点是缺乏市场主体,进而在市场不完善、垄断存在等情形下,出现总量和结构两个层面的经济失衡。所以经济改革的主线不宜以放开价格为主,而应该是以培育自主经营、自负盈亏的市场主体为主要内容的产权改革为主。产权不明晰,产权没有界定,难以形成真正的市场主体,换句话说,如果产权没有清晰化,那么人们在交换过程中,就会遇到障碍,即没有拥有对相关资产的完整产权,就难以完全按照个人意志进行转让,从而对市场的交换产生负面影响。对农业而言,若农民的产权问题没有解决,依附于土地所产生的财产性收入对农民来说就不存在,从而将影响农民的收入,形成更大的城乡收入差距。同时国有企业的产权需进一步改革,即以混合所有制形式为主导,通过股份制改革明确产权。这将对国有企业的资源配置效率产生积极影响,有利于国有企业改革成为高效的市场主体。此外,民营企业在"体制转型"的带动下,需解决历史遗留的产权不清问题，以界定好民营企业的产权。民营企业作为非公有制经济的重要支柱，可以助推社会主义市场经济的发展。

十八届三中全会通过的《中共中央关于全面深化改革若干重大问题的决定》，明确指出完善产权保护制度，健全归属清晰、权责明确、保护严格、流转顺畅的现代产权制度。这是完善社会主义市场经济体制的必然要求。

一、农林产权改革

农村改革是以农村家庭联产承包责任制的推行为起点的，这一轮改革突破了传统计划经济体制下城乡二元体制中的组织形式——人民公社制度，充分调动了农民生产的积极性。原先计划经济体制的运转离不开城乡二元体制，依靠城乡分割，限制城乡之间生产要素的流动，限制了农村剩余劳动力向城市中转移，进而将广大农民禁锢在农村土地上，造成了农民收入低、机会不平等的局面。而随后的城市经济体制改革将改革的重心集中在城市的国有企业改革上，并没有改变城乡二元体制依然存在的事实。进入新世纪之后，集体林权制度的改革被厉以宁教授称为"新世纪改革的第一声春雷"，农村产权改革又重新被推回舞台之上。事实上，正如厉以宁教授一直所关心的，社会主义市场经济要塑造有效微观主体，集体林权落实到户，农民成为更加健全的市场经济微观主体，同时农民可以通过产权的租赁、承包等方式，获取财产性收入。农户基于比较优势的劳动分工实现增收，进一步缩小城乡收入差距。另外，农村产权改革所涉及的面应该以集体林权制度的改革作为样板再扩大到集体农田，因此，土地确权是农村改革的重要环节。一旦土地确权，农户对自身权益的维护就有了保障，这可以将农民的生产积极性调动起来，以此形成对他们的激励。这种激励机制就是厉以宁教授比较赞许的以人为本通过市场机制所产生的个人激励。而且在土地确权之上开展的土地流转能够增加农民的财产性收入，更为关键的是通过土地入股合作社，可以实现农业生产的规模经济。正如厉以宁教授所论证的那样，经过土地确权的农田承包户才能成为市场的主体，中国才能成为一个富裕、强盛的社会主义市场经济国家。

(一)回顾与反思：家庭联产承包责任制的推行

1. 农村所有制改革的起步

中国体制改革的突破口是于1979年开始的体制转换,1978年底的十一届三中全会之后,我国确定了由社会主义计划经济体制转换到社会主义市场经济体制的基调,而撕开这一裂口的便是家庭联产承包责任制的推广。对家庭联产承包责任制的评价,厉以宁教授指出计划经济体制的链条最薄弱的环节在农村,所以将农村的产权改革作为体制转换的起始点是合理的。农村的生产受到管制,一方面由于生产要素不能够自由流动,另一方面,生产是按计划执行,没有自主权利,这样农民的生活质量得不到提高,才会出现安徽凤阳小岗村签下"生死状"协议搞承包的事情。家庭联产承包责任制是改革开放后以人为本调动微观主体积极性的第一次尝试。家庭联产承包责任制要求交够国家的,剩下的都是自己的,那么农民便有了经济剩余,更为重要的是这调动了农民生产的积极性,提高了粮食的产量。伴随着粮食产量的提高,农村便有了富余劳动力,这部分富余劳动力在城里找余料,在村里搞生产,请城里国营企业的工人来指导(俗称"星期天工程师"),从而孕育了一批乡镇企业,为经济的发展作出了重大贡献。家庭联产承包责任制的推广促进了乡镇企业的兴起,从而带动了整个经济引擎的运转,而这一切的改革是不可逆的,它所创造的收益大大降低了体制转型的成本。

2. 家庭联产承包责任制的成功:计划经济视角下的反思

厉以宁教授指出计划经济体制存在的最严重的问题就是效率比较低,没有真正地解决公平问题。计划经济体制讲求结果平等的平均主义,忽视了个人的差异及起点和制度的公平。在计划经济体制下,农民对土地没有产权,对粮食的生产和交易都没有自主权,农民就不能成为市场主体,此时的企业和农民都只是行政机关的附属物。在"平均主义"的分配条件下,个人的劳动是没有积极性可言的,生产经营效率也就十分低下,这造成物质短缺。

另外,公平也是一个需要考虑的问题,在计划经济体制下,如厉以宁教授指出的那样,计划经济体制下最大的权力是分配的权力,而分配的权力掌握在部分负责人手中,比如上面给的招工指标如何在数量较多的农村插队知青中分配,完全由当地的领导说了算,此时各种寻租开始出现,这种分配权力的滥用是最不公平的表现。

家庭联产承包责任制的推广解决了这两个问题,赋予农民一定的剩余所有权,可以充分调动农民生产积极性,有效地解决了短缺问题。另外,农民对剩余产品有了自主支配的权利,农民可以发挥主观能动性来组织生产和交换,这给农民提供了相对公平的产权交换环境。

(二)新阶段改革的第一声春雷:集体林权制度的改革

1. 一项迟到的改革

(1)迟到的改革及迟到的原因

厉以宁教授将集体林权制度的改革称为"迟到的改革",集体林权制度改革本可以伴随着家庭联产承包责任制在1979年推出,但未能如愿。在此期间,农民怕政策多变,在农民中出现了只顾眼前利益砍伐大量木材的现象,可以说正是由于担心乱砍滥伐的现象出现而推迟了改革。更为重要的是家庭联产承包责任制是一场由农民自发实验而迸发的"自下而上"的改革,后来得到中央的肯定,但是集体林权制度的改革缺乏这样自发实验的基础,这使得改革要远远落后于家庭联产承包责任制的改革,其所造成的后果便是集体林的产权仍然不清晰,经营主体仍然不确定,集体林地难以成为真正的市场主体,集体林地也难以给农户增加财产性收入,未能使农民脱贫致富。

中国改革进入第二阶段是在邓小平南方谈话后开始的,邓小平的访谈讲话成为了中央决策的主轴,"社会主义市场经济"这个概念在此时提出。这一阶段是改革集体林权制度的又一契机,但我们也错过了。主要原因是国家决策层将改革的重点放在国有企业改革上,集中在城市经济寻找改革的突破口上。伴随着1992年之后固定资产投资的大幅增长,工业化、城市化的进程将资源集中于工业生产,这进而导致城乡收入差距、工农业发展差距的扩大。厉以宁教授更为深刻地指出决策层对林业在国民经济中的地位和作用认识不足,对集体林权制度改革的重要性认识不足,某些政府部门往往不了解集体林权制度改革是缩小山区和平原、农村和城市之间收入差距的重要保证。某些政府人员对于林业资源的理解存在偏差,林业资源的盘活可以使得林农获得更多的未来现金流,实现资源向资本的转化,将林业资源资本化后,农民增收、创收会有新的渠道,有利于国民经济的发展。由这一论点也可以看出厉以宁教授的观点都是从微观主体最为根本的利益出发,从基础激励着手,思考改革。

(2)仿照并超越家庭联产承包责任制

集体林权制度改革应仿照家庭联产承包责任制建立对林木的所有权、经营权、收益权、处置权等。厉以宁教授指出,在集体林权制度改革中集体林地使用权和林木所有权都应当清晰,集体林地的所有权归集体,使用权归农民,而林木所有权则归农民。这些权利的清晰是集体林权制度改革的基础。集体林地使用权和林木所有权等相应产权清晰后,农民作为林地承包人可以依法进行转包、出租、转让、入股、抵押或作为出资、合作的条件。农民就成为真正的市场经营主体,林农可以依法自主决定经营方向和经营模式。农民的产权得到界定与保护,因此能调动其积极性。

厉以宁教授总结了集体林权制度改革超越家庭联产承包责任制的四个特点:第一,集体林地的承包期限大大高于家庭联产承包责任制。集体林地的承包期限为70年,期限越长,林农越能安心地经营林地,这突出了作为承包者的农民的经营主体地位。第二,规模经济的好处。家庭联产承包责任制达到一定程度后分散的土地会使生产效率下降,即出现规模不经济的现象。然而集体林权制度改革中涉及集体林地承包经营权入股这一流转方式,承包方可以把集体林地承包经营权作为股权,自愿联合或组成股份公司、合作组织等形式,这有利于形成规模化经营的组织,从而在规模经济的作用下提高资源配置的效率。第三,金融与集体林权制度改革的融合。集体林权制度改革中允许以集体林地使用权和林木所有权作为抵押,取得贷款。这拓宽了农民的融资渠道,也为地方的金融发展提供了支持,依托于实物资产的抵押也可以降低信息不对称的问题,从而防范金融风险。第四,集体林权制度改革与城乡二元体制改革可以互动,或者说,包括山区、林区农村在内,所有农村都应当列入城乡二元体制的改革范围。这一改革,不仅要解决集体农业、集体林业承包土地的流转问题,而且要解决农民宅基地的置换(即以宅基地换取城市住房、城市低保和城市户)问题,以及农民宅基地上房屋的产权界定问题。

2. 人力资本与集体林权制度改革

产权改革的目的就是通过制定一份合约安排来充分调动人员的积极性,这是以人为本调动人力积极性的重要措施,它将实现人力资本存量的盘活。换句话说,在没有明确林权之前,林权属于集体制,具有公有的特征,而人力资本具有个人属性,即人力资本只能够由承载主体(个人)来控制,所以如果集体林权制度不改革,两者存在着矛盾。如果不承认林农享有集体林权的承包、转让等权利,那么农户就会选择"关闭"人力资本的使用来应对产权得不到界定的状况,因此,集体林权制度的改革与人力资本的有效发挥是相关的。

厉以宁教授总结了集体林权制度的改革将从三个方面来增加人力资本存量。首先,林权得到界定可以吸引大量劳动力,促进从事林业劳动经营的人数增加。其次,在产权得到界定的条件下,林农可以建立家庭林场的组织形式。为了应对经营环境的突变,林农将更加注重对林业知识的学习和技能的培养,有利于提高人力资本的质量。最后,其可以充分调动林地承包户的积极性,农户对林业资产的关切度提高,有利于农户更加注重林业资源和保护林业资源,响应生态文明建设的号召。

3. 创业带动就业的新突破:林业合作社的建立

集体林权制度的改革实现了林业的资本化,依靠林业资源的资本化可以将林业作为一种产业来经营,以获得未来现金收入,同时发挥林业在生态文明建设中的作用。创业蕴含着风险,且需要大量资金,而集体林权制度的改革可以让林农获得抵押贷款,解决农户的融资问题。产权明确后,融资问题得到解决,承包期长期稳定使得农户专心于林业生产,并针对生产会有长期的规划。

山林承包到户后,集体林权的经营方式主要呈现三种模式,例如家庭林场、林业合作社和林业企业等。林业承包后可以转包、租赁,由此可以吸纳那些原本打算进城务工的劳动力,给他们提供就业机会。但是家庭林场受制于规模,难以分散经营风险。林业合作社成为了实现创业带动就业的另一突破口,家庭林场主可以自愿加入林业合作社,这样林业合作社具有了独立经营的市场主体地位。另外,也可以将承包的林地折成股份投入林业合作社,这有利于实现收益共享、风险共担,从而实现规模经济的运营,为林农的林业创业提供新的渠道。

4. 集体林权制度改革新的探索:国有林场的"一场两制"

国有林场的产权改革要按林木资源的性质而定。厉以宁教授提出国有林权改革的"一场两制"形式,即在一个国有林场内,国有林场直接经营体制和国有林场职工承包经营体制并存。直接经营针对的是生态林、公益林,这一类资产的性质是公共品,由国有林场管理经营可以保护好生态环境。而部分承包给职工的林地,属于商品林、工业林,这部分资源从性质上来说不是公共品,即可以按照林农的意志来组织生产和自主决定经营模式,林农取得了使用权和承包经营权之后,可以将承包的国有林地在单位职工范围内流转,按照比较优势的原则来选择承包还是转包,这有利于提高资源配置效率。

5. 多元化完善集体林权制度改革的公共财政问题

建立支持林业发展的公共财政制度具有重要意义,首先,这是促进人与自然和谐发展的有效途径,其次,这是提高农民收入水平,推进城乡经济社会一体化发展的重要保障,最后,这是帮助林农增收致富的重要举措。由于林业公共品的性质具有很强的正外部性,而且林业生产的风险高、周期长,因此集体林业制度的改革需要制度的完善,建立公共财政扶持制度变得刻不容缓。厉以宁教授根据经济理论长短期效用结合提出了关于建立林业发展的公共财政制度的几个建议:一是健全生态效益补偿制度,二是建立森林资源培育补助制度,三是建立林业基础设施保障制度,四是建立林业发展基金制度。这些建议涵盖了补偿标准、基本建设规划和构建林业投融资体系等。

(三)农村产权改革的重启与发展:土地确权

土地确权学习集体林权制度改革的意义在于承包期延长到70年不变,由此可以使得农户在代际之间专心安排生产经营计划,这有利于提高农民的生产积极性。林权承包落实到户后,承包和经营权捆绑在一起使得农民放心生产,有利于实现多元化经营和多种渠道创收。而且确立产权后,林地可以抵押,这就解决了农民创业遇到的融资难问题。厉以宁教授认为既然集体林权可以实现通过改革来增加农民财产性收入,那集体农田也可以。土地确权应汲取集体林权制度改革的经验,落实承包土地的经营权、宅基地使用权及宅基地上房子的产权。换句话说,土地确权学习集体林权制度的改革,也可以实现同样的目标。

1. 赋予农民三权三证

土地作为一种生产要素,由于受到供给弹性低、法律限制土地使用状况等因素影响,其不像其他生产资料那样可以自由交易,在一些国家和地区,土地的使用及转让都有严格的规定。中国的土地确权也是以不改变土地用途为准则,严禁本来有限的耕地改作他用。正如厉以宁教授所说的那样,中国农村的土地确权最为重要的是在保证农业用地使用方向不变的前提下,使得农民的财产权益得到保障,不至于被政府或者在政府同意下的企业单位低价圈占土地,甚至得不到补偿。土地确权之后,农民的权益得到了合法保障,农民的承包地、宅基地和宅基地上的房屋不会随意受到侵占,征地需依靠法定程序在双方之间达成一致,这有效地维护了农民的产权。有了法律的保护,农民能够进入市场成为具有自我权利表达诉求的微观主体。总体来说,农民应该拥有受到法律保护的三权三证。三权指农民承包土地的经营权、农民宅基地的使用权、农民宅基地之上自建住房的房产权;三证指的是农民承包土地经营证、农民宅基地使用权证及农民宅基地上自建房屋的房产证。从结构视角来看,农田承包户占农民数量的绝大多数,林农占少数,所以推行土地确权改革,赋予农民三权三证可以真正地使农民成为市场主体,调动广大农民的积极性。

2. 土地确权与财产性增收

厉以宁教授的观点往往能够见微知著,通过最核心但也是最细小处的改革,利用市场经济体制,推动大改革的进行。土地确权意味着农民的财产权明确化,涉及承包地、宅基地、宅基地上的自建房屋的权益有了合法保障,农民安心于生产经营,不必担心产权被"掠夺"的情况发生,这可以大大提高农民生产经营的积极性,以此扩大产出,土地成为农户发家致富的源泉。财产权的确定带来了财产性收入,承包地的转包、出租可以使农民获得一定的租金,宅基地上的房产也可以出租获得相应的财产性收入。另外,将土地转包、租赁给那些具有种植经验的农民,可以提高资源配置的效率,同时可以提高承租方和出租方的收入水平,呈现一种"帕累托最优"状态。土地确权后可以将土地入股到合作社,增强农业合作社抵抗风险的能力,同时所有者可以共享收益,为农民提供多种方式实现财产性收入增加。最后,有的农民将土地转包、出租或者入股农业合作社后,可以更加放心地在城里打工或者开商店,赚取收入,甚至将全家迁往城镇,这有利于提高城镇化水平。

3. 土地确权与流转

如果土地没有确权,流转会变得更加困难。厉以宁教授指出虽然可以通过土地的流转来增加财产性收入,例如,转包、租赁、委托经营、土地入股等形式,但是如果土地没有确权,农民最担忧的问题便是这些流转出去的土地还能否收回或者是不是还属于自己。这些问题会阻碍土地的流转。所以土地确权是土地流转和使农民安心、放心的前提条件。农民被赋予了三权三证之后,会更加愿意进行土地流转,进而获得更加可观的收益。厉以宁教授调研后总结出,土地确权是土地流转的前提条件,但要促使流转能够落实,必须配合一个完善的土地流转市场。土地流转市场中参与者可以根据价格获得资源配置的信息,在不断的交易过程中,在市场竞争的作用下,土地的价格会趋向合理,促使土地流转更加规范化,减少了供求双方的信息不对称问题。另外一个配套措施就是要培育一个土地流转市场的中介服务组织,这一方面可以防范农业用地用途改变的情况,防止当事人将土地转包给从事非农业活动的人员,另一方面可以减少流转过程中出现的供求纠纷难题。

4. 土地流转与宅基地制度设计:置换与抵押

宅基地制度改革与城乡二元体制改革相关,进城务工农民的宅基地的处置成为问题。原先有过试行的办法,即政府对宅基地征用,然后给予农民一定的补偿,但是征地的手段缺乏市场化的因素,农民得到的补偿较低,引起农民的不满。厉以宁教授指出存在三种宅基地制度设计的设想:第一,宅基地随承包土地的流转而一并流转。农民进城务工并带走家属,所承包的耕地出租或入股,宅基地一并出租或入股。第二,宅基地出售给农村或城市中的其他人,或出售给企事业单位,得到一笔资金,用于在城镇安家。第三,宅基地的置换,是指在县市政府的统一安排下,进城工作和生活的农民及其家属把自己的宅基地和上面的房屋,交给县市政府处理,换取城市户籍,并得到一套居住面积大体上相当的城镇公寓住房。前两种方案面临一定的阻碍,首先第一个方案遇到的问题是如果随着承包地流转而导致宅基地上的房屋被拆,那么农民返乡后将无家可归该如何安置。第二种方案面临着制度上的障碍,宅基地属于农村建设用地,难以出售。因此第三种置换方案是厉以宁教授所推崇的。

5. 土地流转问题的进一步解释

厉以宁教授十分推崇土地确权,其深入基层,走访农户,对土地确权工作中所遇到的问题提出了一些更加稳妥的解决方案。第一个问题就是"非粮化"倾向。农业承包户在承包地上原先种植粮食,在转包或出租之后,新的承包者改种瓜果蔬菜,形成"非粮化"的态势,部分原因在于这些水果蔬菜的价格弹性高,更容易使得农户获得更高的收入。粮食安全涉及国家安全问题,必须解决"非粮化"倾向的问题。若硬性规定转包后只能种植粮食,那么势必会影响转包的效率,吸引不了新的承包者。此外这种硬性规定的可行性不高,因为监督成本太高,导致无人愿意去监督是否新的承包者会种植粮食。厉以宁教授历来不是很赞成利用行政手段解决问题,相反厉以宁教授坚持通过"看不见的手",激发民众市场积极性以解决问题。厉以宁教授提出解决方案是从财政的角度出发,给予转包后继续种植粮食的承包者一定补助以提高粮食收益。

另一个问题就是出现工商业企业愿意承包和租用农户的土地,但以此从事非农生产活动的问题。出现这种情况的原因在于工商业产业的利润较高、资金充足,出于利益的考虑企业将选择非农生产,或者土地本身可以作为原材料供应,节约成本,又或者企业有囤地的想法,等未来将土地移作他用。因此不同的个人对工商企业进入土地确权以后的土地流转过程有着不同的意见。厉以宁教授认为不能无条件地放开工商企业进入农村土地流转过程,因为有可能企业亏损后会将土地再转让,会影响到农民就业,威胁到农村经济稳定,但是也不能完全禁止工商企业进入土地流转过程,因为这些企业带资本和技术下乡,也会带来新的经济活力。厉以宁教授指出要严格确定资格准入的标准,比如有一定涉农经验、处于行业领先的企业,有较好社会信誉和技术管理能力的企业可以进入,但必须同时要求对流转后的土地科学地制订短期和长期的规划。

第三个问题是土地确权后的金融问题。农民获得"三权三证"之后,宅基地和宅基地上的自建房屋能否用于抵押,土地流转过程中能否把已经抵押的承包地或者宅基地、房屋再转包、出租给他人是确权后的一系列问题。由于乡镇的金融机构较少,而且农民本身自有资本金较少,银行为了把控风险不愿贷款给农民,这使得农村金融处于"金融抑制"的状态。因此,土地确权之后,政府应该允许农民将土地抵押以获得贷款。另外,在签订土地流转合同之前,为了避免以后可能发生的纠纷,如果土地已经抵押,应该提前告知对方。

最后是农村承包地的确权究竟以何时作为起点的问题。如果承包地的确权要追溯到20世纪50年代的土地改革时期,是不符合现实的,因为经过了多次的制度变迁,我们难以判断土地到底归谁。厉以宁教授指出要一律以农村家庭联产承包责任制开始时为起点,否则会引起家庭之间的纷争,而且应该遵守"增人不增地,减人不减地"的规定,如果按照集体土地按人口来划分,那么某一家人员的增加会形成另一家人的"负债",因此确定合适的起点,并严格遵守规定,可以合理分配土地,激发农民劳作的积极性。

二、国有企业混合所有制改革

1979年经济体制改革初始时,国有企业受到政府的直接控制,产权问题未得到明确界定,国有企业不能作为市场上独立经营的主体。在农村,农民自发采取集股的方式形成的乡镇企业是早期股份制企业的雏形,乡镇企业的迅速发展也引起了股份制改革的讨论。在20世纪80年代,国务院决定放开价格,而将股份制改革暂缓。当时关于中国经济的改革分为两派,一派以价格改革为主线,另一派以股份制改革为主线。厉以宁教授认为股份制改革应该先于价格改革,如果放开价格,在市场主体不明确、物资短缺的条件下,价格放开必然会导致高通胀,影响社会稳定,事实上1988年的价格闯关失败了。国有企业的产权改革拉开帷幕始于企业承包经营责任制的出台,但这种制度最大的缺陷在于包赢不包亏,这使得风险与责任不匹配,阻碍了国有企业的发展。20世纪90年代初期股票交易所的成立,证明股份制改革已经被提上日程。股份制能够实现风险的社会化,帮助国有企业脱困。整个20世纪90年代的股份制改革进行得如火如荼,然而这依然未解决流通股和非流通股同股不同权的问题,即"股权裂变"问题。直至2005年启动了股权分置改革,实现了股份制的双轨制向单轨制的过渡。

当前国有企业的产权改革面临着国有资本的配置问题,私人资本如何与国有资本相互匹配的问题和国有企业健全法人治理机制问题等,这些都关系到国有企业的经营管理状况。

(一)国企改革与国有资本的关系

国有企业改革应该上升到国有资本配置的体制改革的高度。国有企业改革与国有资本的关系正如厉以宁教授论证的那样,国有企业的改革是要提高国有资本的配置效率,例如将国有资本配置到高新技术产业中,作为助推经济增长的新引擎。

国有企业改革应该赋予国有企业更多自主权,健全公司法人治理结构,发挥国有企业作为市场主体的作用,这些措施的实际效果就是厉以宁教授长期强调的以机制的健全、体制的公平,充分调动国有企业的积极性。厉以宁教授指出国有企业体制改革包括两方面:一方面是国有资本配置体制改革,另一方面是国有企业管理体制改革,一个要求国有资本配置优化,合理调整配置结构,提高资本配置效率,而另一个要求国有企业按照股份制公司的形式运行,减少行政干预,提高企业效率。

(二)国有资本体制改革

厉以宁教授将国有资本体制改革总结为两个层面,第一个层面就是国有资本配置体制改革,第二个层面是国有企业管理体制改革。20世纪90年代开始的改革主要集中于国有企业管理体制的改革,而国有资本配置体制的改革并未推进。国资委主要将工作重心放在对国有企业的监督和管理上,而资源配置效率的问题并未触及。在当前阶段应该两个层次的改革同时进行,而且重心要放在国有资本配置体制改革上。

目前我国在国有企业管理体制改革方面取得了许多成果,首先,国有企业基本改制为股份制企业,成为市场经济中的主体,参与到市场竞争中;其次,国有企业通过兼并重组,重新配置了资源,既能发挥国有资本的带动作用,又能提高配置效率;最后,对国民经济产生重大影响的国有企业承担了保证国内经济平稳运行的社会责任,持续为社会经济发展贡献力量。然而,改革中也存在着部分问题未得到解决,特别是受到一些因素的影响国有企业未能成为真正适应市场经济体制的微观主体,第一,国有企业受到的行政干预太多,国有企业难以成为完全独立的市场经营主体;第二,机制不灵活导致国有企业需要在审批的条件下,才能改变策略应对市场变化,耽误了变革的最佳时间和机会;第三,法人治理结构不健全,党委书记发挥着重要作用,而董事会、监事会的作用被削弱;第四,创新能力弱,由于受到机制和体制的束缚,以及国有企业面临预算软约束的问题,国有企业没有动力去冒险从事技术创新的活动。

在中国特色社会主义市场经济中,国有资本应该承担社会责任,更多地考虑社会效益的问题。国有资本的特殊性质决定了国有资本体制改革应着重考虑的几个问题。首先,提高国有资本的配置效率,应该同等关注生产效率和资源配置效率的变化。其次,增加积极性,配置效率的提高有利于调动国有企业的积极性,使其成为真正的市场经营主体。再次,健全法人治理结构,国有资本配置效率的提高有利于健全法人治理结构,促进董事决策的合理化和民主化。最后,提升自主创新能力,配置效率的提升可以带动国有企业的技术创新能力,明确了责任和权利,在破除垄断的前提下,使得国有企业更加自由地进行自主创新。由此可见,国有资本配置体制的改革可以促进国有企业管理体制改革,起到统领的作用。

(三)混合所有制经济发展的理论基础及现实意义

混合所有制经济发展的理论依据是资源配置效率的提高。厉以宁教授解释道,资源配置效率是指:如果投入既定,以 A 方式配置资源,能有 N 产出,而以 B 方式配置资源,则有 N+1 产出,那就表明资源配置效率提高了。资源配置效率实际上比生产效率更重要。生产效率主要是从微观经济的角度,对投入与产出的关系进行分析。但从社会的角度、从宏观经济的角度进行分析,资源配置效率的提高无疑更为重要。只有从宏观经济的层面把资本盘活,使资源组合更为合理、更加有效,资源配置效率才能不断上升。

中共十八届三中全会的决定强调了市场调节在资源配置中起决定性作用。这将大幅减少政府对资源的直接配置，充分发挥市场的调节作用，将大大提高资源配置的效率。市场通过价格信号来自发引导资源向高效率的地方流动，以此促进经济增长。因此，政府和市场的界限就显得十分重要。政府做自己该做的事情，而且一定要做好。市场做自己可以做的事情，也应该做好。政府只做市场做不了或做不好的事情，如公共产品（国防、司法、治安、义务教育、社会保障等）的提供、地区收入差距的缩小、个人收入分配的协调、公益性重大工程的建设、稀缺资源的开发和分配、宏观经济调控等。混合所有制经济结合了这两种配置方式的优势，国有资本管监督，提供公共品类型的服务，而私人资本管经营，在市场经济中按照比较优势的原则来配置资源。

混合所有制经济具有一定的理论意义和现实意义。首先，它有利于消除各方阻力，确定市场调节在资源配置中的决定性作用。具体来说就是它可以消除利益集团的干扰。只要贯彻市场调节在资源配置中的决定性作用，利益集团的行业垄断或区域垄断行为就或迟或早会被打破。它也消除了制度惯性的作用。改革会面临路径依赖的阻力，但是混合所有制经济可以打破惯性。独立市场主体大量存在是混合所有制经济发展的条件。市场要想充分发挥其在资源配置中的决定性作用，要有大量独立的市场主体，这也正是厉以宁教授一以贯之的观点。这些微观主体必须产权清晰、自主经营、自负投资的盈亏，能够认真考虑投资的可行性和未来的经济效益，而不受行政部门的指使或行政部门的干扰。加强信用体系的建设也是混合所有制经济发展的外部条件。市场建设中不能置信用体系于不顾，这是世界上许多已经工业化、市场化的国家的普遍经验。社会必须讲诚信，包括企业、个人、社会团体，也包括政府在内，要打击违法、违信的企业、个人、等等。其次，它有利于盘活资本，把国有资源的开发和使用列入规划之中，使它们参加中国经济的建设，发挥其应有的作用。在这里，建立独立的、完善的市场主体起着至关重要的作用，而建立和发展混合所有制经济正是建立独立的、完善的市场主体不可忽略的一步。最后，界定不同行业的国有企业功能，针对不同行业特点提出改革措施，例如，城市供电、供水、供气、公共交通、垃圾处理、廉租房建设和管理等以保障民生为目标的公益性国有企业,国有资本可以控股,但也可以发行一定比例的股票,供民间投资购买。这样可以促进这类企业在提供公共品方面发挥更大作用。又如,石油、天然气、电信、电网、铁路、稀有金属开采与分配等具有自然垄断性质的行业,仍需国家控股,但这不排除国有企业股权设置的多元化,也不影响规范地实行员工持股制(包括产权激励制)。厉以宁教授强调:国有资本的实力不在于资本存量本身,而在于国有资本的控制力大小。

(四)建立混合所有制经济的途径及作用

混合所有制经济发展的途径是多种多样的,厉以宁教授归纳为四种方式:第一,鼓励现有的国有企业走向混合所有制,包括容许非国有资本参股国有企业,使国有企业由全资国有转为多种所有制合营。第二,鼓励发展非公有资本控股或参股的混合所有制企业,采取自愿原则,即民营企业或民间资本是否参股国有企业,是否愿意同国有资本共建一个混合所有制企业,完全听其自愿,不采取硬性规定,不摊派,不强制。第三,加强员工持股的规范化。无论是国有企业还是民营企业,如果愿意实行员工持股制,由它们自行决定,政府须有政策。对员工持股制的规范化实行有政策可依,这样才能避免出现种种后遗症。第四,界定不同行业的国有企业功能,针对不同行业特点提出改革措施。

建立和发展混合所有制经济的作用在于把国有资本盘活,资源配置效率将大大提高,有利于经济的持续增长;减少了行政部门对资源配置的干预,切实做到政企分开、政资分开;在完善的法人治理结构充分发挥作用的前提下,经营管理水平将不断提高;有利于各种所有制取长补短,发挥各种所有制机制的长处,参与市场竞争,企业的活力将增加;员工持股制的推行,有利于调动员工的积极性;市场调节的作用将在不断资产重组的过程中显现出来,每一个企业在市场和资产重组的压力下,都将求实创新,增加收益。

(五)对国有企业混合所有制建立的几点说明

基于对我国国有企业改革的长期思考,厉以宁教授对国有企业混合所有制建立提出了几点说明。首先,投资主体多元化与混合所有制经济之间的关系。建立混合所有制企业,绝不是简单的投资主体多元化问题。一家国有企业要成为名副其实的混合所有制企业,关键在于建立完善的法人治理结构,形成现代企业制度。如果国有企业改制后实现投资主体多元化,但是依然未能形成法人治理的结构,那么就不能称其为混合所有制经济。其次,国有资本减持与国有企业实力的问题。国有资本的实力不在于国有资本的存量,而在于国有资本的控制力。在现阶段仍有必要由国有资本控股某些行业和企业,在股权相当分散的条件下,国有股减持到相对控股的程度,实际上意味着国有资本的控制力增大了,换句话说,虽然控制的存量减少,但是控制力是增加的。这并不会影响国家控股经济在经济中的地位。在某些经营不善、管理不善而亏损累累的国家控股的企业中,如果不采取国有股减持或让民间资本参股、甚至控股,使这些企业继续亏损下去,直到破产清理,将使国有资本蒙受更大损失。从这个意义上说,采取国有股减持或让民间资本参股、甚至控股的做法,是拯救国有资本、使国有资本得以新生的途径,而不能认为这是国有资本的消失或流失。最后,国有资本减持、国有企业重组与国有资产私有化的问题。因为苏联和某些东欧国家发生过国有资产的私有化情形,而在这种"休克疗法"下私有化造成了这些国家经济的下滑,但是我们必须认清国有化改制不是私有化,也不能够因为这些案例的存在就否定国有企业改制的好处。从中国的实际出发,如何建立和发展混合所有制经济,如何防范国有资产的流失,如何杜绝私人对国有资产的侵吞,一切必须按法律法规、规章制度执行。这是必须遵循的原则,因其可以防止在发展混合所有制过程中出现舞弊、贪腐等问题,维护社会的公平正义。

(六)企业员工持股制度的探索

推行员工持股制具有一定的经济学理论依据,过去主要强调的生产成本中包括劳动力的成本,即工资,资本的成本,即利息,以及土地的成本,即地租,但是企业最终扣除成本后的利润由物质投资者享有,事实上这忽略了一个关键问题,人力资本和物质资本同样重要,人力资本可以将物质资本作出最优的配置,没有人力资本发挥作用,就不会出现资源配置的优化,而且人力资本也承担了一定的风险,应该得到相应的回报。因此利润应该由各个投入了物质资本或者人力资本的主体共享,这也是"共享经济学说"的理论内容。物质资本投入者和人力资本投入者都应该分享利润,所以员工持股制提供了人力资本投入者分享利润的一个机制,按照人力资本对利润的贡献程度来分享,既体现了公平,又能够提高人力资本回报。

员工持股有四种形式:第一,产权激励制度,主要针对企业的高管人员;第二,普惠性员工持股制,这种形式下每个企业的员工都有权利获得股份,都有机会成为企业的持股人;第三,企业发行新股的过程中,规定有一定比例的员工股,鼓励员工认购。第四,在国有企业下,建立由员工集资创立的子公司,是一种"国有企业下面的集体所有制企业"。

(七)职业经理人制度的探索

厉以宁教授在分析企业因缺乏适应市场经济需要的法人而使微观主体活力不足的问题时,指出企业要给总经理独立权力,让他独立地承担责任,而董事长作为股东的代理人,只负责企业战略决策和对管理层的监督,具体运营的任务要交给经理人负责,不对其施加过多的干预。而且,选择符合企业发展要求的经理人是董事会的责任,在竞争性的市场经济里,董事会要能够从职业经理人市场中选择合适的人才,可以不受行政干预从民营企业中选拔出优秀的经理人。若存在着行政级别的干预,这会妨碍到优秀的民营企业家进入国有部门的管理层,这样会导致国有企业人才储备的不足,管理水平难以上升。

职业经理人市场的形成需要具备四个条件,第一,国企高管人员应该不再以自己的行政级别参与到职业经理人市场的竞争,针对的是消除行政干预;第二,可以寻求咨询公司等中介服务组织的帮助来使得优秀的经理人向适合于自己的企业流动,即要存在服务于人才流动的中介服务机构;第三,大力培养年轻人,他们作为未来的职业经理人,在培养过程中要提高其能力与技术;第四是建立完善的产权激励制度,将经理人的回报与公司的业绩挂钩,同时也能分享企业的成果。

(八)社会责任与经济效益的兼顾

1. 经济增长中数量与质量目标的权衡

国有资本区别于民间资本的一个特点在于前者需要承担社会责任,换句话说,即使投资回报率低,但是国有资本也需要根据国家的战略需要(基于社会效益的考量)进行投资,投资社会效益较高的项目。私人资本更多考虑的是自身的利益。提高国有资本配置效率是为了响应经济增长的数量目标,即追求更高的回报,属于量的方面的考量,但是国有企业还有质量目标,正如厉以宁教授所说,国有企业的社会责任在于它要为社会提供优质的产品、优质的服务、培养人才、培养经验,这是企业为社会作出的最大贡献。另外,厉以宁教授提出国有资本体制在履行社会责任的同时,要考虑环境安全问题,即注重经济增长的质量。资源消耗率不断上升,资源的耗竭会使环境恶化,使得人们陷入生活的困境。因此,国有资本配置体制改革要在数量上注重效率,在质量上注重结构的优化,即国有企业要落实优化投资结构的任务,既要保证新兴产业的发展,又要保证经济增长的质量,要节约资源,也要治理环境,响应节能减排的号召,实现经济的可持续发展,不能在追求效益的过程中不重视质量,从而带来一系列的环境问题。

2. 国有资本配置体制的设想

厉以宁教授提出了国有资本配置体制的设想,即强化国资委对国有资本的配置权,具体来说,国资委可以设置若干按行业划分的国家投资基金公司,现有的国有股份划给某一国家投资基金公司持有,作为该投资基金公司投入企业的国有资本,并派出相应的人员进入董事会。这种体制是"国资委——国家投资基金公司——国有企业"的纵向投资体系。国资委从原先的监督职责转变为管理资本的配置,负责国有资本的保值增值。国资委下设的国家投资基金公司负责对国有企业的资产负债情况考核、管理,可以选择增持国有股份,或者保持现有股权现状不变,或者撤出国有资本、引入民间资本,每一种决策都可以起到提高资源配置效率的作用。例如,撤资起到了警示作用,增资可以缓解融资约束困境,国家投资基金公司可以发行债券进行融资,增加对国有资本的支持。引入这一改革体制,国有企业国有资本的运营就授权一个国有机构来管理,此时国有资本具体化到国有股形式,由国家投资基金公司来持有,这样国有资本得到了有效的管理,不再因为"实际控制人缺位"的问题而难以发挥作用。

三、民营企业产权改革

民营企业的产权必须得到清晰界定。民营企业成立时产权界定相对模糊,例如,乡镇企业采用"挂靠"的方式来经营,导致产权的界定不清。有的民营企业属于家族式经营,企业的接班人采用家族世袭方式。厉以宁教授认为这种发展模式是不符合现代企业的发展潮流的,事实上家族世袭所选择的接班人其能力、眼界等都未必能够在波谲云诡的市场中游刃有余,这将使得原本发展良好的民营企业失去市场有效微观主体的地位。企业的扩张使得企业所面临的环境越来越复杂,而作为家族成员的接班人不一定是符合企业需求的管理人才,所以企业应该走向完善法人治理结构的道路,采取职业经理人制度,权衡外部人才和家族内部人才的优势,选择最符合企业的经理人,将民营企业继续发展下去。

民营企业过去一直受到"所有制歧视",而十八届三中全会通过的《中共中央关于全面深化改革若干重大问题的决定》指出了非公有制经济和公有制经济都是社会主义市场经济的重要组成部分,所以国有企业和民营企业的互动应该是互相协调、互相促进、互相竞争的态势。民营企业要完善体制转型,即清晰界定产权,成为独立的市场主体,在与国有企业的协调发展中实现共赢。

（一）产权陷阱的跨越：民营企业体制转型

1. 产权保护的必要性

产权界定的前提是保护产权，而对产权实施保护的主体是政府。从外部力量的角度来分析政府对民营企业产权保护的必要性，产权保护可以有效地调动民营企业家的积极性。从民营企业内部来看，通过产权的清晰界定来适应新的经济形势，可以促进民营企业的体制转型。厉以宁教授认为民营企业的产权改革不宜称为"体制改革"，这会造成民营企业家要国有化的误解，应该称其为"体制转型"。

民营企业经营面临的最大困难就是产权保护问题。产权保护不足会对民营企业家的积极性造成伤害，从而影响民营企业的发展。厉以宁教授经过调查认为存在着四种对产权保护不足的情况，第一，某些地方政府对待民营企业的投资与生产不讲诚信，如原先地方政府为了吸引民营企业家过来投资而作出很多承诺，在领导人换届之后，新的负责人可以不承认前任领导人所作出的承诺，致使民营企业遭受损失。第二，地方政府会以建设公共服务等项目为由，让民营企业参加，甚至下达硬指标，这使得民营企业不得不"捐赠"资产。第三，原先民营企业的筹组过程中可能手续不全，但是现在按照新办法来翻旧账对民营企业做出处置，导致民营企业被扣上了"侵占国有资产"的帽子，财产被充公。第四，地方政府有时会以"涉黑""行贿"等罪名恐吓民营企业家，致使民营企业家被没收财产。

厉以宁教授认为关于民营企业产权保护的问题，政府要根据法律法规，端正自己在市场经济中的位置，不能凌驾于法律之上，这是增强民营企业家投资信心的关键，不能够出现以言代法，以权代法的现象，这是调动民营企业家积极性的保证。新任地方政府负责人没有理由撕毁前任负责人同民营企业家签订的合同，要依法办事，如若以前的合同确实存在着问题，要通过司法程序解决，而不能以权代法办理。对于以前存在的产权界定中的产权纠纷问题，要遵循"新老划断"的办法,处理的方式要合情合理,如果当时的做法确实欠妥,那么按照法律的程序来处置,这样有利于维护地方政府的公信力。

2. 决策科学化、民主化的依托

有的企业的产权从建立伊始就十分不清,这导致以后出现产权纠纷,阻碍了民营企业的发展,使得民营企业陷入"产权陷阱"。为使民营企业脱离"产权陷阱",我们首先就是要健全产权保护机制,然后就是产权界定清晰化,明确投资主体。厉以宁教授指出民营企业的产权结构应该和上市公司一样,股权结构要公开透明,防止以后出现产权纠纷。一旦民营企业建立了法人治理结构,有了规范化的决策流程,那么其就可以合理地制订企业的重大事项计划,做出正确的决策。传统的家族企业由于"家长"说了算,整个决策流程缺乏民主化的色彩,所以这种传统的决策可能会导致错误的结果,从而使得企业面临困难。现代企业的所有权和经营权通常是分离的,而民营企业的决策流程由于没有实现体制转型,所有权和经营权合二为一,即没有引入现代经理人制度,导致决策过程的僵化,任由"家族一把手"说了算,出现了违反家族企业议事规则的现象,最终导致家族企业的分崩离析。所以民营企业的体制转型在于明确产权,引入职业经理人制度,为公司的科学化、民主化决策作出贡献。

3. 产权意识的培养

自改革开放以来我国出现了很多"草根企业家",他们出生于民间底层,观念上保留了保守、眼界不宽的小业主意识,缺少现代产权意识。他们只会为了保住自己的私有财产而努力,而且他们认为在现代经济浪潮下,企业兼并的趋势会使得自己的产权遭受损失。事实上,企业的资产重组是一种生产要素的再组合,旨在提高资源配置的效率,不能将之看成产权损失,这反而是产权在重新发挥作用。如果企业破产,财产就进一步损失,但是经过重组,可以止住产权损失。因此,小业主意识应该向现代企业家意识转变,对产权的认识应该基于市场化运行的角度来重新认识,这有助于民营企业家提升对民营企业战略上的把握能力。

(二)民营企业与国有企业协调发展

1."国进民也进"的逻辑

近几年,社会上流行着"国进民退"的说法,这主要指在2008年美国次贷危机和此后的欧债危机期间,不少以出口为主要业务的民营企业破产倒闭,在它们经济困难之时,由于信贷支持政策的趋紧,其很难得到银行贷款,相形之下,国有企业却有较大的融资能力,在"父爱主义"的庇护下,国有银行愿意贷款给国有企业。这正是社会上流行的"国进民退"说法的真相。加之在这些年内,在项目招标时,民营企业往往被排斥在外,或者是因为消息封锁,非知情人不能得到信息,或者不公正地对待每一位参加者,从而民营企业颇有怨气。这也是社会上流行的"国进民退"说法的依据之一。但厉以宁教授指出,无论是"国进民退"还是"国退民进"都不是政府的政策目标。厉以宁教授长期关注在公平公正的市场环境中,不同微观主体应获得相同市场待遇的问题。具体而言,在中国特色的社会主义市场经济体制下,国有企业和民营企业都应该得到政策的支持,公平竞争,共同发展。国有企业和民营企业有竞争、有合作。竞争实际上是一种竞赛,谁能在自主创新、技术突破和产业升级中走在前面,扩大市场份额,谁就是竞争中的胜利者。竞争或竞赛之中会有失利者,甚至会有企业被淘汰出局,但只要是公平竞争的结果,那也是市场经济中的正常现象,企业破产也是正常的。市场经济正是在生产要素不断重新组合的过程中发展起来的。双赢、共赢,是国有企业和民营企业共同的目标。通过国有资本体制改革,作为市场经营主体的国有企业同非国有企业处于平等位置,所有制歧视不再存在,二者在法律面前一律平等。

国有企业和民营企业的竞争是长期存在的,这符合市场经济规律。没有竞争,就不会有创新,不会有新的市场份额。而国有企业和民营企业之间的合作,同样会长期存在,这也符合市场经济规律。民营企业在许多方面是国有企业的合作伙伴,是零配件、部件的配套合作单位。一条产业链有许多环节,可能包括了众多的供货或加工单位,其中既有国有企业,也有民营企业,国有企业离不开自己的协作者民营企业,民营企业也离不开自己的协作者国有企业。因此,发展混合所有制经济是"国进民也进"。

2. 新公有制与民营企业的关系

在社会主义市场经济条件下,完全国家所有的企业今后仍然存在,但主要存在于少数特殊行业中。即使如此,企业的形式也会改变,最重要的变化就是:政企分离。在经营形式上,采取国家独资股份公司形式,或者是几个国家投资机构持股的股份公司形式。因此,新公有制企业的第一种形式就是经过改制的新的国家所有制。社会主义市场经济中,今后大量存在的是公众持股的股份制企业。如果是部分由国家控股或国家参股的股份制企业,那么可以称其为新公有制企业的第二种形式。现在通常把这一类企业称为混合所有制企业。大量存在的没有国家投资的公众持股企业,是新公有制企业的第三种形式。在社会主义市场经济条件下,新公有制企业中,除了新的国家所有制企业、混合所有制企业和公众所有制企业这三种形式以外,还有第四种形式,即公益性基金所有制所办的企业。

个人、家庭或家族所有企业,在规模扩大以后,有改制的必要。封闭式的产权将阻碍企业进一步发展。这些企业会走上产权开放的道路,即走向股份制,吸收外界的投资者参股,包括改制为上市公司,而成为公众持股的企业。合伙制企业规模扩大以后,同样有改制的必要,即从无限责任制的合伙企业改制为有限责任的股份制企业,从而也成为公众持股的企业。

公众持股的企业在社会主义市场经济条件下是一种新公有制企业,即公众所有制企业。这表明:民营经济本身正处于不断演变、不断发展之中。从动态的、发展的角度来观察,社会主义市场经济条件下的民营企业,只要规模扩大了,向公众持股的企业形式的演变将是不可阻挡的趋势。

3. 全球化浪潮中多元投资主体的形成

全球化的进程已将中国卷入了国际分工之中,如何应对全球化所带来的竞争与挑战是一个值得深思的问题。厉以宁教授指出要走国有经济重组的道路,即国有企业转变为多元投资为主体的混合所有制企业。在多元主体下,企业董事会的决议将会更加科学化和民主化,多个利益主体会更多考虑投资者的需要,从而作出有利于企业发展的决策。既然让各类投资者都进来,就必然包括中国自己的民间资本,就必须先对内开放,先给国内商人以国民待遇。在这个过程中,大力发展公共投资基金是国有经济战略性改组的重要措施,引入民间资本的参与,企业的面貌就会发生很大的变化,技术创新的步伐会加快,同时管理水平也在不断上升。

(三) 民营企业家在混合所有制改革过程中向现代化转型

中国现阶段的民营企业家,大体上由三部分人构成。第一,从个体工商户、小业主逐年积累而形成的一批民营企业家。第二,由乡镇企业改制而兴起的一批农民企业家,其中不少人就是当初的社队企业(后改为乡镇企业)的负责人或骨干。以后,随着乡镇企业的转型、改制,乡镇企业的产权明晰化并落实到个人,这些当初的乡镇企业负责人和主要骨干也就转化为民营企业家。第三,所谓"九二派",也就是邓小平1992年南方谈话以后,从体制内转到体制外,自行创业,逐渐发展壮大,而陆续成为企业界人士。以上三类不同背景不同经历的民营企业家中,第一类民营企业家不易摆脱小业主意识,他们依然把小业主阶段的创业经验牢记在心,从而形成浓厚的家族中心观念,即使认为有必要采用股份制形式,但实质上仍然是家族成员持股制,坚持"肥水不流外人田"。第二类民营企业家的背景和经历中,乡镇企业的经营理念和管理理念依然牢固存在。与第一类民营企业家比较接近的是:他们也形成了家族中心的观念,所以即使已采取股份制形式,家族成员持股制仍是根基。第三类民营企业家与前面提到的两类民营企业家相比的最大特点是,他们有高学历,懂科技,了解世界经济和产业的发展趋势,再加上有从体制内转向体制外的经验,一心想把自己创办的民营企业转型为现代企业。他们不仅同意市场调节在资源配置中起决定性作用的决议,而且也同意加快建立和发展混合所有制经济。只要法制健全、有法必依、违法必纠,他们就会把投资于混合所有制企业作为自己的发展途径。同样,今后会有越来越多的以小业主为背景起家的民营企业,以及更多的以乡镇企业为背景发展起来的民营企业,会从家族制企业走向混合所有制企业。在这方面,我们要有信心,因为走向现代企业制度是大势所趋,但家族企业仍会继续存在是无疑的。

四、深化农垦体制改革

中国目前的农垦体制大体上分为三大类。一是新疆生产建设兵团,实行党政军企合一的体制,由中央直接管理。二是中央直属垦区,实行"部省双重领导、以省为主"的管理体制,即只有财政预算、部分基建投资和国资监督等由中央部门负责,干部管理、党的关系和其他各项工作均由地方党委、政府负责。三是地方管理垦区,其又分为农场由省直属和市县管理两种体制。现阶段的改革主要在中央直属垦区内推进,垦区管理体制由原来的以行政管理为主转为企业集团体制。

(一)建立两个层次的管理体制

由于国有农垦资产和资源的产权管理体制不清,股份制实现过程中其产权未能清晰界定。厉以宁教授仍然从建立符合市场经济需求的微观主体的角度出发,建议及早建成两个层次的垦区国有资本的管理体制。第一层次是及早建立国有资产投资公司(或称国有资产投资基金公司、国有资本运营公司),使国有资本产权明确、清晰。国有资产投资公司就是所有权的代表,它只管国有资产的保值增值、增持减持,只管国有资产的配置,注重国有资产配置效率的提高,而不管具体的农垦业务和经营活动。第二层次就是农垦企业经营管理体制改革,即建立新的农垦企业集团公司。在国有资产清晰界定并由国有资产投资公司作为所有人(所有权代表者)的前提下,农垦企业集团公司对国有资产投资公司负责。农垦企业集团公司应当建立完善的法人治理结构。经过上述改革,农垦企业集团公司就是自主经营的市场主体。改制后的农垦企业集团公司依照现代企业制度建立"集团母公司—专业子公司—生产基地"的纵向公司体制,取消以往的上级公司对下级公司的行政管理体制。

(二)剥离农垦企业的社会职能

推进小城镇建设同加快垦区建设是密切联系在一起的。小城镇将在生产和生活两个方面为农垦企业和农垦职工及其家属服务。从生产方面说,小城镇上的商店能为垦区企业提供生产资料,也能为农场职工和家属提供小耕具、蔬菜种子、饲料、化肥等,供家庭范围生产所需。从生活方面说,小城镇里的商店或摊贩,能提供城镇居民、农场职工家庭生活上所需要的各种商品。

农垦区刚建立时,农垦企业就承担了若干社会职能,主要包括公检法、文化、教育、卫生、交通、电讯、济贫、救助等工作。但到了后来,地方政府体系建立,农垦企业所承担的社会职能就需要"剥离",即把这些社会职能移交给地方政府。但这一问题的解决却十分艰难,以致改革开放四十多年后还在争议之中,而且效果并不显著。从地方政府的角度来说,主要困难是经费不足,人才不足,地方政府也难以在财政资金紧缺的条件下完全担负社会职能。再从人员自身的角度来看,某些部门过去在归农垦企业管理时,人员从农垦企业取得工资和福利。一旦把社会职能划归地方政府后,就很难保证保持剥离前的工资和福利标准,这就形成了改革的路径依赖。

(三)建立家庭农场的体制改革

从历史上看,农垦区实际上实行的是国有农场统一经营和家庭农场分散经营相结合、"大农场套小农场"的双层经营体制。"大农场套小农场(家庭农场)"的模式,有利于发挥从事分散经营的劳动者的积极性,使他们收入增加,生活改善。在大农场资本、设施、人力都不足的情况下,容许一些农民经营小农场(家庭农场),未尝不是一种可供选择的做法。

垦区管理体制要想实现效率的提升,其关键在于法人治理结构健全,并能真正发挥作用,成为市场的微观主体。为了政企分开,改制后的农垦企业集团公司将是由国家持股、民间资本持股、职工持股、高管奖励持股等多种形式参股的混合所有制企业,公司对投资者负责,自主经营,自负盈亏。总公司与子公司之间的关系,不是行政隶属关系,而是控股或参股关系,并且控股还分为绝对控股和相对控股,一切按具体情况而定。这样,"总公司—子公司"之间的关系得以明确,不是行政管理关系,而是资本经营关系。

相比之下,农场承包制已是过时的、落后的管理模式。20 世纪 80 年代工业、商业、服务业中也曾出现过承包制,结果不太理想,出现了"以包代管"现象,"包赢不包亏"的问题严重。因此,在农垦体制深化改革的今天,我们是不宜再回头走承包制之路的。

(四)拓宽农垦企业集团公司发展渠道

通过资本的引进,母公司和子公司都将转化为混合所有制企业。国外兼并、技术创新和资产重组无一不是同资本大小多少有关。推进职工持股制和高管激励持股制,这既能充实公司资本,又是调动职工和高管人员积极性的有效措施。要加紧引进人才,从技术创新到市场开拓,从管理规范化到营销方式的变化,都需要人力资本的有效发挥。

两个层次的改革(即国有产权体制改革和农垦企业集团公司经营管理体制改革)将决定垦区体制改革和发展的总体思路,从而使农垦企业与地方政府的职能清清楚楚,各不相扰。新组建的农垦企业集团公司将是一个覆盖第一产业、第二产业、第三产业的大型现代化企业。关键是要广招民间资本,参与发展。在新组建的农垦企业集团公司和地方政府的合作下,垦区的小城镇将得到迅速发展,以吸引外来移民,引进资本。人才被吸引到垦区,这里将会成为新的经济增长点。有了创业创新的城镇居民,人气足了,就会吸引更多的外来移民。农垦企业集团公司在把社会职能移交给地方政府后,仍应当关心社会职能的完善和水平的提高。

"走出去"是一种战略安排,把国外的土地资源和市场利用好,农垦企业集团公司和它的子公司在这个领域内有许多机遇,不可错过。政府对此应有统一的安排,并在融资、外汇、关税等方面对农垦企业集团公司有所关照和扶植。农垦企业集团公司的"走出去"在经营管理体制改革之后是大有可为的。农垦企业集团公司的子公司,如果已改组为有民营资本参股的混合所有制企业,那么"走出去"战略的实现就会消除某些障碍,取得成绩。在农垦体制改革后,农垦企业集团公司可以通过社会经济发展规划的制订,把生态建设和环境治理放在更重要的位置,因为这既是长期经济和社会发展的需要,又是垦区居民和农垦企业集团公司职工及其家属提高生态质量、生活质量的需要。

第二章 扶贫开发

扶贫一直是我国社会发展的重点问题。2013年,习近平总书记到湖南湘西考察时首次提出了"实事求是、因地制宜、分类指导、精准扶贫"的理念,精准扶贫成为新时期我国扶贫工作的导向。厉以宁教授在其长期的研究中,一直关注我国欠发达地区的经济发展与人民脱贫问题。我国贫困地区主要分布于广大偏远农村,这里的人的脱贫是扶贫工作的重点。但从另一方面讲,农村市场和西部地区又是我国经济发展的两大潜在动力区,因而厉以宁教授从产业和区域不同视角,对贫困地区经济发展及其资源与环境的关系进行了研究。

一、产业视角下扶贫发展研究

(一)我国农业发展模式设计

1. 我国农业发展的"公司+农户"模式

农村是我国市场经济发展的薄弱地区,其重要特点之一是缺乏市场化的能够有效参与市场竞争的微观市场主体。

厉以宁教授认为农业发展首要的是土地制度的创新问题。现行的土地承包制度已发展了几十年,其遇到两个问题:一是农民外出打工,土地利用率低;

二是农业现代化问题,但这些问题都会在土地制度的第三次创新中得到解决。2002年全国人大常委会讨论制定《中华人民共和国农村土地承包法》,要点就是规定土地承包制度长期不变,在农民自愿的基础上土地使用权可以流转,包括出租、转让、交换、土地入股等。这样,"公司+农户"模式的优势就更能发挥出来。

厉以宁教授以此为出发点指出,我国农业要分为三个阶段发展"公司+农户"的产业模式:第一个阶段是订单农业,公司与农户签订合同,但容易有两个局限性:一是公司收购的成本较高,二是由于市场价格变化造成不按合同办事等问题的困扰。第二个阶段是土地成片开发,公司租赁农户的土地使用权,公司投资,连片开发。第三个阶段是实行"股田制",按股分红。

2. 农民增收带来良性循环

厉以宁教授认为中国经济的持续增长有"三大动力",其中之一是提高农民收入,启动农村市场。我国须通过产业结构调整,使中国农业生产适应国际、国内市场,进而打开产品销量,提高农民收入,启动农村市场。但是要打开农村市场,还需努力。在农村传统的粗放经济增长方式之下,贫困地区普遍存在一种不良循环,即人均收入低下→滥垦滥采伐→生态日益恶化→人均收入更低……而正是由于这种不良循环的存在,在贫困地区的经济发展过程中,又会出现另外的不良循环,即人均收入低下→内部积累严重不足→技术停滞和劳动生产率低下→在人口增长条件下人均收入更低……因而我们必须通过转变经济发展方式,改变这种恶性循环,解决农民收入低的问题。厉以宁教授认为,在农村必须及早制止滥开垦、滥砍伐、滥采矿、过度放牧等现象的发生,要珍惜水资源、土地资源、牧草林木资源和矿产资源,使农牧业走上集约化生产经营的道路。对工业来说,要节约资源的使用,减少废水废气的排放,采取有力措施来清除环境污染,尤其要禁止扩散污染源,并形成工业反哺农业的模式。这样,我们就可以使贫困地区的生活环境和生产环境大大改善,使该地区的人均收入水平上升。

农民人数众多是我国巨大的潜在消费群体,而农民收入水平的提高,带来的是一个新的良性循环:

农民增收→农民需求水平上升→消费结构变化→市场扩大……

(二)农民的市场主体地位

1. 我国"民工潮"现象思考

农村人口外流是发展中国家走向现代化过程中的必然现象。在中国,我们把大量农村劳动力外出寻找工作的现象称作"民工潮"。厉以宁教授认为,这部分人将成为中国现代化过程中一个至关重要的部分。

从经济的角度看,民工潮有利有弊。好处是"民工潮"的出现,为沿海经济发达的省份提供了大量劳动力,支持了这些地区的发展,同时整个国家的经济也因这些地区的经济发展而得以发展。另外,民工向家乡寄回的钱支持了家乡的经济发展,使得当地经济活跃起来。但是,民工的大量拥入,给城市地区的交通、住房、公用事物增加了巨大压力,还带来了城市管理的混乱,犯罪率的上升。

从社会学角度看,"民工潮"对中国社会变化起到的促进作用是不可低估的:

首先,农村劳动力的外流使得他们的观念发生重大变化。20世纪80年代前期外出打工的农民工我们可以称之为第一代农民工,他们更多的是为了赚钱、结婚生子。而我们称今天的农民工为第二代农民工,他们有别于第一代农民工,打工是为了学技术,然后回乡办厂创业。可见,在市场经济这所大学校中,农民工能赚到钱、学到技术,更重要的是转变观念。有些省份一些城镇和农村,也兴办起一些乡镇企业和民营企业,兴办、管理、经营这些企业的人中,有一部分正是第一批到沿海省份打工的人。他们学到了技术,有了一些积累,回到家乡后,放手大干,而且不是单独的个人,他们是一个群体。外出时,他们结伴而行,返回故里办企业时,他们中某些人也结伴而归。在其后的创业与发展中,他们便相互提携,相互支持。这对农村面貌的改变所起的作用是绝不能忽视的。

再者,长期以来,中国农村受封建思想桎梏,妇女在农村中的地位是低下的,她们长期受压抑。然而,年轻一代的农村姑娘们找到了一条提高自己的地位、改变处境的新路。这就是到沿海省份去打工,到城镇去打工,自食其力,还能挣钱寄回家。对大多数外出打工的农村姑娘来说,这是一种机遇,也是一条改变自己地位的途径。她们一走出乡村,一走出山区,一走上沿海省份与城市的工作岗位,视界马上就开阔了,观念就渐渐发生了变化。她们打工的时间越久,在沿海省份与城市中逗留的时间越长,受市场经济的影响越大,观念的转变也就越明显。她们变了,不仅她们家乡的亲戚邻居们有这种感觉,连她们自己也这么看,即使以后再回到家乡,她们也已经不再是过去的自己。可以说这是"民工潮"给农民、给农村注入的一种新的生机与活力,更是"民工潮"对中国社会的深刻的积极影响。

另外,厉以宁教授认为,把民工说成"盲流"是不对的。他们不是"盲流",而是在有目的地流动,即为了寻找自己的发展机会。这是从传统经济向现代经济转轨过程中谁都不愿放弃的外出劳动的大好机遇。先出来的可能先得到好处,晚出来的也许机会就不如早出来的人。这种流动不能说成是"盲流"。当然也有一些民工不知道到什么地方才能找到工作,所以他们先奔向甲地,找不到工作,又奔往乙地、丙地。从这个意义上说,他们的流动的确有盲目性。但这主要是信息渠道不通畅和民工们掌握的就业信息太少所造成的,今后我们可以通过拓宽就业信息的传播等方式来对民工们加以引导。

民工观念的变化是"民工潮"带来的深刻社会变化。在寻找发展机会的过程中,民工们将自觉或不自觉地打破以往存在多年的旧观念,如依赖家族的观念、害怕外出和迁移的观念、封闭保守的观念、温饱就已满足的观念,等等,取而代之的是自立、拼搏、进取、竞争等观念。观念的转变对于市场经济建设而言,将产生巨大的推动作用,特别是已经出来的民工们观念的转变对中国农村中尚未外出或害怕外出的劳动力尤其是青年人的影响正在悄悄地扩大。他们在农村中再也平静不下来了,或者外出寻找发展机会,或者在本乡本土创业,这就是观念的变化。

对于"民工潮"现象厉以宁教授还特别指出一点:农村劳动力的外流,在一定时间内总有一个限度。比如说,一年之内流出的太多,超过了界限,外出的人找不到工作,或者返回本地,或者逗留在外,这都会影响第二年农村劳动力流出的数量。但市场经济环境的影响和外出民工带回的信息,将使得那些仍留在农村中的、想有作为的劳动者努力寻找另一种发展机会,这就是从事市场需要的农副渔牧业产品的生产。沿江沿湖一些县份的农户,之所以大力发展水产品的生产,并以此作为致富的门路,一定程度上也同沿海城市中需求信息的反馈有关,这些信息在农村由封闭走向开放的过程中起着不可低估的作用。

2. 户籍制度与农民市场主体地位

传统的发展经济学研究的是农业国的工业化问题,但是中国还存在着如何从计划经济体制过渡到市场经济体制的问题,中国经济的非均衡不仅表现在市场不完善上,还表现在缺乏市场主体上,这两方面叠加在一起是全世界都没有面对过的问题,所以中国经济改革往往需要重构微观经济基础,这就要从产权改革开始。厉以宁教授认为,在这方面中国的改革取得了很大的成就,但是也存在问题,尤其是存在着农民未成为市场主体的问题。

首先,中国要推进城镇化必须是新型的城镇化,这是由城市的容量决定的。据测算,如果在人口达到14亿的时候,中国想达到西欧国家80%的城镇化水平,需要有12亿人左右居住在城市,这就决定了中国必须走老城区、新城区加新社区的城镇化道路,所谓新社区,就是现在的新农村。通过修建住房形成新社区,然后提供和城市相同的公共服务,以及城乡社会保障的一体化,实现就地城镇化,这样才能让城镇容纳得下更多人,而它的前提之一是全国的户口一元化。

其次,要通过土地确权提高农民的财产性收入,缩小城乡收入差距。这是新农村改革的起点。厉以宁教授通过对嘉兴、湖州等地的调研发现,土地确权可以带来两方面好处:一是城乡收入差距大幅度缩小,因为农民可以把土地及上面的房屋租出去获得财产性收入;二是确权前重新丈量土地,这些地方多了20%的土地。

最后,让农民成为市场主体还需要改革现行的收入分配体制,尤其是初次分配体制。因为第一次分配是根据市场进行的,农民没有土地产权,个体多且分散,受教育程度不足,所以在分配中农民处于劣势地位。二次分配也需要调整,主要是要推进城乡社会保障一体化。

(三)农民增收的路径设计

1. 政府在农民增收中的作用

政府在推动农民增收中应发挥主导作用,政府须通过政策、制度等设计促进农民增收。解决三农问题实质是要解决农民增收、农业增长、农村稳定。这是关系到一个人口大国的经济社会、国计民生的大问题。政府税收补贴政策的优化直接关系到农民的生产经营生活。

为此厉以宁教授认为政府首先要从以下四个方面加大投资:一是良种基地的建设;二是农田水利的投入;三是农业科技成果的推广;四是对农民的技术培养。其次是要发展优势产业,如蔬菜、水果、花卉、茶叶、中药材、养殖等。各地可以积极推行"公司＋农户"的模式,农民按订单安心生产,公司负责销售。

厉以宁教授还从政府层面提出了一些农民增收的新思路:第一,必须给农民以产权。厉以宁教授在调查中发现,农民盖的房子不能抵押,不能转让,连出租都困难,而究其原因就是农民没产权。第二,教育资源配置一定要均衡。我国城乡最大的不公平是教育的不公平,这也是起点不公平的最突出表现。厉以宁教授曾任第四届毕节试验区专家顾问组组长,就毕节试验区进行了大量考察。在考察中,厉以宁教授指出必须要发展农村教育。城乡协调发展,增加农民收入,最重要的是教育。教育不平等,收入不平等,就会造成生活不平等;生活不平等,就会给下一代带来不平等。所以我们一定要把农村教育、提高农民收入放到重中之重的位置,而解决这两个问题的关键是要有赚钱的本领,就业的机会,这又与教育密不可分。所以,教育资源要尽可能走向公平。第三,关于二次分配,一定要加快城乡社会保障的一体化。城乡社会保障不能一体化,就会造成二次分配弥补不了一次分配的缺陷,反而扩大了城乡收入差距。第四,让经营农业的微观主体能赚钱。农民进城后,政府应该把土地转让,集中由专业人员负责农业生产,包括种植能手、农业专业合作社等。

2. 资本市场应倾心农业发展

进入WTO之后,我国农产品面临严峻挑战,一方面我国农业生产方式粗放,效率相对较低,另一方面国外农业生产技术先进,质优价廉,因而我国粮食、水果、肉类、奶制品等都将受到国外进口的冲击,加快农村经济发展已成为当务之急。就此厉以宁教授认为资本市场应作如下努力:

首先,开设主要农产品的期货交易势在必行。厉以宁教授认为目前已有的商品期货不包括一些主要的农产品是不尽合理的,主要农产品期货交易可以更好地帮助农民了解市场信息,指导价格的走向,这个市场迟早要开放,而开放对发展农业是有好处的。

其次,厉以宁教授认为要理顺资本进入农业的通道。目前已有少数农业公司上市,但这还远远不够,量还不多。政府要鼓励已有的上市公司投资建立子公司专业经营农业,利用资本市场再筹资加大农业投入,加大农业新技术、新产品改造,提高农业长远效益。

另外,厉以宁教授强调农业发展要充分利用网络。网络可以大大降低交易成本,增加信息量,降低市场信息不对称的风险。

3. 物流产业发展是农民增收的重点

厉以宁教授认为,中国经济的最大症结是农民收入不高,这导致了扩大内需有很大困难,制约了经济发展,但物流产业的发展能提高农民的收入。目前中国农民大多还是自产自销的小农户生产,由于不了解市场情况,大蒜紧俏就种大蒜,辣椒畅销就种辣椒,辛辛苦苦生产,但导致市场过剩,进而造成巨大的经济损失。这一现象的产生除与农民不了解市场信息有关外,也与缺乏物流和仓储设施有关,过剩的农业产品无法运输至短缺地区销售或储存至短缺季节都会造成农民亏损。

丹麦农民自办农业服务企业,有自己的仓库、车队、船队和码头,生产还是一家一户的,各种农产品是根据与公司签订合同的数量来生产的,运输与销售都是物流企业的事情。这样,他们既省事又省心,不必为农产品卖不出去而发愁,而且收益远高于自产自销。也有一些国家是由农业经纪人或代理商同第三方物流企业合作,由专门从事农业物流的公司来代理农产品物流业务。农业物流公司的利润和农民的收入都会得到提高,这是双赢的结果,同时也促使农业走上科技化与信息化的道路。

二、区域视角下扶贫发展研究

(一)我国区域划分的专区理论

对于中国经济的区域发展问题,厉以宁教授有其独到的见解。假如说中国分为一、二、三类地区,每类地区又可分为三个层次:甲、乙、丙(甲是最发达的)。中国的西部地区属三类地区,三类丙是最穷的地区,也是最应该帮助的。厉以宁教授认为,首先应该帮助三类甲。三类丙的确需要帮助,但投资没效果是个无底洞,应该帮助三类甲,让三类甲进一步发展,用它的力量去辐射、去帮助三类丙,如把兰州、西宁、银川、西安、贵阳、乌鲁木齐尽量做大,做大以后它们就有力量辐射出去,去帮助当地的三类丙。假如我们不采取这种措施,撒芝麻一样地去帮助三类丙,给最穷地区帮助,实际上投资没有效果。

（二）贫困地区后发优势凸显

1. 贫困地区存在的后发优势

与发达国家相比，发展中国家具有后发优势。而在同一个国家，与发达地区相比，国内的次发达地区也具有后发优势。

厉以宁教认为，次发达地区的后发优势在于：第一，次发达地区一般拥有较多的土地资源、矿产资源、劳动力资源，在某些地区还可能拥有较多的水力资源、林业资源、草场资源、旅游资源，但关键在于把资源转换为资本；第二，由于次发达地区原来的技术基础薄弱，因此其在经济发展过程中，无历史包袱，可以利用最新的技术，实现跳跃式发展，而不像发达地区在已有的技术设备更新时会担心资源损失；第三，次发达地区在经济发展中可以采纳发达地区的经验，汲取其教训，在经营方式和理念上实现创新，结合本地区的实际情况走出一条新路。同时，次发达地区为了加速自己的发展，对现有不合理的体制阻碍往往有更深的体会，从而更有加快体制改革的决心，以便通过体制改革来实现经济发展；第四，次发达地区在经济发展中可以充分利用外地资源，包括资本、技术、人才，只要投资环境好，这些都是可以实现的。第五，次发达地区拥有两大市场：一是国外市场和发达地区市场，二是本地的待开发市场；第六，次发达地区鉴于自己已经处于落后的地位，因此产生奋起直追的愿望，为此会动用更多的地方政府力量来加快经济发展，这种压力会转化为一种巨大的动力；第七，国与国之间的后发优势同国内地区之间的后发优势相比，有一个显著的不同，即在一国国内可以通过中央政府的统筹规划和安排，通过地区间的协作和支援，使次发达地区的后发优势较快地由潜在优势转化为现实优势。

只要充分认识到后发优势，次发达地区就会有足够的信心，国内次发达地区若能够认识到并充分利用这种优势，经济发展速度就会加快，并有可能赶上发达地区。

2. 贫困地区后发优势发挥的条件

虽然具有潜在优势,但厉以宁教授认为,对于次发达地区而言,要把潜在优势转化为现实优势,需要下列条件:

第一,投资环境。次发达地区要吸引外地投资,必须具有良好的投资环境,良好的基础设施。若社会不安定,恶势力猖獗、行政效率低下、当地政府不讲诚信,领导人一变动就"从头做起",那就说明投资环境有待改善。至于基础设施,需要从动态考虑,逐步改善交通、供水、通信等条件。

第二,优质服务和交易成本的降低。在国内,次发达地区较多,后发优势对每一个次发达地区都是存在的。如果各个次发达地区的资源都比较丰富,相差不大,那么某一个次发达地区的相对优势之一将是为投资和生产提供较好的服务及具有较低的交易成本。优质服务的提供可以形成更加有利的投资环境,而且交易成本的降低同优质服务的提供是分不开的。交易成本包括运输成本、签订合同的成本、履行合同的成本和信息成本,这些成本无一不同服务质量的高低有关。而能否提供优质的服务,则同地方政府职能是否转化,即地方政府是否已转为服务型政府、行政效率是否提高联系在一起。次发达地区的地方政府应当对这一点有足够的认识。

第三,劳动力素质的提高。较低的劳动力成本固然是吸引外来投资的因素,然而,对于投资者来说,劳动力成本低并不是最重要的因素。相比之下,劳动力素质更加重要。投资者对于某一地区是否值得投资的考虑,通常把劳动力成本的高低和劳动力素质的高低结合在一起,并且把劳动力素质放在首位。劳动力素质包括劳动者的文化水平、技术能力和职业道德水平。一个地区,只要劳动力素质较高,即便劳动力成本在发展过程中有所上升,投资者经考虑后,仍然会认为该地区对投资有吸引力。具体而言,提高劳动者素质的关键在于加强劳动者的职业技术培训,包括文化水平的提高、技术能力的提高及职业道德水平的提高。对一个次发达地区而言,如果本地区熟练技术工人数量不足,还可以引入外地熟练技工。

第四,人均收入上升后更广阔的国内市场。次发达地区在经济发展的初期,由于人均GDP很低,人均可支配收入少,所以购买力有限。但只要经济发展了,人均GDP和人均可支配收入会不断上升,人们的消费结构会升级,需求也会趋于多样化,市场容量将会日益增大。无论对于内资企业还是对于境外投资者来说,日益扩大的市场肯定具有吸引力。厉以宁教授据此认为,次发达地区会形成一个良性循环:人均收入上升→市场容量增大→投资增长→人均收入上升。地方政府的任务就在于如何促使这一良性循环尽早形成。

第五,优秀企业的存在。对于外部投资者来说,一些次发达地区之所以会引起他们的兴趣,是因为次发达地区逐渐产生了若干优秀的企业。这些优秀的企业将被外部投资者认为是很好的合作伙伴。它们有的在经济发展之初就已经是较好的企业,经过改制、重组,再经过一段时间的市场竞争,它们会继续成长。还有的是一开始就具有较合适的体制和组织形式,而在投资环境日益改善的条件下,通过技术创新和管理创新而在市场中不断发展。此外,在境外投资者看来,如果要在中国有更大的发展,有必要同中国国内有潜力的企业合作,合作形式可以多种多样,但目的只有一个,即通过合作在中国国内市场上抢占更大市场份额。因此,对于次发达地区来说,培育本地区优秀企业始终是重要的。

3. 贫困地区的技术跳跃式前进

首先,借鉴发达国家工业化的道路。发达国家的工业化道路,既有经验也有教训,这对正在进行工业化的发展中国家,尤其是国内的次发达地区有很大的借鉴意义。

在厉以宁教授看来,发达国家工业化最值得重视的经验是要不断进行制度创新和技术创新。制度创新,一方面包括在进行工业化时仍受到计划经济体制束缚的国家有必要及时突破计划经济体制,另一方面包括在工业化过程中,有必要根据形势的变化对工业管理体制和企业体制进行调整。但是,发达国家工业化过程中的教训我们也必须注意。在厉以宁教授看来,有两大主要问题;一个教训是,到工业化后期才较多关注社会公平的问题,这就导致某些国家在工业化初期和中期时,社会长期动荡不安,直到社会矛盾十分尖锐时才把注意力转移到社会公平问题上,从时间上来说晚了很多年。另一个问题是,从工业化初期到工业化中期,较少关注环境污染问题,一般也是到工业化后期才把环境保护放在重要位置,同样是晚了许多年。

因此,厉以宁教授认为,后起的发展中国家,包括发展中国家的次发达地区要汲取发达国家工业化过程中的教训。在社会公平问题上,应当尽早地关注,让低收入家庭享受发展成果,并完善城乡社会保障制度;在环境保护问题上,应当较早地并且较妥善地关注生态,在经济发展过程中必须把环保问题放在重要位置来考虑,走可持续发展道路。而且,对于发展中国家,尤其是像中国这样一个人口庞大的发展中国家,重工业化阶段是绕不开的,但其关键在于结合我国工业发展的基础与需求,合理开发次发达地区矿产资源,将地区可持续发展同技术跳跃式前进相结合。

其次,贫困地区技术跳跃式前进有其必要性和可行性。其必要性有二:一是只有采取先进技术,才能尽量减少环境污染,尽可能降低资源消耗,使重工业发展对资源环境的负面影响尽可能减少;二是从市场竞争角度看,技术的跳跃式前进,会使工业产品有较大的市场竞争力,相应地建立一批配套的、有助于本地区可持续发展的工业和服务业企业,保障本地区产品持续竞争力的同时,也保障了地区的可持续发展。

在贫困地区实现技术跳跃式前进不仅是必要的,而且是可行的:第一,国内某些领域的技术发展已经处于世界前列,能够为技术跳跃式发展提供技术和设备,而且在国内技术水平并不领先的领域,我们可以从外国引进技术和设备。第二,深化改革使得技术跳跃式前进的制度障碍正在消除,行业垄断将逐渐被打破,公平竞争格局将逐步形成;资源定价制度在改革中走向市场化,旧有的偏低资源定价制度将被逐步取代;投融资体制的改革给企业的技术、设备革新提供保障;随着改革深化,地区之间的受益比例将逐步趋于合理。

最后,走循环经济之路。与技术跳跃式前进相应的是我国的循环经济之路。发展循环经济,对于克服重工业发展带来的环境污染,实现经济可持续发展是必须的。走循环经济之路,有以下几个方面:实现资源高效利用;尽量延长产品的使用寿命;减少废水、废气、废渣工业三废排放,实现清洁生产;设法实现工业三废的回收利用,变废为宝;对于无法再利用的废物实现无害化处理。因而,循环经济与贫困地区技术跳跃式进步相得益彰,是经济发展模式的重大创新突破,更是贫困地区发挥后发优势的必要条件。

三、贫困地区协调发展

(一)贫困地区经济运行机制问题

1. 经济运行机制与贫困地区发展

经济发展与环境协调是贫困地区面临的重要问题,而这一问题仅靠外部支援、优惠政策等解决终究是治标不治本,这一问题的根源在于贫困地域经济运行机制的无效,我们必须从根本上研究贫困地区经济运行机制和经济发展与环境协调关系。

对于经济运行机制,厉以宁教授认为,任何一种社会总是在一定的目标指引下,依靠某种动力使用各种资源,使经济运转起来,并在运转中排除各种干扰,达到预定目标或尽可能接近预定的目标。而社会的经济运行机制就是社会借以实现上述过程的一系列关系的总称。一个社会的经济运行机制可以概括为以下四方面:(1)目标机制。确立目标和研讨这些目标的原因,以及环境与生态平衡是否进入目标体系及其位置。(2)动力机制。动力源头及产生原因,以及如何在经济发展过程中形成并维持认真对待环境与生态平衡的动力。(3)资源配置机制。资源配置的原则、方式,配置主体的约束及从经济发展与环境保护的角度分析经济发展和环境保护过程中资源的配置问题,以及两者在配置方式上矛盾的解决。(4)排除干扰机制。假定经济发展与环境保护过程分别受到干扰,识别、估计、排除干扰的机制就十分重要。

对于社会主义经济中,与环境保护、贫困地区开发有关的经济运行机制问题,厉以宁教授将重点置于社会主义两种不同经济运行机制(传统的经济运行机制与建立中的新经济运行机制)在环保和贫困区开发过程的比较上。从以上四个方面来看,由于我国两种经济运行体制都建立在社会主义所有制基础上,目标机制与动力机制差别并非截然不同,但是资源配置和排除干扰机制在传统经济运行机制和新经济运行机制下,有很大差别。也正因如此,这两个机制成为决定两种不同经济运行机制之下,环境保护状况与贫困开发过程及其效果不同的主要因素。

2. 贫困地区传统经济运行机制与环境破坏

在厉以宁教授看来,贫困地区发展过程中可能遭到两种不同类型的环境破坏:一类是社会发展之初就可能存在的,该地区居民出于摆脱贫困的目的,对资源进行掠夺式开发,导致环境破坏;另一类是伴随工业逐渐发展而出现的,工业的不断发展导致水源、土壤、空气被污染,而且此类环境破坏在工业发展期间,可能与第一类环境破坏并存。

贫困地区通常处于封闭或基本封闭的经济状态,其与外界联系很少,供需基本实现较低水平的平衡。此时该地区可能为了燃料滥砍滥伐、为了粮食滥开荒而产生第一类破坏,同时由于其处于封闭状态,破坏程度会受到某种限制,但是不会终止。如果其处于传统的社会主义运行机制下,此时的环境破坏行为就只能采取行政性措施进行干预,缺乏内在的协调经济发展与生态平衡的机制。这也是少数的厉以宁教授认为可以利用行政手段强行施策的建议。

随着经济发展,地区封闭被逐渐打破,各个地区受本地区及其他地区经济发展的影响,供给和需求都会增加,但由于各个地区之间地理位置、自然条件、人口密度、资源状况等条件不同,其供给和需求的增长幅度也是相异的。不难发现,此时制约经济增长的就是这些非经济运行机制方面的因素,而非经济运行机制本身。

贫困地区封闭状态被打破,地区之间经济联系增多且发展不平衡,上述第一类破坏就有可能加剧,仅靠传统经济运行机制之下的行政干预就难以制止。此时"致富"成为贫困地区人们的追求,工业成为他们的选择。但是工业发展的资金来自何处就成为难题,并非每一个地区都能吸引到国家资金支持。于是就会出现两种可能:一是由于本地区缺乏资金发展工业,便仍选择发展本地农业,但农业发展难以为地区发展积累足够资金,该地与其他地区收入差距进一步扩大;二是为了积累资金,该地居民过度开采当地资源,靠资源出卖来赚取收入,但这种情况并不能改变贫困状况,反而会由于资源过度开采,影响本地区和周边地区长期发展。

3. 转换贫困地区经济运行机制的重要性

如前所述,经济运行机制是指经济借以运行的一系列关系的总称,这些关系有些是法律、法规确定的,有些依赖于政策的规定。在经济运行机制既定的条件下,一项政策的公布与推行,会对既定的经济运行条件和运行过程产生影响,从而产生经济和社会效应。在贫困地区,对经济发展起深层次作用的是经济运行机制。经济运行机制决定着经济运行的过程,经济政策想要发挥作用,就必须对经济运行机制产生影响,使经济运行机制发生某种变化。对贫困地区而言,政府的优惠政策,例如减免税收、给予财政补贴、发放无息贷款等,如果该地区经济运行机制仍不利于地区经济发展,那么上述政策的作用将受到限制,政府的这些政策往往被用于缓和眼前的困难,不足以使该地区的经济繁荣。因而,正如人们常说的,对于贫困地区来说,更重要的是使他们有"造血"的机能,光靠"输血"甚至长期"输血",都无法使他们脱贫致富。这"造血"机能也是厉以宁教授长期提倡的建立以人为本的完善、公平的市场机制,利用微观主体内在的积极性,发展经济。

贫困地区的经济发展主要取决于经济运行机制,同样,与贫困地区经济发展有关的环境与生态平衡问题,也同样取决于经济运行机制,而非取决于经济政策。在厉以宁教授看来,分析何种经济运行机制有利于贫困地区经济发展与生态平衡至关重要。政府可以以此明确政策导向,即需要制定何种政策,来限制不利于贫困地区经济发展和生态平衡的经济运行机制。只要实现经济运行机制的转换,贫困地区内部积累与再投入将会增加,环境破坏将受到内在制约。这会使得贫困地区逐步变为一个蓄水塘,外部的投资会逐步积累,甚至只是一次性的外部投资,也会使水塘活起来。因而,贫困地区经济发展的首要问题是转变经济运行机制,把贫困地区由"漏斗"型地区经济变为"蓄水塘"型地区经济。

(二)贫困地区资金投入

在厉以宁教授看来,贫困地区的经济发展中,资金投入是关键性的问题,这一问题包括三个方面:一是资金来源;二是资金投入的方向和资金投入的结构;三是资金的使用效率。

1. 贫困地区内部积累机制

就资金来源而言,一个地区的内部积累来自企业和居民的积累。如果一个地区长期处于贫困状态,那么该地区这两部分积累将会很少甚至没有。因而我们就要探讨,不管居民和企业积累有多少,关键在于要吸引他们再投入,需要形成一种能够吸引本地区内部再投入的机制,即内部积累机制。

在社会主义所有制基础上的两种不同经济运行机制之间,主要区别在于资源配置和排除干扰方面,而在两种不同经济运行机制之下的内部积累机制的区别,实际就是资源配置原则、方式的区别。因而厉以宁教授认为:地区内部积累机制是社会的资源配置机制的一个组成部分。

传统经济运行机制之下,贫困地区内部积累机制难以形成,新的经济运行机制之下内部积累机制能够存在,可以从以下三个角度解释:

第一,资源配置是通过资金投入和再投入实现的。由于资金投入和再投入的结构不同,这使得资源配置的格局得到调整。但是要保持资金投入和再投入,就必须使得投入与再投入主体获利,因而他们必会倾向于利益较高的领域,这就涉及价格问题。传统经济运行机制下,价格比例不合理,贫困地区所能提供的初级产品价格偏低,同时由于贫困地区产品生产成本和交易成本偏高,这导致贫困地区自身剩余不多,投入与再投入没有资金来源,外部投入与再投入也难以被吸引。在新经济运行机制下,价格比例趋于合理,内部投入和再投入的吸引力就会变大。

第二,资金投入和再投入来自剩余,剩余又分解为消费和储蓄,或消费与投资。对于资源配置而言,一开始就涉及剩余分配的问题。贫困地区剩余本来就少,如果此部分剩余又用于不合理的消费,那么显然用于投资的部分就微乎其微了。因而,为了贫困地区的开发,必须防止不合理的消费侵蚀本来可以用于投入与再投入的内部积累。具体而言,不合理的消费主要指与民间陈规陋习有关的各种非生活必需品的消费,也包括某些与现有生产力水平和居民收入水平不相适应的消费支出。在传统经济运行机制之下,这只能靠行政措施来加以控制,但由于资金投入主体缺乏来自内部的投资热情,并不能和行政措施良好地结合。在新的经济运行机制下,投资和再投资主体既有自主性,又有投资热情,他们就产生内在的限制不合理消费的倾向,从而增加内部积累,政府此时采取多样的经济调节手段,效果也会更好。

第三,资源配置不仅包括了资金投入和再投入,而且包括了投入和再投入的组合。投入和再投入不仅以资金的形式表现,也可以以实物形式表现,这就产生了人力、物力、财力资源的组合问题。这种组合不仅存在于一个地区内部,地区之间由于存在投入产出关系,也形成了地区之间的资源有效结合问题。就我国贫困地区实际而言,构建本地资源同外地资源的有效结合的方式十分重要。在传统经济运行体制之下,由于投入和再投入主体缺乏自主性和机动性,这只能通过行政性措施来实现,难以形成有效且长期的结合。在新的经济运行机制之下,主体有了自主性和机动性,他们就会从经济利益出发,选择有效的结合方式,形成良好的内部积累机制。

2. 贫困地区投资结构

贫困地区资金投入的第二个方面是资金投入的结构与方向。资金投入量是流量,而现有的资金部门结构表现为资金的存量。传统经济运行机制之下,投资结构由政府部门决定,一旦结构不合理,可行的办法是调节流量,但流量一旦投入,就又会变成存量,这就导致贫困地区资金部门结构失调不易被改变。

另外,贫困地区经济发展与居民收入的提高是一个持续的过程,因而资金的投入与再投入这种内部积累也应当保持稳定性。而传统经济运行机制之下,这仅靠行政措施,缺乏利益导向难以实现这种稳定。新的经济运行机制之下,投入与再投入的主动权在企业和居民手中,并非政府手中。当企业和居民愿意把手中的货币投入本地区经济的发展事业,内部积累机制才能被认为是已经形成。因而,我们并不能认为只要经济运行机制一转轨,内部积累机制就已经形成。此时,需要政府的调节,通过建立发展基金、税收优惠等政策,引导促进本地区内部积累。

合理投入促进贫困地区经济发展与环境协调问题,经济运行机制对于既存的资金结构不合理的调节作用,仍需进一步研究。

在厉以宁教授看来,传统经济运行机制既难以形成贫困地区内部积累机制,也难以通过存量改变资金结构,因而不可能解决这些问题。另外,即使是建立了新的经济运行机制,也并不意味着市场信息必定是充分的,资金投入和再投入主体也可能得不到足够有效的信息,甚至可能得到错误的信息,结果是资源配置更加不符合经济发展与环境协调的要求。

因而,新的经济运行机制的建立并不能自然地解决贫困地区经济发展与环境协调的问题。不过,在厉以宁教授看来,仍有两点是值得关注的:第一,新的经济运行机制要比传统经济运行机制拥有更多的内部投入与再投入,这为推动经济发展与环境协调提供了财力前提;第二,新的经济运行机制之下,企业作为独立的生产者,从自身利益出发考虑政府措施对自己的影响,趋利避害,使得自己的行为符合政府调节意图。

总之,尽管经济运行机制的转换本身并不等于资金投入结构趋于合理,也不等于经济发展与环境之间的协调,但新的经济运行机制下经济与环境协调发展的可能性要大得多。

3. 贫困地区的资源利用效率

贫困地区资金投入的第三个问题是资金利用效率的问题。在厉以宁教授看来,在资金投入的数量和结构为既定条件下,资金利用效率的高低成为决定地区经济发展和居民收入水平提高程度的最重要因素,其还直接关系到生态破坏的程度,关系到环境保护部门的发展状况,关系到经济发展与环境的协调程度。资金利用效率的高低就是资源利用效率的高低,即资源的有效利用程度,包括三个方面:(1)各种资源都得到充分利用而没有闲置;(2)各种资源的组合是有效率的,即能在其他条件不变的情况下产生尽可能高的效率;(3)资源利用的结果,即资源组合所提供的产品和劳务,是社会所需要的,成为有效供给。只有从这三个方面进行分析,我们才能判断资源是否得到了有效利用,在多大程度上得到了有效利用。

在传统经济运行机制之下,资源的有效利用被严格限制。市场的不完善和企业活力的缺乏带来资源利用效率的低下,而此时只能依赖政府的非经济手段来干预经济。但是由于经济运行机制不转换,政府的手段也只是暂时缓和资源利用效率低下带来的矛盾,问题只会积累。经济的混乱迫使企业通过地下交易另谋出路,虽然对于个别企业而言,资源利用效率有所提高,但是对于整个社会来说,资源利用效率仍旧是低下的,甚至会因地下交易活动而变得更差。当新经济运行机制建立后,企业有了自主性和机动性,企业资源的利用效率高低直接关系到自身利益,因而提高资源利用效率就成为企业最关心的目标。同时,市场的逐步完善与政府采取的宏观经济调节措施,为社会资源的合理投向与组合创造了条件,也为资源利用效率的普遍提高提供了良好环境。

四、我国西部大开发战略研究

(一)西部大开发时空分析

1. "西部"的区位背景分析

西部大开发战略是我国区域经济发展的重大战略,由于受到自然地理位置、交通设施不健全等因素限制,我国大量贫困地区大多位于西部,因而西部大开发在扶贫开发中占有重要位置。厉以宁教授曾任第四届贵州毕节试验区专家顾问组组长,对于西部大开发,他有自己独到的见解。

对于西部如何开发,厉以宁教授认为,开发西部一定要做一件事,就是在西部能做而在东部不能做的事情,这样投资才会被吸引到西部去。1979年以后,开发深圳时,人们之所以到深圳去,就是因为在深圳能做在其他地区做不了的事情。例如20世纪80年代,其他地区只有个体工商户,私营企业只能到深圳去办。

2. "大开发"的入世时间背景分析

改革开放以来,西部对外开放的步伐要比东南沿海缓慢一些,西部大开发又正值我国加入世贸组织时期,这两个因素在西部大开发中都应考虑到。

东南部地区在鸦片战争后,有一定的发展基础,因其毗邻香港,有迅速发展的条件,这是西部没有的。但在厉以宁教授看来,东西部发展之间是相互联系的,不能孤立起来。东部的发展为西部发展做了准备。而且,不论是在当时的环境下,还是就我国本身而言,西部并没有优先发展的自然、人力等条件,我国也没有实力同时发展两个部分。任何一个发展中国家,在其发展中都面临着两种差距:一是本国跟世界先进水平的差距,另一个是国内不同地区之间的差距。我们先缩短与世界先进水平的差距,让中国经济快点上去,这样我们才有条件来协调国内区域发展,加速西部发展。

加入世贸组织,在厉以宁教授看来,是利大于弊的。从开放与改革的关系看,中国历次开放确实促进了改革的深化;同时从政府职能角度看,政府作为管理者,最大的职责是制定规章、制度,而市场是"搅拌机",加入世贸组织后,政府职能转变已经迫在眉睫。对于西部大开发而言,加入世贸组织的影响是深远的。世贸组织在其宗旨中强调,其成员要走可持续发展道路,这就对中国西部的可持续发展提出要求。西部是中国为数不多的大块干净的土地,其开发就应坚定做好规划,避免大开荒、大开地、大开矿,绝对不能走西方国家先污染后治理的道路,如前所述,西部可持续发展必须转变经济运行机制,使得经济发展与环境保护相协调。

(二)对西部大开发的思考

1. 西部大开发与通货紧缩

在厉以宁教授看来,任何一次大的开发,都应该伴有高涨的人气,这是大开发最重要的前提。改革开放后,我国有两次较大的开发:第一次是1979年开发深圳经济特区,第二次是邓小平南方谈话后开发上海浦东。两次大开发能够顺利进行,都得益于人气高涨。而西部大开发是在通货紧缩尚未完全消除的情况下进行的,缺乏的正是人气。通货紧缩时期,人气不旺的原因就在于人们的收入预期和支出预期发生了变化,当人们都抱着这一心态时,市场就会出现需求不旺的情况。因而,西部大开发面临的问题要比前两次大开发的难度大得多,更需要在政策制定时认真考虑当前形势。

从经济学上讲,"软着陆"这个提法是错误的。"着陆"的"陆"是不确定的。对于发展中国家转型发展阶段,百分之几的通货膨胀率比较合适并无定论,事先心中并无数。在非均衡经济中,不可避免地会存在一定的通胀率,但我们并不能认为通胀率越低越好,降到零,甚至负数,那经济也不可能快速发展。为解决低通胀的风险就需要采取扩张的财政政策刺激经济。扩张的财政政策有两方面:一是增加财政支出,增加投资;二是减税。如果一方面扩大财政支出,一方面加税,这种政策本身就矛盾。

对于人气的提升,厉以宁教授一如既往地从微观主体的角度出发,探索以人为本的发展道路。厉以宁教授认为,要通过转变观念,促进人气上升:第一,要发挥企业作为西部开发主体的作用,而非政府,这是衡量按计划还是按市场发展的重要标准;第二,要发挥中心城市的作用,扩大其辐射范围,增强其辐射效果;第三,要进一步推动产业升级;第四,要发挥非公有制经济的作用,劳动密集型民营企业和高科技民营企业缺一不可;第五,加快农村市场的启动;第六,发挥资源优势,合理利用西部自然资源、人文资源等。

2. 三种改革思路比较

从1998年开始,关于改革思路的问题,经济学界大体上有三种不同的观点:

第一种,调整收入分配结构。持有这种改革思路的人认为,中国目前出现了类似于西方的经济危机状况,收入分配失调,这主要通过调节分配结构来解决,富裕地区和家庭帮助贫困地区和家庭。在厉以宁教授看来,这种改革思路是错误的。如前所述,发展中国家面临两种差距。从长远看,应该把缩小第一种国家间差距放在前面,发展才是硬道理,先赶上世界先进水平。同时,应注意到第二种差距的存在,并在发展过程中加以协调和补偿,使它缓解,然后逐步缩小地区之间的差距。

第二种,集中财力思路。这种观点认为中国当前之所以遇到这样那样的问题,关键是中央手中的钱太少了,因此当前要集中财力,办大事,促使经济有新的发展。这种观点同样是不可取的。厉以宁教授认为,财政好比一个水库,水库需要有水,但上游也就是企业必须也有水。依照这种思路,情况可能是把上游榨干了,水库里的水暂时多一点,但最终仍旧没有水。20世纪80年代我国经济发展比较顺利,主要就是调动了中央和地方两方面的积极性,进一步集中财力,但这可能会挫伤地方的积极性。

第三种,民间资本介入,加快国有企业改革。一定要把国企改革提到重要议事日程,走多元投资主体道路。重要行业国家控股,但是民间资本的介入是必须的,也是必然的。民间资本体量大,有能力进入各个领域,实现投资主体多元化,进而技术改造有了资金,中国经济面貌就会发生巨大变化。这一过程中,我们必须注意到:对外商开放以前,必须先对内商开放;给外商国民待遇之前,先给内商国民待遇。采取了民间资本介入这种措施,不但能够有效地活跃经济,而且能在进入世贸组织之后,使整个国民经济的实力得到进一步加强。这样我国经济才能转向一个与西部大开发相适应的人气兴旺的阶段。

3. 创新增效与改革开放

"减员增效"这一口号值得研究。从宏观经济意义上来说,减员是人力资源的闲置,是效率的损失。从微观条件来讲,减员增效并不是必然,而是有条件的。靠创新来增效,才是经济学中反复说明的道理,包括制度创新、技术创新、人员素质的创新。对这些问题,在西部开发中我们要正确理解,要从宏观经济上去正确认识。改革可能有假,名为改革,实际上原封不动,甚至倒退。但是开放必然是真的,开放是由外国人评价的。开放后,假的改革也难以存在,混不下去。以改革促发展,改革无非是制度创新加技术创新。在改革的基础上发展,就能使社会发展得顺畅。在发展中寻求稳定,才是真正的稳定。运动中追求平衡才是真正的平衡。必须保证一定经济发展速度,才能求得稳定,很多问题可以在发展中寻求解决之道。

4. 推动西部大开发战略的需求

西部大开发配套措施是否完备,关系到开发的实际效果,在厉以宁教授看来,主要有以下几个方面:

第一,结构调整。用"木桶理论"解释我国经济结构调整,其容量取决于最短的板子的长度。经济学家给出两种解决方法:一是以长线补短线,即生产要素的替代;二是资产重组,拆散木桶,重新组装。但这两种办法在原有体制下都难以使用。唯一的办法是通过转让产权,即通过资本市场来调整结构。这就需要解放观念,不要受多年来思想障碍的约束。产权的转让是资产的盘活,通过资本市场可使供求见面,通过有偿方式进行转让,这也是合情合理的。第二,培育新的经济增长点。第三,加快中小企业在西部开发中的发展。高新科技一般都从中小企业开始。中小企业有些是劳动密集型的,可以缓解当前的就业问题,有些是高科技型的,因而在西部开发中我们要特别重视民营中小企业发展。第四,法制配套。在西部开发过程中,法律法规建设与开发不同步,而且可能雷声大、雨点小。在市场经济中,要把"活"和"乱"区别开,没有法制的竞争是乱,有法制的竞争是活。

思想观念指导人们的行为,决定人们对事物的看法,在西部开发过程中,我们需要转变思想观念,进而推动改革与发展。厉以宁教授主要从以下几个方面谈转变思想观念:第一,对新经济的认识。新经济是建立在网络经济和技术创新之上的经济。新经济到目前为止,可以公认的好处有:(1)减少中间环节;(2)降低交易成本;(3)增加信息量;(4)资源得到更充分利用;(5)在一定情况下,分散风险。第二,对平均主义的认识。我们要反对平均主义,反对吃大锅饭。在开发过程中,要继续消除平均主义影响,正确认识"效率优先,兼顾公平"。第三,对投资的看法。在经济学中,"投机"与"投资"没有一定的界限,都是为了取得预期的利润而进行的投资,投机是指抓住投资的机会。在西部广大地区,证券市场发展对国家是有好处的,有利于企业机制的转换,有利于产业结构的调整,有利于为进一步经济建设筹集资金,有利于高科技、高风险行业的发展,更有利于增加就业从而有助于社会稳定。第四,对教育的看法。要把教育作为一个产业来经营,教育需要产业化,而不是商业化,需要经营、管理,要将经营目标与经营结果分开。发展集资办校、民办学校,利用社会力量办学。第五,制衡和效率。权力的制衡可能会降低某些效率,但对防止最坏情况的出现是必要的。制衡以后,决策会更趋合理,效率可以提高。

西部开发中我们所需要的新型企业家,除了要具备最基本的企业家素质,即眼光、胆量、组织能力之外,厉以宁教授认为,他们还应具备以下几方面素质:(1)懂得市场变化情况,善于利用社会资源,有自己的决策专家群;(2)善于融资,不断提高资金使用效率;(3)有团队精神,懂得疏导,宽容与协作;(4)重视道德力量的调节作用;(5)具有创业精神、创新精神。这些新型企业家的存在将充实西部市场的微观主体,将为西部大开发增添市场化的活力。

第三章 城镇化专题

一、中国城镇化道路

当前中国处在双重转型阶段,即农业社会转向工业社会,进而转向现代化社会,以及从社会主义计划经济体制转入社会主义市场经济体制。双重转型交叠推进意味改革势在必行,而快速城镇化可以说是我国双重转型叠加的表现形式,必然成为我国改革创新的重点。

(一) 走向城乡一体化

回顾从1949年到现在,有关城乡体制的变革过程,我们可以将其划分为三个阶段:

第一阶段,从1949年到1978年。这是城乡二元体制逐渐形成并日益巩固的阶段。城乡二元结构的制度化,从1950年土地改革以后就已开始,这是同建立社会主义计划经济体制相配合的。到1958年随着人民公社制度和户籍制度的确立,城乡分割,生产要素流动受到极大限制,城乡二元体制终于形成,这造成城市化进展十分缓慢。在权利方面,农民实际上处于"三等公民"的位置。

第二阶段,从1979年到2002年。这时城乡二元体制虽然略有松动但基本上依然较为牢固。改革开放之初,农村推行家庭联产承包责任制,调动了农民承包经营的积极性,但这只不过是城乡二元体制略有松动而已。城乡二元体制的极端形式(人民公社制度)虽然退出了历史舞台,但农民依然受到社会流动的限制,仍然难以享受改革和发展的成果。

第三阶段,2003年以后。这是我国着手改革城乡二元体制并逐步推进城乡一体化的阶段。在科学发展观的指引下,农村的土地流转启动,农业的规模经营有了很大的发展,城市化的速度也得以加快。在统筹城乡发展和改革这个新课题上,不断有理论上的创新和实践上的突破。城乡一体化已成为新一轮改革的重点。

总之,改革需要"探路",我们总是在试验中积累经验。通过实践、实践、再实践,城乡一体化必定能顺利推进。

(二)中国的城镇化道路的发展

1. 土地确权是新农村改革的起点

我们当前面临的大问题之一是必须给予农民产权。土地确权正是农村所兴起的大改革,也是新农村改革的起点。2013年11月底厉以宁教授带领全国政协经济委员会调研组在浙江杭州、嘉兴、湖州等地进行土地确权后的调查。厉以宁教授发现那些地方确权较早,农民心里踏实,农民能够拥有多重选择,即扩大养殖业、种植业,或进城务工、经商,这使得城乡收入差距大幅度缩小。

在调研中,厉以宁教授还发现了一件意想不到的事情,土地确权之前需要重新丈量土地,结果发现耕地多出了20%。这主要是因为:(1)当初土地承包丈量时,坏地两亩算作一亩,好地一亩算一亩,经过几十年的承包,土地得以改良,这次丈量土地好坏全算作一亩,所以土地数量增加。(2)过去的田地是小块经营,田埂及田埂两边的遮荫都不算农地。几十年以来,农业为规模化经营,农地已经变大,田埂和两边遮荫都已并入农地。(3)当初有农业税,所以在报自家田地时,人们普遍少报,有一亩三分地就报一亩,家家如此,以减少交税。现在土地刚丈量完,农民也愿意实报。因为土地入股,按股分红,土地少报了自己吃亏。农民成为真正的市场主体。

2. 收入分配制度改革重点是初次分配

城镇化过程中,中国当前急需改革收入分配体制,特别是以市场为基础的第一次分配。

针对第一次收入分配,厉以宁教授仍然从微观主体的利益出发,指出了几个影响第一次收入分配的问题:第一,农民没产权、财产收入,农民当然会穷。第二,在中国的劳动力市场中,受雇方和雇佣方双方地位不对称,在不对称的情况下,出来打工的农民处在弱势地位,而雇用他们的大企业较为强势。在这种情况下,必须改变双方的地位。在西方国家,解决这个问题可以靠工会组织,工会能够保障低收入者的利益。中国到现在为止,工会作用不强,连替农民工去要被拖欠工资都还得写信给总理来解决这个问题,所以要真正让工会发挥作用,让农民工也参加工会。第三,个体农民或牧民销售奶制品或蔬菜水果等处于弱势,在农贸市场摆摊位、上门收购也处于弱势,因为采购商和大超市才处于强势,有较强的定价权,这就造成收入上的不平等。中国的农业合作社刚刚建立,尚处于较弱的阶段,我们一定要走联社的道路,这样农民的谈判力才能加强。第四,中国的教育资源配置不均衡。人均教育支出农村低、城市高,城市义务教育阶段的学校房屋好、师资力量强、设备齐全,这是农村无法企及的,这种起点的不公平就造成了一种职业世袭的体制。大部分农民工的孩子还是农民工,孙子将来也可能是农民工。这种情况持续下去,不符合社会主义的原则,需要改变。

厉以宁教授认为二次分配也重要,需要调整,这主要靠城乡社会保障一体化。中国城乡两种户口,很多城市工人能享有的福利农民工享受不到,比如城市职工可以是公费医疗,农民工是合作医疗,合作医疗还要交钱,一次分配有差距,二次分配还扩大了差距,这在全世界是没有的。

一次分配重要,二次分配也重要,但二次分配的重点应该是加快城乡社会保障的一体化,这就要求以人为本,实施人的城镇化。城镇化过程现在正在进行中,人的城镇化是当前主要的问题。人的城镇化应以生活质量提高为主,人要进城,就应该提高个人的生活质量,这有利于城市发展。但户籍制度是以人为本理念得以实施的重要障碍。而现在国内的大城市开始施行积分落户制,根据个人条件对应的积分获取户口,这对人性化发展城镇化具有重要意义。

3. 城镇化、扩大内需和长期经济发展

城镇化率是衡量一个国家现代化程度的标志之一。迄今为止,中国的城镇化率较低。据统计,1949年中国的城镇化率大约是20%,到2009年,中华人民共和国成立60年了,城镇化率才提高26个百分点。何况,其中还包括了农民身份的进城打工人员。

厉以宁教授认为城镇化率偏低不利于内需的扩大。一方面,农民收入低,另一方面,农民的需求受到限制。因此,加速城镇化,既可以提高农民收入,又可以增加农民的需求,内需扩大将是必然的结果。从增加农民收入的角度看,主要由于农民进城后有了工作,或者自行创业,收入将高于务农所得。此外,由于一部分农民进入城市,农村的规模经营将发展起来,农业劳动生产率提高,这也会提高农民收入。从增加农民需求的角度看,农民和家属进城后,生活方式发生改变,需求总量和需求结构都会发生变化,内需也就相应扩大了。然而更为重要的是,在城镇化过程中,由于内需的扩大,中国的经济发展方式也会摆脱过去长时期内所形成的出口依赖型经济模式或投资依赖型经济模式,而转变为良性循环的内需为主的经济模式。摆脱出口依赖型经济模式,并不意味着进出口会减少,而是自主性增加了。这将是一种可持续的经济发展模式,即主要靠内需拉动的良性循环模式。

4. 从三种资本看城乡之别

物质资本、人力资本和社会资本这三种资本的结合创造了财富。从目前来看,三种资本中的任何一种资本都是城市占优势,农村居于劣势。

以物质资本看,城市的土地是国有的,所以祖传的房子有产权,有房产证,可以用于抵押。如果城里人要创业,房产证抵押,贷款就到手了。虽然土地不能卖,但房子是可以卖的。而农民到现在为止,土地是集体所有的,农民除了在改革试验区外,承包地、宅基地都不能抵押,自己盖的房子盖得再好也没有房产证,无法在公开市场交易。从这个角度看,农民是缺乏物质资本的。

再看人力资本,农民人力资本弱。这是教育资源配置不均衡造成的,城里的学校国家投资多,经费足,师资力量强,设备也很齐全;农村的孩子上学,校舍差、设备差、师资力量又不足,将来升高中,城里的孩子容易一些,农民的孩子难一些。升大学就更难了,城乡比较,青年人上大学的比例,城市要比农村高得多。这种情况是需要改变的,教育资源的配置一定要均衡化、要改革。

最后看社会资本,城里人的社会资本比农民多。城里人如果想在市场上闯荡,自己创业,总有熟人,"亲戚的亲戚""朋友的朋友",都可以帮扶一把。农民的社会资本就比较少,特别是住在山沟里的农民,谁也不认得,对市场经济都不熟悉,这样下去,农民收入当然比较少,要学习温州人当初的做法,温州人是鼓励农民走出去,让他们在市场中去摸爬滚打、拼搏、创业。当然在创业过程中,农民尤其要有信誉,信誉是自己创造的,一个人有信誉,就有最大的社会资本。

5. 解决能人外迁和弱者沉淀的问题

农村有本事的人,和城市有关系的人,都进城做工、开店、做买卖,留在农村的大都是老弱病残。如果这样的人留在农村经营农业,产量低,收入少,完全无法成为优秀的有效的农村经营的市场微观主体,他们留在农村与城市相比,收入差距必然扩大。能人外迁是对的,能人外迁后,应凭其自愿,或在外长期工作,或回乡来创业。对于弱者沉淀即留在农村的老弱病残,最好的办法是让他们把土地流转出去,比如出租,等等。老弱病残自己种地,土地收益率低,土地利用率也低。如果土地流转的同时给予他们安置,他们的收入肯定比自己种地有所提升。此外,社会救济也应该跟上,有些人该社会救济的由社会救济,这也是缩小城乡差距应该考虑的问题。

(三) 符合中国国情的城镇化之路

传统城市化是先行工业化的发达市场国家的城市化模式。当时,城市化与工业化基本上是同步的,但缺乏统筹安排,也没有科学的城市规模概念,经济和社会的可持续发展并未被城市领导层所考虑。待发现居民生活质量下降等问题时,为时已晚,要改变已经不易。结果无论在先工业化和城市化的国家还是在后起的工业化国家中,都发生了所谓的"城市病",即农村人口大量拥入城市,城市中出现了棚户区或贫民窟,环境恶化,过分拥挤,失业激增,社会治安欠佳,以致出现了"反城市化"倾向,即穷人继续拥入城市,富人纷纷迁离城市,搬到郊区甚至乡村居住。

如果中国要达到西方发达国家的城市化率,即80%以上的人口集中于城市,那么城市居住条件必定恶化,居民生活质量必定下降。即使城市会因人口的增加而新增不少服务业就业岗位,但就业机会依然可能满足不了拥入城市的农民们的要求,城市病也会随之出现。因此,中国必须走适合中国国情的城镇化道路,中国城镇化分三部分:老城区改造+新城区+农村新社区。

1. 老城区改造

厉以宁教授指出:老城区是指已有的城区,有些在工业化之前很久就已存在。工业化开始后,我们在这里建设了一些工业企业,老城区规模不断扩大,居民日益增多,街道狭窄,人口拥挤。老城区的发展方向是改造。由于工业企业已经造成了环境污染,所以一定要设法把这些工业企业迁出老城区。老城区有不少过去的建筑物,需要根据具体情况,加以维护、修整,以保留下来,作为文化遗址。某些街道也应当完整地保存,显现当年的风貌。

在老城区改造和环境治理过程中,我们应当关注棚户区的拆迁问题。拆迁棚户区在某些城市老城区改造过程中已经积累了经验,即把新城区建设、招商引资、老城区改造三者结合在一起,重新规划。针对具体的做法,厉以宁教授提出了一个操作方案：先在新城区建设一批标准的、建筑质量合格的居民楼，让棚户区的住户迁住，同时配套周边的公共设施，如公共交通、学校教育、环境卫生等，以安定迁入居民的生活。再通过招商引资，或者在新城区建立工业企业，或者在老城区内原棚户区的地址上建立商业、服务业企业，以安置棚户区的失业人员。棚户区内还居住了一些从农村来的务工人员，可以在拆迁棚户区的同时，让这些常住于城市并有稳定职业的人员转入城市户口。由于这些人是迟早要成为城市居民的，不如乘拆迁之机把户籍问题一并解决。

2. 新城区

新城区一般在城市郊区，它们可能是由工业园区、高新技术开发、创业园区、物流园区等演变而来。这里工厂林立，基础设施完善，有发展空间。

对新城区来说，最重要的是工业企业进园区。这对工业企业有四个好处。一是基础设施完善，交通运输便利，可以减少成本。二是污染源集中，便于监管，便于治理。三是许多工业企业都设置在工业园区内，便于信息交流，也便于工业企业获得新的商机。四是政府的服务到位，通过工业园区管理委员会，工业企业可以及时得到政府的服务、帮助。

厉以宁教授认为新城区往往是新兴产业的立足地。新兴产业的增长速度是快速的，这是对城市经济增长率和财政收入的巨大支持。新城区无论是在原来的空旷地带建立起来的，还是以城镇为依托发展起来的，一般来说，历史所留下的包袱都比老城区要少一些。这正是新城区的优势所在。

3. 农村新社区

现在各地都在兴建社会主义新农村。在不少地区，社会主义新农村是在原有的自然村基础上通过旧房改造而成的；也有的是在原有的自然村附近的空旷地带建成的，而原有的旧房在居民搬迁后被拆掉，土地经过整理重新变为耕地。无论是以哪一种方式建成的社会主义新农村，都是农村新社区的起点。厉以宁教授认为农村新社区的进一步建设，一般有五个内容：（1）农村新社区要实现园林化,成为绿树成荫、花草茂密的适合居民居住的居民区,而不能只以盖好几幢高楼为目标;(2)农村新社区要成为环境清洁的居民区,成为污染防治、垃圾回收和利用、符合低碳节能要求的居民区;(3)农村新社区一定要实现公共服务到位,建设卫生院、托儿所、幼儿园、小学、养老院、公共交通、自来水、通信、文化室、安全保卫等相应设施,使得农村新社区内的公共服务与城区的公共服务基本相同;(4)在社会保障方面,农村新社区应当及早实现城乡一体化,取消农民与城区居民的身份限制;(5)在社会管理方面,农村新社区应实行民主管理制度,社区管理机构的负责人由社区居民选举产生,社区居民也可以罢免不称职的负责人。

在实现上述各项要求之后,村级自治就改为社区自治,农村新社区成为基层单位被纳入城镇化。城市居民和农民之间的权利平等,身份限制不再存在。

(四)老城区+新城区+新社区的意义

1. 农村新社区帮助农民就近城镇化

有调研数据显示,现在中国只有1/3的农民愿意转为城市户口,2/3的农民还在观望。我们通过在一些地区的调查发现农业人口转化成城镇人口有三个困难:第一就业问题没解决。第二公共服务难以到位,从托儿所、幼儿园、小学一直到更高一点的学校,还有医院、卫生所,再加上其他的设施配套不完全,而目前多地因财政困难无法解决相应问题。第三生活习惯问题。这些困难解决不了,此时强行让农民远离农村进入城市不见得有成效。就近城镇化就是要逐步解决这些困难,先将农村的村民变成社区居民,再进行城镇化改造,走一条新农村—新社区—新城镇的道路。

2. 有效避免大城市病

如果中国要达到西方发达国家的城市化率,即80%~90%以上的人口集中于城市,将意味着14亿人中至少有9亿~10亿人要进城,那么城市居住条件必定恶化,居民生活质量必定下降,即使城市会因人口的增加而新增不少服务业就业岗位,但就业机会依然可能满足不了拥入城市的农民们的要求。所以说,传统城市化不适合中国国情。

因此,中国必须走适合中国国情的城镇化道路,具体应包括三部分:第一是城市老城区改造,通过工厂外迁形成商业区、服务区;第二是建设工业新区,通过工业化带动城镇化,将成为未来的新经济增长点;第三是农村新社区指靠近城镇的农村社区建设,以吸引农民前来,实现引导农民走向城镇化、走向城乡一体化的目标。

厉以宁教授指出:城镇化不仅是单纯盖楼的问题,更需要园林化,走循环经济道路,以求公共服务到位和社会保障一体化。如此农村新社区渐渐就成为社区组织,村集体的机构变为新社区。新社区开始也可能被称为农民新社区,但最后"农民"两个字可以取消,因为城乡社会保障一体化将使户籍制度由二元变成一元,所以可称其为新社区。如此中国的城市就有一定的发展余地,就业问题也可以解决,新社区居民可以选择务农务林,也可以选择打工。

3. 推动中国经济双重转型

中国的新型城镇化将是一个相当长的过程。在城镇化推进过程中,开始时甚至较长时间内,城乡分割的二元户籍制度还不能立即被取消,城乡居民的身份和权利不平等还会继续存在。在这个阶段,从中国实际情况出发,老城区和新城区都有常住的农村人口,同时农民成为新社区居民中的绝大多数,甚至是全部。

进入老城区和新城区的农民,随着经济的发展和经济体制改革的深化,这些常住于新老城区的农民,将会转变为有城市户口的居民。至于在农村新社区居住和劳作的农民,随着新社区经济的发展和公共服务设施的完善,特别是随着城乡社会保障的一体化,新社区中的农民也将会转为城市户口。

在中国城镇化过程中,城乡二元户籍制度一定会走向户籍一元化。中国的城镇化实际上恰恰体现了双重转型的特征。中国的双重转型既是"发展转型",又是"体制转型"。"发展转型"意味着由农业社会过渡到工业社会;"体制转型"意味着由计划经济体制过渡到市场经济体制。自改革开放以来,这两种转型在中国是重叠的,而中国的城镇化完成之日,正是上述双重转型成功之时。

二、城镇化背景下的农村发展

20世纪90年代以来,一些小城镇得以发展。从全国范围来看,小城镇的星罗棋布是全国经济增长的有力依托。小城镇把大中城市与广大农村连接起来。小城镇不仅带动了农村的发展,而且也支撑着大中城市的繁荣。因此,我们不能低估小城镇在中国经济增长中的作用。

(一)新社区健康发展

1. 新型城镇化与城乡一体化

中国的新型城镇化是在城乡二元体制继续存在的制度背景下展开的,而新型城镇化的目标模式就是让农民及其家属进入城镇,融入城镇社会。市民化意味着城乡社会保障一体化和户籍一元化,意味着无论过去是城镇户籍还是农村户籍,从此户籍歧视将取消,权利将平等。这是制度上、体制上的重大改革,不进行这样的改革,中国真正踏上社会主义市场经济体制的道路就无从谈起。

2. 就地城镇化

"就地城镇化"最初的试验是一些农村和农民群众摸索、实践、再摸索、一再实践的结果。经济学家们参加了最初的试验,并很快予以总结,写成报告,有些做法在报纸杂志上披露,引起更多人的兴趣。在大家对中国如何推进城镇化这个艰难问题感到困惑时,来自农村基层的实践使不少经济学家得到启发。于是"就地城镇化"这个名词渐渐被人们接受,被政策制定部门采纳。

就地城镇化是指当地县、乡镇和村就地通过增加农民收入实现城镇化。使农民增收的方式之一是发展养殖业,组织商界参与负责提供合格的饲料,提供猪和鸡的销售市场,并负责统一外运。二是提倡种植果树。把县城乡的养殖业、果品业和其他农产品的加工业推向市场,促使地方经济进一步活跃起来,从而增加县城乡居民的收入。

3. 新社区和企业合作的其他形式

尽管在过去一段时间内,在某些省的某些县城已出现了以农民土地入股为特色的"公司+社区+农户"的模式,其中有些龙头企业经营较好,农民收入稳定增长。但农民土地入股于龙头企业只不过是新社区和企业合作的形式之一,客观上还存在新社区和企业合作的其他各种形式。厉以宁教授指出了两种可供参考的模式:

(1)农民组成农民专业合作社,农民把土地入股于农民专业合作社,农民专业合作社再同企业进行协商合作事宜,包括技术指导、帮助农民专业合作社发展和销售,或其他业务。农民住宅的规划、改建、扩建、搬迁等事项,不由企业负责,而由新农村(新社区)管理层组织、负责。而农业生产则由农民专业合作社的管理层组织、负责。这种模式在重庆被普遍接受和采纳。

(2)由县、乡镇政府或由新农村(新社区)管理层牵头,一方面负责农民住房的改造、扩建、新建和搬迁,使农民生活条件得以改善;另一方面负责寻找工商业企业作为合作伙伴,帮助农民进行专业化生产,如帮助和指导农民修建蔬菜大棚、草莓大棚、瓜果大棚等,精耕细作,提高产量,增加农民收入。生产仍由农民各家自营,社区则组织专业化的运输队,帮助农民把农产品运往城镇市场销售。在这种情况下,与新农村(新社区)有合作关系的企业以合同方式将他们和农民之间的帮扶活动规范化,一切都按合同规定办理,以避免违规违约事件的发生。

4. 新社区的前景

新社区是以社会主义新农村为基础发展起来的。随着农村户籍的居民不断进入新社区,新社区终将得以扩大和发展,成为城区(包括老城区和新城区)以外城镇化的又一组成部分。但新社区的发展不会到此止步,居民在这里聚居后,新社区面临着升级和进一步发展的任务。

厉以宁教授认为新社区的升级重点在于两项:一是实现社会保障的城乡一体化,即城乡户籍统一后,在新社区内所有的居民都是一元化的户籍,即都是城镇户籍。城乡居民的权利平等将促使长期存在的户籍歧视消失;二是从建制上进行了改革,新社区不再存在村的建制而改为社区建制,村委会被社区管理委员会所替代,这表明新社区在体制上通过改革而升级。新社区的升级将持续进行。厉以宁教授认为新社区的居民越聚越多,各项公共设施亟待建设,这样才能促使公共服务到位,新社区不能仅仅靠若干栋居民楼而存在,有必要进行园林化,使其成为适合居民生活的居民区;新社区还应走循环经济道路,使生活垃圾得以回收,废弃资源得到利用。所有这些工作都将在新社区的进一步发展中实现,新社区的升级将在进一步发展中逐步成为事实。

(二)牧区城镇化的新思路

1. 牧区城镇化现状

城镇化在全国范围内正在推进。据了解,农区的城镇化进展一般说来比较顺利,而我们在牧区城镇化推进过程中则遇到较多困难,进展要慢得多。2011年8月,厉以宁教授带领北京大学光华管理学院的调研组在内蒙古赤峰市城区、克什克腾旗、巴林右旗、翁牛特旗和宁城县进行调研。他们发现牧区城镇化所遇到的困难大致如下:

第一,牧区地广人稀,城镇本来就比较少,而且除市(盟)所在地以外,其余城镇规模较小。城镇化通常需要在原有城镇的基础上扩建,让更多的农民(包括牧民)及其家属迁入城镇。原来城镇有基础,扩建相对来说要容易一些,因为基础较好。然而牧区原有的城镇绝大多数是小城镇,基础差,必须有新的投入,才能建成足以容纳更多人口的城镇。有些地方甚至需要另建新的城镇,所需的投入更多,地方财力难以完成这一任务。

第二,新迁入牧区城镇的居民的就业是困难的。据赤峰市住房和城乡建设局的资料,由于规划编制较晚、城镇规模偏小、基础设施薄弱、产业化水平偏低等小城镇自身建设方面的问题的存在,无论是原有的还是扩建、新建的牧区小城镇,都难以安排新迁入城镇的居民就业,而只要这些牧民的就业问题得不到解决,他们就不会常住在城镇中,随时有返回牧区草场的可能。

第三,在牧区城镇化过程中,为扩建城镇或新建城镇,地方上往往缺乏土地指标,而有限的指标也将首先向旗县政府所在地城镇倾斜。这种情况与某些省市农区城镇化不同。在一些农区,扩建或新建城镇所需要的土地,可以通过农民迁居新村,腾出宅基地复耕为农田而获得,然后在适合于扩建、新建城镇的地区,使同等面积的耕地转为工业建设用地或城市建设用地,以满足建设的需求,这一过程被称为"置换"。其结果,耕地面积总量的红线未被突破,而宅基地(农村建设用地)则转为工业建设用地或城市建设用地。

2. 沙化牧场牧民迁移的启示

在赤峰市考察期间,厉以宁教授专程到距翁牛特旗旗政府所在地62千米的海拉苏镇调研。这是一个牧区小城镇,全镇土地面积230万亩,辖15个居委会,总户数近5 000户,人口1.5万人。其中,镇区面积到2010年末,已达3.6平方千米,镇区总人口达6 000人。

翁牛特旗海拉苏镇的城市建设卓有成就。迁入海拉苏镇区居住的居民中有一部分是附近的牧民。牧民积极要求迁进海拉苏镇区居住的一个原因是镇区发展较快,新增了就业岗位,新迁入镇区的青壮年、甚至年龄较大的人员拥有合适的工作,收入相对稳定。另一个原因是多元投资,增加居民住宅建设的力度,并且大力推进道路、绿化、排水工程、供热供水供电供煤气等基础设施建设。镇政府除了加大财政资金投入外,还充分利用民间资本、银行信贷支持镇区建设,从而能大大改善镇区的工作和生活条件,进而达到吸引牧民前来的目的。

然而,这些就业机会的增加及工作、生活条件的改善,虽然有助于牧民在是否迁往城镇的决策中作出进城的选择,但这还不是主要原因。据厉以宁教授在翁牛特旗海拉苏镇的考察,他发现促进这些牧民选择进城居住的主要原因是该地区的牧场正在沙化,牧场质量因沙化严重而不断下降,以致牧场的放牧收入有下降趋势。加之,沙化地区水源枯竭,对人畜不利。因此,对居住和放牧于牧场沙化地带的牧民而言,迁移出沙化地带是首先需要考虑的问题。否则连基本生活和生产都难以维持。正是在这种背景下,海拉苏镇区就业机会的提供和镇区各种生活条件的改善才能进入当地牧民的考虑范围之内,促使他们作出进城居住的选择。

3. 牧区的市场化和社会服务化

(1)牧区的市场化

厉以宁教授指出城镇化和市场化是紧密联系在一起的。农村居民迁入城镇的过程,实际上也就是农村居民参与市场的过程。所以从一定意义上说,城镇化和市场化不仅是平行的,而且是相互促进的。城镇化程度如果不以居住在城镇中的人数占全国人口(或某一省、市、县的人口)的比例来衡量,而以农村居民和城镇居民中参与市场的人数占全国或某一地区的人口总数的比例来衡量,我们可以了解到市场化的进展情况,进而可以了解到城镇化的程度。另外,我们也可以从牧区内牧民参与市场的程度来判断牧民参与城镇经济的程度并说明城镇化的进展。具体而说,牧区内牧民们初次产品的市场化程度、牧业产品加工的市场化程度、牧民的生活资料供应的市场化程度及牧民的生产资料供应的市场化程度,都可以反映牧区内牧民参与城镇经济的程度。

(2)牧区的社会服务化

厉以宁教授指出尽管不少牧民现在不愿迁入城镇居住,但社会服务化始终是牧民家庭关心的问题。在牧区城镇化过程中,我们一定要把牧民生活纳入社会服务体系,而不能再像过去使牧民生活游离于社会服务体系之外。没有城乡一体的社会保障,牧民生活纳入社会服务体系的目标不易实现。现阶段我们可以做到的是,普及医疗保健服务,普及学龄儿童和青少年的入学率,在牧区增设寄宿制学校和扩大寄宿制学校规模,提高高中毕业生和职业技术学校毕业生在同龄青年中的比例,大力推进各种社会服务设施的建设(如污水处理、垃圾回收、自来水供应、电力供应、公共交通设施等)。

户籍一元化无论对牧区还是对农区而言都是重要的。户籍一元化是户籍制度改革的方向。即使户籍制度改革后不存在城市户口和农村户口二元体制,但城镇化过程并不会因此结束,因为城镇化是同经济发展趋势一致的,城镇化率仍会继续上升。

4. 牧区增加城镇人口的措施

城镇人口和农村人口在一个地区内各占多大的比例,依然是一个重要的指标,是了解一个地区城镇人口和农村人口各占地区人口多大比例的重要指标,也是了解城镇化进程全貌的主要依据。但在牧区大多数中年、壮年牧民目前还不愿舍弃牧场而进入城镇的条件下,如何增加城镇人口成为牧区城镇化的难点。

厉以宁教授认为可以从两个角度来设计牧区城镇人口增加的途径,仍以内蒙古赤峰市为例,一个角度是以赤峰市城区为中心,统筹安排全市城镇人口和农村人的比例变动,以提高全市的城镇化率。这是指要把赤峰市城区做强做大,使赤峰市城区成为工业中心、新产业基地、商业服务业和金融业中心、文化和旅游城市。要把赤峰建成内蒙古东部出区达海的重要枢纽,成为蒙东、冀北、辽西的区域物流中心。只要赤峰城区做强做大,它的辐射范围就会日益扩大到内蒙古自治区以外,自然可以通过市场力量将辽宁朝阳市、河北张家口市和承德市,甚至其他省市的农民吸引到赤峰就业、生活、落户于城镇,如此赤峰市城区的城镇人口就会不断增加,城镇化率也就相应上升。另一个角度是赤峰市下辖的几个牧区县(旗)要增加城镇人口,也需要依靠工业区的建设、商业服务业的发展和文化旅游风景区的开发。这些县(旗)城镇人口的增加和城镇化率的提高,主要不是靠本县(旗)的牧民进城居住,而是靠外县、外省市农民的进城落户。只要这些县(旗)经济发展,就业机会就会增多。但凡这些县(旗)的城镇建设规模扩大,就可以容纳本县(旗)、外县、外省市农民及其家属前来城镇落户,从而县(旗)的城镇化率也将上升。

厉以宁教授指出无论是从前一个角度还是从后一个角度,我们都可以看到,即使赤峰市的牧民目前还不愿到城镇来居住和工作,也不会影响赤峰市及其下属县(旗)城镇人口的增加和城镇化率的上升,因为进城镇创业和务工的农民在赤峰市及其下属县(旗)定居和落户后,他们就成为赤峰市的城镇居民。

三、城镇化过程中的资源配置

中国目前正在大力推进城镇化。从某种意义上说,城镇化是一场牵涉面极广和影响极其深远的生产要素的重新组合,也就是旨在资源重新配置、有效配置的经济改革。毫无疑问,资源配置效率必然成为社会各界普遍关注的大问题。市场是一只无形之手,资源配置的效率是通过市场机制的作用表现出来的。改革开放之前的计划经济年代,城市的发展和农村人向城市的转移是按计划配额进行的,看似"有序",但这只不过是计划配额下的秩序,计划配额隐藏着深层次的结构性矛盾,暂时掩盖了实际情况,待问题积累爆发后,损失已难以弥补。

(一)坚持资源配置的市场导向

1. 市场导向的局限性

在社会主义市场经济体制下,市场调节起决定性作用。凡是市场能够调节的应当由市场调节,政府只做市场做不了或做不好的事情。就资源配置而言,市场调节的局限性,厉以宁教授认为表现在以下四个方面:

(1)资源配置的市场导向从经济效益出发,然而在有些部门、行业或地区,资源配置还涉及社会效益问题,这是市场调节的一种局限性。因此,从社会效益的角度来考察,政府调节依然有其必要性。

(2)由于资源并非是无限供给的,在资源有限供给的条件下,如果仅仅依靠市场调节,资源价格可能急剧上升,结果不一定形成资源的有效配置。土地供给就是一个明显的例子,淡水资源的供给是又一个明显的例子,所以为了资源配置有效,政府调节不能缺少。

(3)在区域收入差距方面,资源配置的市场导向有可能使区域收入差距扩大。这是因为,西部地区,尤其是偏远山区一带,由于自然条件和经济发展基础设施都比较差,在市场调节之下,资源配置的结果有可能使东部更富,西部更穷,因此市场调节的局限性会越来越显现出来。这表明政府调节对协调东、中、西部关系的重要性是不容忽视的。

(4)在居民个人收入差距方面,资源配置的市场导向也能使居民个人收入差距扩大。在市场调节之下,不同的居民家庭,因居住地点不同、家庭成员构成情况不同、个人知识水平和能力不同,还包括个人机遇不同,收入差距扩大难以避免。假定没有社会保障措施的推行,没有二次分配的调节,这同样会成为新形势下的社会问题。

以上四种情况都说明市场调节在资源配置,也就是生产要素重新组合方面有局限性。

2. 坚持资源配置的市场导向的基础

厉以宁教授一贯坚持研究微观主体,其指出市场主体包括参加市场交易活动的各类企业和各种不同身份的个人,包括劳动者、生产要素提供者、消费者、储蓄者、投资者等,所有这些市场主体都应当是产权清晰、自主经营、自负盈亏,并且承担法律责任的交易者。他们都应当是有活力的市场参加者,他们越有活力,市场交易活动也就越有生气。市场作为一只无形之手,就越能发挥调节供给和需求的作用,资源配置效率也就越有可能上升。市场的最明显特征是其反映了无数个企业和个人的选择的自发性和自主性,进而导致资源的有效配置。倘若市场主体不是充分意义上的自主经营者,产权不清晰,无法决定自身的交易行为,倘若市场主体都是受限制的、无法行使自己的选择权的交易者,那么市场的活力就难以发挥,市场也就起不了调节作用或市场导向的作用,这样的市场显然就是病态的市场、缺乏活力的市场。换句话说,病态的市场、缺乏活力的市场难以成为资源有效配置的市场。

这就清楚地说明了产权清晰、自主经营、自负盈亏的企业和个人是形成真正意义上的市场主体的前提条件,是实现有活力的市场的前提条件,资源配置的市场导向无疑是以真正意义上的市场主体为出发点的。

(二)政府在资源配置中的引领作用

结合中国城镇化的推进,厉以宁教授认为政府与城镇化有关的资源配置方面的引领作用应得到高度重视。具体地说,政府在城镇化过程中的引领作用着重表现于以下五个方面:

1. 政府应抓紧规划的制订。无论从全国范围还是从省(市、自治区)、地级市,甚至从县城来看,城镇化规划的制订十分重要。尽管规划都是指导性的而不是指令性的,但有了规划作为指导,既可以使各级政府心中有数,避免盲目性,而且可以调动各界提高参与城镇化建设的积极性。2. 政府应把经济增长、结构调整、支撑产业的建立、民生改善和生态文明建设统筹安排,统一考虑。这是市场主体(包括企业和个人)力所不及的。3. 政府对于城镇化过程中可能出现的重大问题,应有预案,不能因突发事件而陷入被动状态。4. 在城镇化过程中,政府经常遇到土地转让、房屋拆迁、招商引资、工程招标等事件,城镇管理部门的有关工作人员往往身处其中,会有经济上的牵连。在这种场合,工作人员一定要遵纪守法、严于律己、清廉自守,否则一旦发生受贿、贪污、谋取私利等行为,不仅会在城镇化过程中败坏政府的声誉,损害政府的形象,而且会使城镇化工作受到挫折。这不仅是个别政府工作人员的违法违纪事件,更是城镇化能否得到广大群众支持的大事。5. 地方各级政府在本地城镇化推进时,要防止铺张浪费、追求奢侈豪华的痼疾。

(三)资源配置应尊重市场规律

在城镇化过程中,资源配置方面的大量交易活动是各个市场主体(包括企业和个人)自发进行的。政府可以制订城镇发展规划,但不能以下达指令的方式命令企业和个人投资、储蓄、消费。

在城镇化资源配置过程中,政府的作用虽然十分重要,但是厉以宁教授从微观主体活力不得受到侵害的角度出发,指出寻找就业机会是自主的,寻找投资机会同样如此。民间资本在城镇化过程中是流动的,民间资本的流动性反映了市场的活力。政府有政府掌握的信息,民间资本持有人也有自己掌握的信息。他们可以参考政府所提供的信息,但投资决策在任何情况下都应由投资人自己决定。民间资本持有人更相信自己掌握的信息,因为他们的信息渠道更为多元。他们把自己在市场上的各个人脉关系都看成是自己的社会资本,只要自己讲信誉,自会得到各种帮助,互相扶持就有商机。这就是市场自发的力量,投资愿望正是这样实现的。

(四)绿色城镇化

新型城镇化要求发展方式有重大的转变,即不再以一般的经济增长和GDP增长作为目标,而强调以绿色增长和绿色GDP为经济增长的标志。绿色增长、绿色GDP的实现,一方面有赖于制度、体制的完善,即必须有制度、体制的保证,才能保证清洁生产和低碳化的需求落到实处;另一方面,在工艺设计、新产品设计中应有较大的突破,设计中应当把清洁生产、原材料燃料的选择、节能减排和低碳化的新标准考虑在内,从而找到实现绿色增长和绿色GDP增长的途径。

绿色就业是指城镇化推进过程中,就业岗位总是在经济增长和繁荣的条件下增加的,但城镇在考虑增加就业机会时不能置生态文明建设于不顾,而一定要考虑所增加的就业岗位是否符合清洁生产、环境治理和修复及经济低碳化的要求。即使是新建的工业企业、扩建的工业企业,如果能够符合清洁生产和经济低碳化的要求,那么由此增加的就业人数也属于绿色就业的范围。

没有公众的广泛参与和发挥监督作用,不仅绿色消费难以实现,就连绿色生产也难以实现。例如,对工业企业排放废水、废气、废渣的行为,特别是暗地里排放的行为,有了公众的参与,监督将更具有效性。此外家庭生活废品的分类回收,对城区绿地的保护,对野生动物的保护和濒危物种的拯救,拒绝食用国家保护动物,抵制不文明的饮食习惯,环境修复和爱护的自觉,对食品市场的监督及节水节能节电的行为等也只有在公众广泛参与和监督之下才能取得更好的效果。

四、城镇化过程中的问题及其解决方案

中国改革开放40多年,城乡经济社会总的来说都在快速发展,成就显著。但城乡收入差距仍然存在,并成为实现社会安定和谐的障碍。要推动城镇化,切实有效地缩小城乡收入差距,首先必须弄清城乡收入差距扩大的主要原因,进而,有的放矢地提出解决方案。

(一)城镇化中最困难的问题及其突破口

1. 保持一定速度的经济增长

从世界各国的情况我们可以了解到,在任何一个国家,新的工作岗位总是在经济增长中出现的。尽管存在经济增长与就业增长的不对称性,即就业增长总是滞后于经济增长,但经济增长导致就业增长却是不容置疑的。然而现阶段中国就业问题具有复杂性和长期性。西欧国家一般只要年经济增长率保持在2%~3%,就业市场基本上就是稳定的,不会出现大的就业问题,但中国经济增长率却要保持在相对较高的程度。究其原因厉以宁教授认为:

(1)西欧国家多年来经济增长率较低,每年新退休一批工人,腾出工作岗位,可以由新达到就业年龄的年轻劳动力补上空缺。即使经济增长率较低,失业问题不会严重。

(2)中国与西欧国家在体制上有一个巨大区别,西欧国家早已不存在城乡二元体制,而中国至今仍存在城乡二元体制。中国的农民工进城,不仅是为了增加收入,而且还为了在城市生活,得到与城市居民一样的待遇。如此就出现

农民工进城浪潮,而城市对劳动力的需求却是有限的,就业压力难以缓解。西欧国家则没有这样的问题,因为那里不存在城乡二元体制。

(3)由于中国依然处于从计划经济体制向市场经济体制过渡的阶段,民营企业在20世纪80年代以后陆续发展,其中很多是劳动密集型企业,其吸纳的劳动力较多。但民营企业在许多方面(如税收、融资、政府采购等)尚未得到公平待遇,在经济中处于弱势。一旦经济发生动荡,首先受到冲击的是民营企业。这样更加加剧了劳动力市场上供大于求的状况。

(4)中国是一个耕地面积有限、人均耕地面积较小的大国。今后如果不从农村继续分流出大批劳动力,在农村生育率较高的条件下,人均耕地将会更少。为提高农业的单位面积产量,走规模化经营和农业集约化的道路是大势所趋。而土地流转的后果之一是在农业中从事生产的劳动力数量会下降,于是又会推动农民进城务工。这种情况在西欧国家是不存在的,因为那里的农民人数已经不多,农民有自己的家庭农场,面积适中,需要家庭成员全力经营,才能得到好收成。所以他们不急于进城,不愿意丢掉土地去务工。

2. 实现经济转型

在城镇化过程中,中国需要一定的经济增长率,才能缓解就业问题。我国有必要在经济增长的同时实现经济转型。如果没有经济的转型,经济不可能实现又好又快地增长,不可能实现提高经济增长质量这一目标。

经济转型一词有两层含义。由于经济转型始终与结构调整、产业升级紧密地联系在一起,所以经济转型的第一层含义是抓紧时间实现产业结构和产品结构的调整,以及产业的升级,鼓励企业自主创新,把提高经济增长的质量放在首位。经济转型的第二层含义是抓紧时间实现就业结构或劳动力结构的调整,以及劳动力素质的升级,使技术人员、研发人员的比重上升,使熟练技工的比重上升,利用目前这段时间开展职业技术培训工作,以迎接新阶段的到来。只有实现了这两层含义的经济转型,中国才能成为名副其实的经济强国、工业强国,才能既是世界的制造中心,又是世界的创造中心。同时,也只有实现这两层含义的经济转型,城镇化的蓝图才有可能早日成为事实。

3. 社会保障账户

厉以宁教授指出在城镇化过程中,不要形成一批"三无农民",即无业无地,又无社会保障的农民。关于进城的农民或留在农村的农民,可以分为以下几种情况:一是无论是留在农村还是进城务工或经商的农民,他们把承包的土地转包、出租或入股。再有一种情况是由于各种原因,农民的承包地或宅基地被征用或被收购,如为了修公路、修铁路、修机场、建工厂、修水库、建城市住宅区,农民失去了自己的土地,但也得到一笔补偿费。如果农民花完领到的补偿费,又没有合适的工作,或者当了一段时间农民工又失业了,这样就容易造成真正的无业、无地、无社会保障的"三无农民"。

一种可供选择的对策是试行土地入股保险制度。这正如居民到银行存款一样,如果银行倒闭了,居民存款将血本无归。于是就有了银行存款保险制度,由保险公司为居民存款保险,以减少个人存款户的损失。土地入股保险制度是指在一些城市设立由国家控股的专营农民土地入股的保险公司,或在现有的国家控股的保险公司下设专营农民土地入股保险业务的子公司。农民专业合作社在吸收农民承包地入股后,定期交纳保险费,如若因市场风险而导致农民专业合作社倒闭,保险公司给土地入股的农民以一定的补偿,以减少他们的损失。平时,保险公司可以对农民专业合作社的经营进行监督、帮助,防止出现巨额亏损等情况。

(二)城镇化过程中的"外部经济"和"外部不经济"

1. 外部经济和外部不经济的概念

在经济学里,"外部经济"和"外部不经济"是两个重要的概念,无论对宏观经济管理还是对企业管理都十分有用,但往往容易被人们忽略。城镇化推进过程中,我们需要正确对待"外部经济"和"外部不经济"问题。

"外部经济"和"外部不经济"都是指外部环境的变动给经济生活、行业、企业带来的影响,这种影响可能是有利的、不利的或中性的。如果外部环境变动所给予的是有利的、积极的影响,就称作"外部经济";如果外部环境变动所给予的是不利的、消极的影响,就称作"外部不经济";如果外部环境变动所给予的是中性的影响,通常可以不计。

2. 城镇化过程中对"外部不经济"的可能解决方式

对于如何减少城镇化以来所造成的"外部不经济"现象,厉以宁教授仍然还是从市场中微观主体的角度思考,认为一种可行的办法是增加生产成本和交易成本逐渐上涨过程中受损和受益双方中受损一方的议价能力。一般的市民和交易者(包括消费者、小微企业主、小商小贩、务工和求职者等)在经济活动中的议价力量是有限的,他们根本不是大房地产商、大工业企业主和大商人等的对手,他们在经济活动中只可能是价格接受者,而不可能讨价还价。

政府部门可能采取的另一种减少城镇化过程中一般市民和一般交易者因"外部不经济"受损的补偿办法,就是所谓的"统筹补偿"。"统筹补偿"是指如果市场本身无法给予污染受害人以适当的补偿,或者市场本身无法对因生产成本和交易成本上涨而给予一般市民和一般交易者适当的补偿,那么可以由来自市场以外的第三方给予这些受到损害的一般市民和一般交易者以某种补偿。这里所说的来自市场以外的第三方,可以是政府有关部门,可以是社会团体,也可以是某种公益性的机构,还有可能是特定的保险公司。

3. 城镇化过程中对"外部经济"的有效利用

在城镇化推进过程中,"外部经济"的影响一直在显现。但由于外部经济的受益者,政府部门、市民、企业和交易者(包括就业者、投资者、消费者),都在不知不觉之中得到好处,所以他们反而不去关注"外部经济"的有效利用,以为这些好处是自然而然产生的,是理所当然的。结果,谁也不去考虑如何让"外部经济"持续发挥作用,让"外部经济"持续存在。

实际上，在这方面仍然有许多工作可做，特别是城镇化推进过程中的有关政府部门应当站得更高，看得更远，作长远打算，以充分利用城镇化推进中出现的"外部经济"的有利形势，加速推进城镇化。针对如何扩大对"外部经济"的有效利用问题，厉以宁教授指出可以从以下三个方面论述：(1)在城镇化推进过程中，有关政府部门应当抓紧制订本地区城镇化的中长期规划，包括老城区、新城区和新社区的远景规划，趁"外部经济"涌现的机会，及早对未来的建设作出统一安排。(2)城镇化过程中涌现出来的"外部经济"，正是城镇发展多层次教育的最佳时机。城镇有关部门绝不能错过这一发展多层次教育的最佳机会。(3)对本城镇辖区的支撑产业的建设和发展要趁早着手，"外部经济"的涌现往往是招商引资及为支撑产业的建设和发展打好基础的关键时刻，不能错过这一机遇。

（三）新型城镇化建设值得关注的其他问题

1. 解决两种户口问题，促进社会保障一体化

新型城镇化中的社会保障一体化进程应当加快进行。这将加大地方的财政负担，但是只要经济情况向好就能承受。这是真正解决两种户口必须面对的问题。针对两种户口问题有些城市采用积分制。例如，苏州实行了积分落户制，农民工通过积分可以取得城市户口，全家取得城市户口。这个政策正在各地试点开展。社会保障也能够促进城镇化，如在内蒙古，牧民放牧路程远、面积大，小孩上学困难。在内蒙古通辽市，为应对牧区人民送孩子进城上学难问题，政府创办了教育特区，所谓的教育特区就是将农村孩子送进城，住校读书全部免费。这触发了一个新现象，学校周围的商品房，从原来的不到 2 000 元一平米，涨到 3 000 多元一平米，销售一空。原因是牧区的农民家长为陪进城读书的子女而购买。

2. 新的人口红利即将涌现

城镇化的前景是完全可以想象的。不久的将来，也许到不了 2030 年，我们的城镇化率就可能每年增加一个百分点到60%~70%。

新的人口红利将在城镇化的过程中涌现。旧的人口红利已经用完,新的将产生。对于新的人口红利的来源,厉以宁教授认为在于创新创业。大量的年轻人正在创业、创新,这就是未来能够创业成功的新一代,另外,大量的"城归"已成未来支撑农村发展的力量。再过几年,从城市归来自己准备创业的人员将会越来越多,那些愿意搞农业的就成了家庭农场主。家庭农场主重在二次学习,为此有些地区正在办农业学习班。

(四)城镇化过程中公共建设资金的筹集

针对城镇化过程中公共建设资金的筹集,厉以宁教授认为可以从以下三个方面思考。

(1)解决城镇化的经费问题,要加快财税体制的改革

从1994年我国实行分税制以来,财权和事权是不对称的。中央的财权多,而事权多由地方承担,即所谓的"中央请客,地方买单"。所以为解决城镇化的经费问题,我国须加快财税体制的改革,让地方政府财权与事权相统一。另外,中央和地方应该压缩经费,将钱用在更有效的地方。

(2)摆正市场与政府的关系

如何解决城镇化的经费问题涉及政府与市场的关系。有一种说法是,要实行"小政府、大市场",实际上这是不行的。小政府大市场这个提法不准确,因为市场跟政府的关系不能用大跟小来分。在任何情况下,政府的工作人员人数在全国人口中的比重都是小的。有人说,是"强市场强政府",这个"强"也不行。厉以宁教授用"有效市场,有效政府"来表述。有效政府,就是政府做自己该做的事情;有效市场做自己可以做的事情。政府能够做市场也能做的,交给市场;政府该做的事是市场做不了、做不好的,比如收入再分配,政府就应该帮助,这样才能摆正市场跟政府的关系。

(3)靠卖地维持地方财政的老路不能再走下去

卖地的确帮地方政府解决了一些困难,但房价已经成为重大的社会负担,

所以土地财政必须改革。现在地方债务中 60% 以上，有的地方甚至达到 80%，都是银行贷款。银行贷款还不上将来又成为坏账，这隐藏着金融风险。在这个问题上，对于地方债务，我们应该采取了断的形式，折扣转成地方债券。但中央不要任意为地方债务兜底，因为这在市场中是不规范的行为。

第四章 二元体制改革

一、改革城乡二元体制

(一)城乡二元体制的形成历史

为完善市场经济体制,我国已在国有企业股份制改造和国有资产重组方面取得一定的成绩。但城乡分割、工农分割的城乡二元体制作为计划经济体制的重要支柱仍未有动摇。十六届三中全会《决议》中首次明确提出要建立有利于逐步改变城乡二元结构的体制。城乡二元体制是计划经济体制的产物,其存在将拉大城乡差距,不利于我国建立和完善社会主义市场经济制度和经济社会持续健康稳定发展。

城乡二元结构自宋朝就有,但当时并没有形成二元体制,二元体制是20世纪50年代后期才有的计划经济体制的产物。古时虽有二元结构,但是并没有规定农村人口不能迁入城市及城市人口只能入城市户籍的人口流动限制。如在清朝时期,山东的农村人口可以到东北城镇开商铺、做买卖、当学徒等;也有一些东北的城市人去乡下耕地务农,城乡之间人口流动不受户籍限制。从1949年到1978年是城乡二元体制逐渐形成并固化的阶段。1950年土地改革以后,城乡二元结构制度化,到1958年人民公社的确立和户籍制度的建立,城乡二元体制正式形成,由此产生了农业户籍和城市户籍,农村人口和城市人口割裂。

(二)城乡收入差距产生的原因

1. 城乡资本差异

就物质资本而言,城市居民住房有房产证,可以将房子进行抵押、转让,而农民的土地和宅基地属于集体所有,没有房产证,无法进行抵押和转让;就人力资本而言,城市的教育资源无论是学习的硬件设施还是教师资源都比较好,而农村教师资源缺乏,教育资源远远落后于城市,城市人口的劳动力素质也远高于农村;就社会资本而言,城乡二元体制下,农村与城市割裂,农村处于封闭状态,人口流动受到限制,农民普遍比较闭塞,信息传播也不及时,而城市交通相对较便利,人与人之间联系更活跃和频繁。

2. 二元劳动力市场

二元制度下存在着上等劳动力市场和次等劳动力市场两个劳动力市场等级。其区别在于工资的高低、社会福利的多少、晋升机会的有无、能否真正学到技能。城市居民拥有人力资本、社会资本,在上等劳动力市场上就业的较多,而农村人力资本、社会资本都比较匮乏,因而在次等劳动力市场上就业的为多数。这种二元劳动力市场的存在使得社会阶层固化,并形成职业世袭,处于上等劳动力市场的一直处于上等劳动力市场,次等劳动力市场的劳动者无法进入上等劳动力市场,长此以往,收入差别只会进一步扩大。

3. 二次分配的不公平

二次分配包括教育、医疗、卫生、文化、公共服务经费的配置。二次分配制度本应再次调整收入关系以使收入差距缩小,但在中国二次分配制度加大了城乡收入差距。如城市人看病是职工公费医疗,但农村人看病是合作医疗,需要农民自己花钱,而且调查显示,有些地区在二次分配后,城乡收入差距比一次分配后扩大了。

4. 能人外迁和弱者沉淀

在农村,有技术和本领的人进入城市,自己创业或是找到更好的职业,而一些没有技能的人只能留在农村,形成了能人外迁、弱者沉淀现象,这逐步加大城乡居民的收入差距。能人外迁是对的,这有利于增加农村劳动力流动性,愿意在城里工作就去城市就业,也可以随时回到农村。但老弱病残只能留在农村,即使他们自己种地,土地的利用效率也比较低。只有允许土地流转同时做好这些弱者的安置工作,增加社会救济,才能改善弱者沉淀的现象。

5. 农民不是市场主体

从厉以宁教授特别强调的市场微观主体的角度分析,我国农民并不是完整的市场微观主体。农民有土地的使用权和承包权,但没有产权,因而无法将土地进行抵押和转让,受自然条件等因素的影响,农民的收入又很不稳定;同时,土地寻租现象一直存在;且农民在劳动力市场上处于弱势地位,在城市工作的农民也与城市居民待遇不同,存在明显的劳资双方地位不平等的现象;农民的农畜产品在市场上销售无法与大型企业相竞争。因此从各个方面分析,城乡二元体制下的农民不是完整的市场主体。初次分配是市场自主调节起作用,农民不是完整的市场主体,因此改善初次分配就缺乏条件。

(三)消除对改革的三大误解

误解一:城乡二元体制改革将导致社会的不稳定。

有些人会认为农民始终离不开土地,他们不愿意离开农村,即使离开农村去城市生活早晚也会回到农村。生活在城市的农民也未必能适应城市的生活,城市基础设施不完善、生活条件恶劣,有可能引发进城务工农民的不满,增加社会不稳定因素。厉以宁教授认为有这样担心的人是不了解政策内涵。城乡二元体制改革鼓励农民到城市工作生活是给农民提供一种选择,而非硬性规定。更准确地说,改革城乡二元体制是给予农民一个公平公正的市场机制,使农民在能够胜任的前提下,拥有更多的选择。愿意在农村继续生活还是搬到城市生活,或是在城市工作一段时间再回到农村都是由农民自愿选择。政策和改革是否会造成社会不稳定主要看农民的利益是否得到维护和增加了,只要农民切身得到了利益就不会带来社会不稳定,相反社会将更加稳定发展。

误解二:城乡二元体制改革将会加重城市的发展负担。

还有一种观点认为西方国家是在后工业化时期开始重视农村发展,我国现在尚处于工业化中期,应该大力搞城市建设,城市建设好了再带动农村发展。厉以宁教授认为这种观点没有结合我国的实际情况。西方国家没有形成城乡二元制体制,没有必要进行二元体制改革,他们在工业化后期进行农村改革是为了稳定社会的需要。但在中国存在二元体制,且中国的工业化是以牺牲农民利益为代价的,如果不进行二元制改革不仅农民的利益会继续受损,得不到保证,享受不到我国改革开放的发展成果,而且城乡差距进一步扩大会使社会更加动荡。如果二元制改革能够顺利进行,农民的利益将得到保障,农民作为潜在的内需扩大群体也将扩大城市需求市场,进而推动城市改革和发展。

误解三:城乡二元体制改革将会用消灭农村和农民的方法来强制改革。

城乡二元制改革是要消除城乡之间要素流动的障碍,消除农村居民与城市居民的不平等待遇,废除农村的不合理体制和制度而非消灭农村和农民。工人和农民在社会劳动分工上的差别不会因二元制改革而消失,且中国是农业大国,中国社会发展也离不开农民和农村。

(四)改革的关键因素

农民在农村的房屋没有房产证,既不能抵押也无法转让,因此也不能合法出租,这使得农民因为没有财产权而无法获得财产性收入。进城务工的农民在农村的房屋只能荒废,同时在城市生活由于没有资金,居住的环境也比较恶劣。如果给予农民房产证,农民可以将房屋作为抵押物获得贷款,或是出租获得租金等,这使得房屋由实物资产转化为货币资产,进而转化为资本。农民获得了财产性收入能够提高农民收入也不会使得农村资源浪费。发放房产证的措施在山东一些地区如威海、龙口等得到良好实行。具体来说有三种方式:把土地收归国有后,由房地产主管机构发放房产证;在农村土地集体所有的制度前提下,进行新农村建设,由城乡建设部门发放房产证;行政村和龙头企业融为一体,由集团公司发放房产证。

以人为本考察微观主体的根本利益,并给予公平待遇,是厉以宁教授思考问题的出发点。厉以宁教授所提倡的发放房产证的措施使得农民获得经常性财产收入,有了资本,同时也缓解了城市的住房压力。一些城市居民无力购买城市房屋,可以租入新建的农民住宅,这样促进了城乡人口流动,切实使农民生活得到了改善。

1. 积极推行农村土地使用权的合理流转

农村土地承包责任制是一家一户对土地的承包,这样的模式无法实现规模生产,且土地也无法实现合理规划,这使得农村劳动生产效率低下;当青壮年进城务工后,土地使用效率将更加低下。有些土地甚至荒废,造成土地资源浪费。

我们须坚持农村基本经营制度,按照自愿有偿原则,健全土地经营权流转市场,如允许土地租赁、转包、土地使用权入股等,以此来促进农业规模经营的形成,带动农业产业化发展。

2. 农村宅基地置换

宅基地对于农民来说重要性不亚于耕地,农民宅基地处置问题与城乡二元体制改革密切相关。城乡二元体制下的宅基地归属集体所有,农民可以申请无偿获得宅基地并在自家宅基地上建房,所建房屋为个人所有。虽然这种方式有利于稳定农村社会,但与此同时这也使一些村干部利用宅基地批准的权力获取不正当利益,不利于农村良好社会风气的形成。

对于如何处置进城务工农民宅基地的问题,国家曾经有过一些设想。如将宅基地收归国有,政府对于收归的宅基地提供一些补偿。但这一举措一方面缺乏收归国有的法律依据,另一方面政府无法衡量补偿多少,这些都会造成农民对政策的不满,容易引发农村社会动荡。除此之外还有三种宅基地处置的设想:宅基地随着土地承包流转而流转;宅基地出售给农村或者城市其他人、企事业单位;宅基地置换。

首先,如果宅基地随土地承包流转,农民可以将宅基地和土地一并出租或入股,如此宅基地上的房屋可能会被拆除。但如果进城务工的农民因为一些原因回到农村,他们无处安家,是否还需要再次向政府申请宅基地建房屋就成为难题。

其次,采取宅基地出售的办法,虽然农民可以通过出卖宅基地获得一笔资金用于城市安家,不会出现农民回村申请宅基地的问题,但是在我国现行法律体系下,农民宅基地属于建设用地,宅基地买卖没有法律依据。此外,我们还应考虑到购入宅基地房屋的个人或单位的宅基地合理使用问题,以及卖掉宅基地的农民回到农村以后应该再次申请宅基地还是花钱购买的问题,这些都需要仔细研究。

最后,采取宅基地置换的方法,即在政府的统一安排下,在城市务工的农民可以用自己在农村的宅基地换取在城市一定面积的公寓住房。在政府财力允许的前提下,给予这些进城务工的农民低保待遇,以此保证他们在城市的生活。这样,即使农民回到农村也无法以没有房屋居住为由重新申请宅基地。这种方法避免了后续的麻烦,也有利于促进农村人口向城市流动。因此宅基地置换应该是这三种措施中最可行的一种。宅基地置换措施的实行势必要增加城市的公寓住房建设,建造房屋的资金原则上应由政府出资,作出具体的城市规划安排。厉以宁教授指出,在具体操作上也可以通过市场运作的方式来解决,如对于农民为换取城市住房交出的宅基地,可采取市场流转的方式,纳入城市建设规划之中并由此得到一笔资金,用于建设农民公寓住房。

3. 完善农村土地承包责任制

农村土地承包责任制是中国改革开放初期的重要成果,解决了中国农民多年的温饱问题。但在多年的农村实践中,农村土地承包责任制也显现了很多弊端,不适应当今我国市场经济的发展,且其弊端在我国改革过程中体现得越来越明显。厉以宁教授指出:目前可行的做法是坚持农村基本经营制度,稳定和完善土地承包关系,按照依法自愿有偿原则,健全土地承包经营权流转市场,即在坚持农村土地承包责任制的同时,根据农民自愿原则,进行农村土地使用权的流转,如采取土地使用权入股、租赁等形式,或实行"土地银行",将多余的土地存入农村信用社获取利息收入。这样的增加农村土地使用流转的改革方式可以促进农村规模生产和经营,加速经营农产品的领头企业的发展。

4. 土地允许抵押

农民的耕地和宅基地所有权归集体所有,这里所说的抵押指的是使用权的抵押而不是所有权的抵押。允许土地抵押有利于促进农业生产效率的提高及规模生产的形成,推动农业产业化发展;同时有利于稳定农民在城市的工作和生活,加速城镇化进程。厉以宁教授认为抵押要考虑两个方面,一是进城务工的农民耕地和宅基地的抵押,二是继续留在农村生活但没有耕地能力或者因为生产、生活的需要将土地抵押出去的农民的抵押。

外出进城务工的农民将土地抵押给其他农民、企业容易引发纠纷,甚至出现高利贷、土地兼并等现象。对于留在农村的农民,更不能将土地抵押给其他农民。如果将土地和宅基地抵押给其他农民个体,而无法获得偿清的贷款,这部分农民无处安居,将引发更大的纷争。所以将土地抵押权承包给农村金融机构可以避免农村社会纷争和一些不合理的高利贷或土地兼并行为的出现。比较合理的做法是建立"土地银行",或者允许信誉比较好的当地农村信用社或者银行承包土地抵押的业务。

允许土地抵押将使得在城市务工的农民和家属能够通过抵押土地获得的

资金,用于在城市购置商铺或者购买房屋,以稳定他们在城市的工作和生活,促进城镇化。对于留在农村的农民,他们将土地抵押出去获得的资金可以用于购置农业生产设备,如购买蔬菜培育大棚等,可以提高农业生产效率,改善农民生活质量。因此我们要切实落实土地抵押政策,并使土地抵押规范化。

与此同时,为了保证土地抵押业务的顺利进行,农村、农业保险业务需要跟进。如果农民遭遇重大自然灾害或是家中主要劳动力突然病故、丧失工作能力,农民势必受到惨重损失。因此我们需要进行农村农业保险的普及和教育以保证土地抵押的良好实行,确保农民从中获益。

5. 政府的社会保障支出努力转化为内需

厉以宁教授认为,提高农民收入光靠农民自己是不行的,政府需要建立完善的社会保障制度以增加农民的收入和提高农民生产积极性。政府增加社会保障支出虽然政府的开支增加了,但这部分开支将刺激更大的消费需求,从而使我国内需不断扩大。

6. 以后谁来种田

涉及土地确权问题:首先要保护农民对土地的权益,不能侵占农民的土地;其次以确权为基础,逐步实现农民使用权证的转让和抵押,并促进土地的流转。以后种田的主体有三类:种植放牧大户、农民专业合作社、农业企业。种植大户和放牧大户可以通过租赁、转包面积大的土地实现规模化生产,提高农业、畜牧业生产效率;农民专业合作社是新型的合作社,能够实现账目明确、透明、公开、民主的管理;农业企业是一些企业通过资本下乡、技术下乡带动当地农业发展。

(五)改革的其他措施

1. 当务之急:建立社会保障制度

我国目前还存在城乡二元体制,城乡二元体制改革中的农民承包土地和宅基地实际上属于社会最低生活保障的内容,我国目前需要建立完整的最低生活保障体系,需要把城乡二元体制包括在内,不能等改革结束以后再进行。厉以宁教授认为社会最低生活保障制度应把城市和农村都包括进来,要使低于某一标准的城市和农村居民都可以享有最低生活保障待遇,以保障城市和农村居民生活。其他的就业保障、医疗保障等是社会最低生活保障制度的延伸。我们应当明确社会保障制度不同于社会救济,社会救济的对象是灾民、难民或者流浪汉,其资金有一部分源于社会慈善组织等。但社会最低生活保障制度的资金应全部来自政府财政部门,并由专门的财政部门发放。

在二元体制下,我国建立社会最低生活保障制度未能实行城乡统一标准,且每个地区、省、市、县的生活费存在差异,其最低生活保障的标准也不同。国家可以统一建立一个最低生活保障标准,各省和地区依据这一标准进行调整。对于进城务工的农民,如果其已经放弃了耕地和宅基地,符合低收入家庭标准的应享受城市最低生活保障待遇;但如果未放弃耕地和宅基地,其是否能够享受最低生活保障待遇应参照农村最低生活保障制度标准。

建立和完善社会保障制度可以保障社会和谐稳定、可持续发展,城乡二元体制的改革也将在这个过程中取得进展。社会保障制度也应随着社会发展进步进行调整,不断完善,其标准也应随着居民收入的提高而提高。

2. 开展改革的前瞻性理论研究

改革需要宽松的社会舆论氛围和社会环境。二元制体制改革必须在理论上先有突破,摆脱思想桎梏和二元体制改革的束缚,以营造二元制改革的社会氛围,从法律、政策、制度、文化等各个方面进行有利于城乡二元体制改革的变革,如在稳定和完善农村基本经营制度的同时,进行农村产权制度变革,尤其是宅基地管理制度;改革不适应当前农村社会发展的农村土地承包制度;健全农村金融服务行业规范,推广农村保险行业发展并使其制度化。在宅基地使用等方面,政府通过试点,不断探索,制定合理的法律规范。

3. 鼓励和支持农民创业

二元制体制下农民没有生产和创业积极性。但在二元制改革后,农民可以在农村和城市自由流动,农民既可以选择在城市务工也可以选择继续在农村务农。但与此同时,农民还可以去城市或者在农村自己创业,有些可以转移到非农业领域,如在城市开小商铺或者就在农村经营"农家乐"。鼓励和支持农民创业有诸多好处,它可以使农民带动全家脱贫致富;有利于带动更多农民就业;繁荣农村经济;促进城镇和农村建设;城乡之间联系更为紧密,有利于在农村传播城市文明观念,推动城乡一体化发展。

为此我国在二元体制改革中应重视鼓励和支持农民创业,厉以宁教授建议出台一些扶持农民创业的政策,如办理方便快捷的小额贷款;给予农民一些职业技能培训;对于创业的农民在创业初期实行减免税等。思想进步、积极创业的农民,将在农村起到模范带头作用,他们对于拉动农村就业、提高农民收入、搞活农村经济有重要意义。二元制改革以前,农民不是市场的主体,但随着越来越多的农民创业,农民将与市场有着越来越紧密的联系,这有利于激发农民生产生活的积极性、改善农民精神面貌,给农村社会生活带来充分的活力。

4. 将统筹城乡发展作为国家战略

我国国土面积大、农村人口多且区域经济发展不平衡,要尽快实现城乡一体化不现实,但要把统筹城乡发展作为国家战略,我们可以考虑先在一些省、市进行试点,试点效果比较好后再进行全国推广,在尝试的过程中要注意总结经验和教训。

(六)收入分配制度改革

1. 以初次分配为主的改革

初次分配制度是造成社会收入差距扩大且无法治理的主要原因。收入分配制度的形成一般来说是市场机制起作用,但在我国,由于市场经济体系不成熟,存在一些垄断行业,计划经济体制对市场仍有影响,无法形成以市场调节为基础的初次分配体系。

对于改进初次分配,厉以宁教授依旧从以人为本地培育市场化微观主体的角度出发提出以下建议:尽快健全和完善市场,打破行业垄断和歧视,形成劳动力供需及商品生产者之间公平的竞争环境;让农民成为明晰的产权主体,禁止寻租行为,使土地流转能够在产权主体和市场主体之间有序进行;劳动力市场上买卖主体平等,发挥工会力量使初次分配更合理;二元劳动力市场存在的情况下,促使低劳动力向高劳动力市场转变;鼓励农民和低收入群体自己创业,缓解就业压力;改革教育体制,提高劳动力素质。这些措施在健全初次分配制度的同时,都可以提高农民的工资收入。

2. 二次分配制度改革的要点

政府调节下的分配被称为二次分配,在市场经济国家,二次分配是对一次分配的配补,即如果市场调节下的收入分配不合理或差距过大,政府可以通过二次分配进行调整。但我国的初次分配和二次分配都倾向于城市不利于农村,二次分配反而扩大了差距。因此二次分配制度改革的重点应是推进城乡社会保障的一体化,如降低低收入者的税费负担,加大农村社会保障的资金投入,使城乡在教育、卫生、文化、医疗、公共服务等方面资源趋向均衡配置。尽快实现城乡社会保障一体化有利于改革户籍制度实现城乡户籍一体化,另外我国中西部发展很不平衡,在二次分配中政策要更加向西部倾斜。

(七)实现城乡一体化的深远意义

1. 改革最大的红利

中国社会建设和改革的目的是让人民过上富裕幸福的生活,因此城乡二元体制改革也应坚持"以人为本"。政府提出一些举措,如实行农产品补贴政策、农业税减免、增加对农业的投入力度等确实有必要,但是仅有这些措施还远远不够。对城乡二元制进行实质性改革,使广大农民享受改革发展成果,让城市与农村居民享受到平等的政治权利、平等的就业机会,将关系到"以人为本"原则的贯彻。农村蕴藏着极大的消费和投资积极性,城乡居民权利平等、释放农村活力,这将是改革带来的最大的红利。

2. 统筹城乡发展

发展提倡的五个统筹,即统筹城乡发展、统筹区域发展、统筹经济社会发展、统筹国内发展和对外开放、统筹人与自然和谐发展,这些统筹的实现都与城乡二元制改革相关。只有进行城乡二元体制改革,我们才能实现社会的可持续发展,实现五个方面的统筹发展。

在城乡二元体制改革中落实改革农村承包制度,加速农民土地使用权的流转,可以使农民在进城务工的同时,得到除了劳动收入之外的一部分"财产性收入",如租金收入、利息收入、土地使用权入股以后的红利收入等,以此增加农民收入,缩小城乡收入差距。城乡二元制度改革可以使农民收入有较大幅度提高,缩小城乡人口收入差距,城镇和农村等基层单位就有财力进行农村基础设施建设,乡村在环境保护、文明建设水平将有很大的提高。

城乡二元体制改革关系到我国贯彻科学发展观和实行市场经济体制,有利于缩小城乡差距,让广大农民享受到中国发展和改革的成果,促进社会和谐稳定。

3. 推进城镇化

厉以宁教授指出,城乡二元户籍制度作为城乡二元制的组成部分阻碍了中国城镇化进程的发展。农村人口无法到城市自由流动,不仅如此,农村户籍制度背后的农村土地制度和农村宅基地制度都严重影响了中国城镇化的进程。但改革农村土地承包制度,使农村土地使用权流转,将很大程度上减少农村土地承包制度的局限性。与此同时,完善城市基础设施建设,增加城市吸纳人口的能力,城乡二元户籍制度就能逐渐转变成城乡一元户籍制度,加速城镇化进程。

4. 促进国民经济又好又快发展

中国经济增长仍然主要靠投资,消费拉动的经济增长仅次于投资,因此如果能够扩大我国消费需求就能在很大程度上促进我国经济增长。城乡二元体制的存在,使得城乡收入差距较大,造成农民的消费能力比较低。而改革二元体制的一些诸如允许土地抵押、宅基地置换、土地使用权流转等措施能够促进农民收入的增加和生活质量的提高,改善农民消费结构,进而刺激农民的消费需求。中国的农村是庞大的内需潜在市场,农民则是扩大内需的巨大群体,进行二元体制改革将使内需有较大突破。

二、跨越中等收入陷阱

(一)中等收入陷阱的提出背景

发展中国家从低收入国家跨越到中等收入国家后,人均国民收入停止增长,徘徊不前,世界银行认为这样的国家陷入了中等收入陷阱。一些经济学家虽然没有明确提出"中等收入陷阱"这一概念,但提到了中等收入陷阱产生的原因。

中国仍然是发展中国家,处于中等收入国家行列,对于中国是否会陷入中等收入陷阱是人们关注的问题。但这里厉以宁教授提出,并不仅仅存在所谓的"中等收入陷阱",发展的任何阶段都会出现停滞不前,不论是处在低收入发展阶段还是处于中、高收入发展阶段。那种认为经济只要跨越了一定门槛就不会停滞增长的说法是没有依据的。因此社会经济可持续发展的研究是极其重要的,经济的发展始终离不开社会的稳定和协调。

(二)中等收入陷阱的分类

1. 发展制度陷阱

从传统社会走向工业化社会的发展中国家,在从低收入国家跨越到中等收入国家过程中仍在经济、政治、社会、文化等方面存在传统社会特征,这些特征成为发展的制度障碍,阻碍了社会进步和发展。

厉以宁教授举了一个例子是土地制度保留着工业化之前的传统状况:首先,农村和农业未受到工业化和市场化的影响,传统的社会组织把持着土地,实际上农村贵族强权掌握着农村的土地;其次,农业和农村虽已受到工业化和市场化的影响,但土地关系表现为土地被有权势的家族占有,形成大地产制度或新建的种植园制度,而佃户失去地产,成为种植园的劳动者或雇工;再者,有些国家经历了土地制度改革,但改革不彻底,在市场经济中农民分化成两极,出现土地兼并现象,很多农民因此丧失土地。

除了土地问题,厉以宁教授认为发展制度陷阱还表现在以下几个方面:传统组织和氏族、家族势力强大,政府官员成为这些强权势力的傀儡,公平有序的市场无法建立;受传统社会影响较深,土地制度不合理造成资源利用率低。生产效率低下使得农民购买力普遍低下,工业化进程受到阻碍;一些发展中国家财政收支经常有大的缺口,市场经济无法维系,形成经济增长低下和财政赤字的恶性循环;经济发展靠金融来支持,但一些发展中国家金融市场发展不健全,强权贵族垄断和控制了金融市场,后果表现为资本严重不足,同时资本没有机会投资;社会垂直流动渠道受阻,存在限制居民流动的户籍制度,造成社会生活环境恶化,贫富差距进一步扩大。

2. 社会危机陷阱

社会危机陷阱是指社会的低收入群体收入增长停滞或增长缓慢,社会贫富差距不断扩大,由此引发社会动荡和政局不稳定,导致社会改革和发展无法进行。

发展中国家经济发展到一定水平,越来越多的农村居民相继到城市就业,从而引发示范效应,更多的年轻劳动力到城市就业,但城市的就业岗位无法满足庞大的就业需求。与此同时,社会发展带来更多的投资需求,引发需求型通货膨胀;土地原材料供应紧张,导致原材料、土地等的价格上升,引发成本推动型通货膨胀;在发展过程中与国际市场的联系越来越紧密,商品和资本的国际流通都容易出现国际输入型通货膨胀。不同形式的通货膨胀的出现,增加居民消费生活成本,不断扩大的贫富差距使得民众对政府产生不满情绪,而失业经常与通货膨胀一并出现,即"滞涨"。中产阶级的利益受损,将进一步加剧社会危机。

3. 技术陷阱

陷入中等收入陷阱的发展中国家资本市场不健全,国内成功企业家主要在传统的制造业和采矿业有成就,且更多只关注不动产,没有眼光也不愿意冒险从事科技研发。在经济繁荣阶段,资产泡沫形成,但如若经济进入萧条阶段,资本市场对经济发展起不了作用。同时,陷入技术陷阱的国家往往技术创新上没有重大突破,自主创新能力不足,产业升级受阻,也无法拥有技术先进的优势企业。技术创新必须同资本市场创新相结合才有可能在尖端技术方面有所突破。技术创新和资本市场发展动力都不足就容易陷入技术陷阱。

(三)跨越中等收入陷阱

1. 跨越发展制度陷阱

对于发展的制度陷阱,光靠知识分子的积极呼吁和农村中激进积极分子的行为是无法解决问题的,必须通过对传统旧制度进行改革才能摆脱。厉以宁教授指出,中国是个双重转型的国家,面临着从农业社会转到工业社会的发展转型,以及从计划经济体制到市场经济体制的体制转型。体制转型比发展转型更为重要,应进行城乡二元制改革,才有可能避免或消除发展的制度陷阱,包括消除不合理的土地制度,完善市场经济体制,建立公平的市场竞争环境,消除行业垄断和不公平竞争。

2. 跨越社会危机陷阱

要想跨越社会危机陷阱就要缩小城乡收入差距、地区收入差距,创新社会管理。

缩小城乡差距要考虑在如何改革农村土地制度的同时不引发农村地主和富豪的反对情绪,改革二元体制使农民拥有产权,鼓励和支持农民自主创业。

缩小地区收入差距要从增加贫困地区就业岗位、向贫困地区输入资本及改善贫困地区投资条件和发展条件三个方面着手,但贫困地区不能依赖本地区或本国以外的资本,厉以宁教授认为必须形成良性的、公平的市场机制,以市场内在动力激发微观主体的积极性,因为必须有安全可靠的投资环境和营业前景,以及愿意投资的企业家和愿意为企业家提供资金的融资机构,但这些都不容易做到。

对于创新社会管理,要从我国实际国情出发,建立和完善适合的社会管理体制,采取不同措施来化解各方面的矛盾和隔阂,尤其是贫富之间的矛盾。对于发生的民间矛盾应早做预案、尽快疏导化解。民族矛盾、宗教冲突、家族矛盾等很容易引发大的社会冲突。

3. 跨越技术陷阱

一个国家必须有高精尖的科研和技术人才方有可能在技术上有所创新和突破。一些国家的社会垂直流动渠道受阻,势力集团力量强大,公平合理的人才选拔机制欠缺,因此一些有才之士被埋没。另外,国内工资待遇、社会福利和保障政策相较于国外较低,一些国外学成的人才留在国外生活工作,不愿意回国,这造成人才外流。即使是本国培养的优秀人才,有些也会受到国外良好待遇的吸引,造成尖端人才严重不足。对此,厉以宁教授指出我国应建立健全人才培养机制,对于一些高技术科研人才应给予丰厚的待遇,鼓励和引导其回国就业,减少人才外流。政府还应鼓励科技创新,支持高端技术产业发展,促进我国产业化升级。

对于资本市场发展,政府应给予更多关注,且向资本市场提供支持。与此同时,多培养眼光长远且致力于民族振兴的企业家,带动我国资本市场发展。

(四)从"旧红利"向"新红利"

"红利"是指一个国家或地区在特定发展时期所具有的发展优势,以及利用这些优势带来的好处,如"人口红利""改革红利""资源红利"等。红利的出现和消失是一个国家发展过程中出现的正常现象,而非某一国特有的问题。在这一时期比较关键的是进行经济社会转型升级,如果停留在旧的红利而不进行发展方式的转变,势必使经济陷入困境、停滞不前,且会造成三种恶果:丧失发展经济的信心,优势不再存在,很难有大的发展;由于缺乏信心,国内实体经济领域投资者撤资或投资国外,由此也引发实体经济领域人才流失;实体经济空心化,原先实体经济投资者将资金投入虚拟经济中,造成经济泡沫,经济进一步陷入停滞不前中。

中国原先劳动力成本低且人口总数大,具有人口红利,但随着中国进入中等收入国家,劳动力成本上升且人口出现老龄化现象。国际市场上,南亚其他国家像菲律宾、马来西亚比中国更具有成本优势,中国的人口红利逐渐消失。我们要认识到,我国人口红利虽然消失了,但随之而来的是熟练劳动力的增加及劳动力素质的提高,"新人口红利"将取代"旧人口红利"成为经济发展新阶段的特征,经济发展方式转变可以继续发展下去。随着中国城镇化和工业化水平的提高,中国出现人口老龄化是经济社会发展的表现,新红利代替旧红利是社会进步的产物,我们应坚定信心,尽早实现创造新的人口红利。厉以宁教授具体提出了以下几个措施:第一,增加人力投资,对于低技能、低水平、低素质的劳动者给予职业技能培训,使越来越多的工人成为技术工人;第二,激发待就业和已就业工人提高自身劳动力素质的积极性,让职工认识到工人技素质对于企业发展的重要性,建立起职工双方都认可的合理的绩效考核体系;第三,给予农村进城务工人员平等的工作待遇;第四,重视自主创业、自行投资的小微企业发展。

资源红利指的是国家地大物博有丰富的资源,同时土地价格比较低廉。受国土面积限制,任何国家都不可能拥有长期的资源红利,经济发展到一定阶段资源红利就会消失。新的资源优势来自先进的科学和技术。如在淡水缺乏的国家,如果能有降低海水淡化成本的技术,将节约更多的资源。再比如,新能源的开发和应用等。这些新技术和发明将带来"新资源红利"。而旧资源红利向新资源红利转变最重要的是需要有发明新技术的人才,没有专业的科技人员、熟练技术工人就不可能产生"新资源红利",因此新人口红利和新资源红利相辅相成,都必须依赖高科技人才、熟练工人和各个领域的专业人才。因此我们要建立健全完善的职业技能培训体系和教育制度;健全产权激励机制、完善知识产权市场;鼓励更多发明创造;切实将新的发明应用到实际中,并在经济社会中产生效益。

除了"新人口红利"和"新资源红利",最关键也最大的红利是"改革红利"或"制度红利"。任何一项改革都是顺应当时的社会发展状况而出现的,必然都是在最开始有最大的制度红利,随着社会发展,改革的红利将逐渐消失,不再适应经济社会发展。我国正处于经济转型时期,需要制定新的制度以适应新的经济发展环境,只有制度调整及时跟进才能保证"制度红利"的产生。改革的最大动力在民间,积极进行制度调整,充分发挥民间微观主体的潜在积极性,这一点也正是厉以宁教授考虑众多问题的核心出发点。

(五)中国跨越中等收入陷阱的相关设想

1. 中国完全可以跨越中等收入陷阱

对于中国是否完全可以跨越中等收入陷阱,厉以宁教授提出了若干假设条件:

(1)中国如果在目前的发展阶段出现"制度陷阱",则不能犹豫不前或者藐视障碍作用。我国应该积极推进改革,清除诸如城乡二元制度、不公平的竞争制度和环境破坏等制度障碍。

(2)正确评判和估计社会发展的趋势和发展过程中可能出现的突发状况,并对于初露端倪的社会不和谐现象采取正确的正视态度。如果出现诸如城乡地区收入差距大、民族矛盾等造成社会不稳定的隐患要认真分析,采取具体措施解决或缓解,以促进社会和谐稳定,防患于未然。

(3)如果今后中国陷入"技术陷阱",那么技术水平将无法提高、自主创新将停滞不前、产业升级将受到阻碍。再如中国资本市场不完善、不健全,无法给予新技术有力支撑,即使是跨越了中等收入陷阱,中国也是在高收入的较低水平徘徊不前。对此,中国资本市场应发挥支持科技创新和新技术的作用,要利用和保留好中国作为制造业大国的优势,同时在一些关键领域实现中国创造。

(4)中国应该摆脱旧的靠投资拉动的经济增长模式,转而实现以消费和投资并重,或消费为主、投资为辅的增长模式。我国只有走上这种良性循环发展的经济增长道路,才能避免同时出现高失业率和通货膨胀现象,否则中国的经济增长也是不健康、不持续的增长。

(5)改革开放以来,我国经济能够取得显著成绩与充分调动了民间积极性有重要关系。中国民间蕴藏着极大潜力,近年来民营企业迅速发展,成为国民经济的重要组成部分并慢慢发展壮大,给我国经济注入了活力。如果我国走继续发展民营企业的道路,中国将涌现一批又一批优秀的、具有前瞻性的民营企业家,中国也一定能够跨越中等收入陷阱。但如果我国不再发展民营企业,中国民间社会活力也无法被激发,民间积极性受到抑制将阻碍我国经济的健康发展,中国经济也有可能由此陷入中等收入陷阱。

2. 中国未来遭遇高收入陷阱的设想

有些观点认为,只存在中等收入陷阱,中国社会只要跨越了中等收入陷阱就不会再出现收入陷阱。但事实证明这种观点是错误的。厉以宁教授举了一个典型的例子,希腊在跨越中等收入陷阱以后,世界银行为其祝贺并极力宣传。但在2011年希腊人均国民收入超过两万美元,经济发展却遭遇停滞,失业率急剧增加、社会动荡,希腊陷入"高收入陷阱",不得不向欧盟国家伸手。不仅是希腊,西班牙、意大利和日本也都经历过类似的处在高收入阶段但发展进入停滞状态的情况。

因此,任何发展阶段都有可能因社会矛盾深化、制度不符合发展情况而进入发展停滞状态。即使我国跨越了中等收入陷阱,但未来也有可能出现高收入陷阱。能否跨越收入陷阱主要看制度改革和调整是否合适,资本市场能否扶持技术创新,社会矛盾能得到解决及社会是否安定。

三、二元劳动力市场

(一)二元劳动力市场的综述

(1)二元劳动力市场的概念和分类

二元劳动力市场理论是西方国家在20世纪70年代左右提出的,是对西方社会发展状态的一种判断。二元体制下的劳动力市场分为上等劳动力市场和次等劳动力市场。区别在于,上等劳动力市场在工资水平、福利待遇、有无上升机会、能否真正学到技能四个方面都好于次等劳动力市场。

(2)二元劳动力市场不存在流动性

在已经形成的二元劳动力市场中,次等劳动力市场上的劳动力无法流入上等劳动力市场,只有上等劳动力市场上的劳动者有可能成为中产阶层,而次等劳动力市场上的劳动者主要从事简单重复的体力劳动,受教育水平低且工资待遇差,几乎不可能成为中产阶层。

(二)改变劳动力市场二元化现状

西方经济学家对缩小二元劳动力市场差距、改变劳动力市场二元状态提出了一些措施。他们认为二元劳动力市场的现状可以改变,但需要政府和社会各界的协同努力,缩小次等劳动力市场与上等劳动力市场的差距,使处于次等劳动力市场的劳动者有机会流动到上等劳动力市场。如可以通过加强对待业者或者已就业人员的职业技能培训,待业者具备上等劳动力市场所需要的劳动力条件,或者处在次等劳动力市场的劳动者,能够通过职业技能训练具备更高的职业素质和能力,有机会在次等劳动力市场上晋升或者在上等劳动力市场上具备竞争力。因此蓝领工作者可以先努力成为熟练技术工人或有专长的技工,进而有可能跨越次等劳动力市场,在上等劳动力市场上获得工作机会。

厉以宁教授认为要改变劳动力市场二元化的现状,就要提高次等劳动力市场的生产条件。次等劳动力市场的工作往往是在恶劣环境中的体力工作。我们要努力改善次等劳动力市场的恶劣工作条件,减少劳动者体力劳动,使得体力劳动者能够改善生活状况,促进一些所谓的"坏职业"向"好职业"转变。有些消耗体力的劳动可以由机器来代替,这些可以通过新的技术设施的研发和应用来实现。

另外,要缩小二元劳动力市场差距,仅改善次等劳动力市场状况是远远不够的,还应该增加上等劳动力市场的工作岗位。随着劳动者素质和技能的提高,应增加更多的上等劳动力市场就业岗位,减少次等劳动力市场的"坏职业"。在一些发达国家,由于国外移民较多,一些次等劳动力市场的脏活累活由移民担任,而把更好的岗位留给本国国民。这种做法虽看上去有效但并非是解决二元劳动力市场差距的根本办法。

我们应意识到上等劳动力市场上工作岗位需求增加的可能性。有些观点认为次等劳动力市场上的就业者进入上等劳动力市场上就业,将必然有其他上等劳动力市场上的劳动者失业。但就现在经济社会发展而言,上等劳动力市场上的工作诸如技术人员、管理人员等的岗位需求数量应该不断扩大。尤其目前服务行业的需求加大,上等劳动力市场上的劳动力需求增加,次等劳动力市场的劳动力更容易且有机会转移到上等劳动力市场。

再者,鼓励有技术和专长的体力劳动者开创小微企业。自行创业的小微企业主既不属于上等劳动力市场也不在次等劳动力市场,因为二元劳动力市场概念的前提在于受雇于人,受雇于人的劳动者会考虑薪资报酬、晋升机会、是否有学习培训等。但自己创业的小微企业主主要考虑如何把企业办好,他们更能吃苦、更有忍耐力。越来越多小微企业的成立缓解了二元劳动力市场的就业压力,同时也给经济社会发展带来了活力,促进更多原本处在次等劳动力市场的劳动者进行创业,摆脱次等劳动力市场的束缚。

(三)职业技术教育体系的形成

西方国家早有职业技术教育体系的经验。在西方各国最初实行学徒制度,有技能的师傅带领徒弟。在英国主要有两种形式,师傅带徒弟、企业招收学徒工。后来这些学徒的名称发生变化改为"见习生""实习生",但性质大同小异,都是由专业的老师带领新人员进行职业技能培训。这些老师有一定的资格和资质,是某些领域的熟练技术工或是科研人员、实验人员等,这样的高素质、有技能的师资力量,强大的教学队伍对于职业技术教育体系来说尤为重要。这种建立职业技术教育体系的方式是培养熟练技术人员和科技人员的有效途径。

2012年开始中国农村处于土地确权时期,农民的利益受到保护,这也极大地调动农民的积极性。有些地区完成了土地确权工作,农民的土地利益和房屋权益得到了保护,与此同时农民有希望作为家庭农场主,还有一些农民希望国家提供一些职业技能培训,使他们具备专业的农业知识或是具备进城务工的职业技能。这些可喜的变化值得关注,说明中国农民的积极性切实被调动起来,也为中国实现农业现代化产业化提供了动力。高素质、高技能的家庭农场主应与现代化的农业发展相匹配。

给广大农民普及教育、提供专业化的种植业、养殖业、畜牧业等专业化的职业化教育意义重大,且有利于中国职业技术教育体系的完善和发展。厉以宁教授从以人为本培育市场化的微观行为主体的角度出发,认为高效的职业技术教育体系应该是开放的,主要表现在三个方面:一是既有正规的、有学历和学位的职业技术学院、职业技术研究院、职业技术学校,又有没有学历和学位的职业技术培训班,供求学者自己选择。举办职业技术水平资格考试可以分为基础知识、专业知识和实际操作能力考核,且考生不受限制,自愿报名参加,如果通过了发放一定技术等级的技工证书。二是面向学生开设的职业技术教育培训课程应多样化,有些人如果既对农业育种知识、农业机械化操作感兴趣,又对农业管理和农产品销售感兴趣,这些课程可以同时报名参加,学习职业技能培训知识是终身性的,不受年龄限制。三是职业技术教育体系的开放性还应体现在在校学习期间可以自主选择未来的方向。如果在职业技术学校上学的学生志向转变,有志转向普通高等学校学习深造,只要是条件符合普通高等学校的招生条件就可以报考,而不应限制其发展或是对这类考生抱有歧视态度。

(四)社会垂直流动渠道

二元劳动力市场形成的原因之一是社会垂直流动渠道的不畅通。次等劳动力市场的体力劳动者只能在次等劳动力市场上找到"坏职业",而没有机会、没有技能在上等劳动力市场上就业,他们的后代受父辈影响也只能在次等劳动力市场上就业,从而形成恶性循环。

在我国,由于城乡二元制的存在,农村居民很难能够有机会在城市工作和生活,即使有一些进城工作的农民,他们受职业技能、教育水平的限制,只能在城市的底层工作,做一些脏活累活,他们被称为城市的"农民工"。越来越多的农村居民进入城市求职,却只能在次等劳动力市场上就业,工资待遇低且环境恶劣,他们在城市的生活有时候无法维持下去。他们的孩子有些留在了农村,有些即使跟到城市也得不到良好的教育,未来在就业时没有竞争力,只能继续在次等劳动力市场上就业。社会最恐惧的是人们对社会和生活产生绝望的心理。但如果社会垂直流动渠道不放开,社会的自暴自弃者会越来越多,他们认为自己的生活没有希望、没有前途,这种心理对于社会健康稳定、持续发展是极为有害的。由此可见,改善社会垂直流动渠道对于打破劳动力二元市场、提高低收入者收入和生活状况、缩小贫富差距极其重要。

社会垂直流动渠道的畅通是激励市场微观主体积极性的核心动力,可以改善市场环境。从疏通社会垂直流动渠道的角度出发,厉以宁教授提出以下几点措施:

第一,贯彻机会均等原则。这里的机会均等不仅是指选拔人才、录用规则的机会均等,还指晋升机制中的晋升机会的平等。任何一项工作的人员选拔都应该遵循公开、透明的原则,建立健全人才选拔规则和机制。每一个职位人选的确定都确保通过资格审查程序,有序进行。只有机会均等才能消除职业世袭化现象,才能让求职者信服,提高劳动者工作积极性。

第二,给求职者提供多种渠道供其选择。为此我们要加强职业技能培训教育工作,发展职业技能培训体系,使待就业人员具备良好的职业素质和能力,为有志向、敢拼搏的年轻就业者提供多种机会和可能性。选择渠道的放宽也将进一步疏通社会垂直流动渠道,发挥社会个体的主动性和积极性。

第三,鼓励有能力、有技术的人自主创业。这一点反复被厉以宁教授提到。我国改革开放以来的很大一部分成果归于民间企业的发展和壮大。发展市场经济必然要活跃民间资本,壮大民间企业队伍。制定鼓励和支持年轻人自主创业的政策,在这个过程中我们认识到只要肯吃苦、讲诚信、有能力、有特长,未来企业发展就有希望。厉以宁教授提到小富靠勤劳,中富靠机遇,大富靠智慧,这三句话对于每一个创业者都适用。鼓励更多的小微企业发展,有利于缓解上等劳动力市场的就业紧张,同时也能够起到示范效应,活跃我国经济,促进民营经济发展。

第四,打破社会上对于"好职业""坏职业"的职业偏见。社会上确实存在对于不同职业不合理的职业偏见,认为干体力活的工作没有前途、甚至低人一等,但我们应该认识到,任何职业存在都是社会发展的需要,缺少任何一种职业社会运转都会出问题,因此职业没有好坏之分,就业者都是为社会发展作贡献。体力劳动者即"蓝领"是目前也是在我国社会发展中必须存在的,他们的工作应当受到社会的尊重,蓝领工作者也不应感到自卑。而且,随着经济社会的发展,一些重体力的工作将有一部分被机器取代,蓝领工作者的工作环境也将有所改善。蓝领工作者们也应意识到,他们有机会通过学习新的知识和技术,使自己具备一定能力转变为熟练工人或高级技术人员,未来也有可能加入创业者队伍,成为企业家。

(五)中产阶级是社会中坚力量

在传统生产方式下,地主和贵族控制着土地,而佃户和雇农没有土地。这种只有强权贵族掌握最重要的生产资料的方式,使得金字塔型的收入分配结构牢固且无法改变。西方国家进行工业化改革以后,城市经济繁荣,出现了一些新式的工厂和作坊,这些工厂的老板走在前端,不断扩宽视野并积累财富,许多从小的工厂主成长为大的工厂主,社会分配的金字塔结构慢慢会发生动摇。但由于中产阶级的形成总是滞后于经济发展,且滞后于社会收入分配结构变化,因此,以中产阶级的形成促使社会结构产生变化总是较为缓慢的。社会收入结构从金字塔型向橄榄型转变的实质性变化还需要时机的成熟。

每个国家在进入工业化中后期以后,中产阶级都会发展壮大成为社会的中坚力量。厉以宁教授指出中产阶级形成的原因有以下几个方面:

首先,技术进步和管理能力的提升。随着工业化水平的提高,新的发明创造应用于具体实践的时间缩短,社会对于高级技术工人和管理人员的需求也不断增加,与此同时这些拥有技术或管理经验的工作人员的工资也不断提高,如医生、作家、律师、会计师事务所工作人员等。这些"白领"的工作不同于从事体力劳动的"蓝领",随着他们收入水平的提高,这些白领将逐渐成为社会中产阶级;

其次,自主创业人数的增加促进中产阶级成长。有冒险精神、敢于奋斗的创业者的工作不分"白领"或"蓝领",因为他们并非受雇于人,他们自己就是小老板,随着他们创业的成功和企业发展壮大,他们慢慢进入中产阶级队伍;

第三,均等化的教育机会使得低收入家庭的孩子也能得到良好的教育,这也是社会、市场起点公平的基本保障。传统生产方式的社会,社会教育资源分配很不均等,只有高收入或者有权势家庭的孩子才能享受到良好的教育资源。西方国家在进入工业化后期以后,存在低收入家庭负担不起高昂学费、无法接受良好教育的情况。在社会各方呼吁下,政府逐渐建立义务教育体系,并普及义务教育,这使得那些低收入家庭的孩子也能获得受教育的机会,与此同时政府设立了职业技能培训制度并增设了高校奖学金。劳动者素质大大提高,有条件和潜力成为中产阶级的人也不断增加。

第四,社会流动增强和晋升机会的出现。社会中产阶级的壮大和社会流动增强密切相关。社会流动包括水平流动和垂直流动。一方面,这两种流动的增强使得劳动者可以利用充足的就业信息进行职业和工作地点的选择,而且流动增强也使得他们更容易找到适合自己的工作,未来职业变更也更为灵活和方便。同时,用人单位也可以招到符合本单位需求的技术人才和管理人才。这些企业或工作单位的生产效率提高了,就业人员的工资也不断提高,由此更多人加入中产阶级队伍中。另一方面,社会经济的发展和市场的扩大使得社会对于高技术人员和管理人员的需求增加,中高级技术和管理岗位的增加为中产阶级扩大创造了有利条件。有管理能力和技术水平的就业者有了更多晋升的机会和可能性。

第五,新行业的涌现和成长提供了更多就业机会。进入工业化社会的国家,随着国家国民生产总值的不断扩大和经济的持续增长,新产品和技术的供给和需求都不断增加。供给和需求相互促进。新行业的增加提供了更多技术、管理、营销岗位,从而促进这些专业人员收入水平提高,他们更有条件发展进入中产阶级队伍。

历史经验告诉我们,一个国家只有重视社会中坚力量的发展,才能保护好经济社会发展成果,使社会更加和谐稳定。因此,要培育更多的中等收入者进入中产阶级队伍,促进中产阶级的成长。只有本着民富为本的理念,国家经济才能持续稳定发展和繁荣。

(六)蓝领中产阶级的成长及其背景

从西方工业化、现代化的过程中我们可以得知,蓝领工作者完全可以通过自己的努力成为熟练技术工人,其收入和生活状况也会得到极大改善。在工业化和现代化的社会中,社会横向流动渠道已经很畅通,随着社会垂直流动渠道的畅通,蓝领工作之前在次等劳动力市场被定位为"坏职业"的状态也将改变。蓝领通过自己的努力使收入增加的同时,完全有可能加入中产阶级的队伍。对于那些家庭农场主也是如此。家庭农场主通过学习育种知识,能够操作农业机械,形成机械化生产,且也具备了农业管理和农产品销售的知识并将其成功运用于实践,这样的家庭农场主能够作为新市场主体参与到市场竞争中,并逐渐发展成为农民企业家,随着收入的增加,他们完全可以进入中产阶级。

蓝领中产阶级成长对于社会发展而言有着重要意义:

1.蓝领阶级的成长符合社会发展规律,有利于更加合理的收入分配结构形成,即橄榄型或鸡蛋型;

2.有利于社会公平和效率相互促进且同时实现。在社会水平流动渠道畅通的条件下,人们都可以公平地根据自己的喜好和条件,跨省、跨地区地选择住所、职业和工作地点,与此同时在交通极为便利的情况下,人们随时和家人、朋友团聚的愿望都可以实现。人的欲望和愿望能够被满足,其积极性就能被带动起来,从而提高工作效率,这体现了公平和效率的相辅相成;

3.有利于社会良好风气的形成。蓝领中产阶级的成长经历鼓励更多人通过努力学习知识、勤奋工作获得社会尊重和收入的提高。成功的蓝领中产阶级为更多的勤奋努力就业者树立了榜样,鼓舞了更多蓝领积极上进。在依法治国的治国理念下,社会垂直流动渠道更加畅通,每个人都有平等的机会通过积极进取获得应取得的报酬,个人不再能依靠父辈的遗产,职业世袭化消失,有利于鼓励公平、尊重辛勤劳动的社会风气形成。

（七）蓝领和白领的未来

白领和蓝领的区别是在工业化后期才开始出现。企业雇佣在办公室工作的人员成为"白领",而从事体力劳动的人被称为"蓝领",此后蓝领和白领的界限越加明显。蓝领和白领的区别在于工资收入的多少、劳动强度的高低、有无被提升的机会等。长期以来,蓝领的工作一般属于次等劳动力市场,不受重视且经常被歧视,到现在还有一些对蓝领工作者的偏见。但并不一定只有白领能够成为中产阶级。此前我们提到过在社会垂直流动渠道畅通的社会,体力劳动者也可以通过职业技能培训具备一定专业技能,随着收入增加成为中产阶级,如家庭农场主等。

中产阶级的划分不单单是收入水平的划分,还包括教育水平和劳动力素质的区别。虽然蓝领普遍受教育水平和劳动力素质低于白领,但是有较高的文化素质和道德素质是中产阶级对于蓝领和白领的共同要求。厉以宁教授由此指出在知识不断更新、科技发展迅速的工业化社会,未来计算机、机器等将慢慢取代人工,需要大量体力劳动的工作将逐渐消失。从前的蓝领们也掌握了计算机技术,工作同样都是以计算机为工具,所谓的白领和蓝领的区分也不再有任何意义。因此在未来,随着生产力的提高和工业化水平的加快,蓝领和白领的区别将慢慢缩小直至消失,也不会存在所谓的"蓝领中产阶级"和"白领中产阶级"的划分。

第五章 经济结构调整

一、结构调整

(一)供给端乏力需要结构调整

多年来,我国经济供给和需求两端乏力亟需进行结构调整,针对供给端而言,厉以宁教授指出:一是产业结构需调整。当前一些产业已落伍,但是仍在消耗原材料、消耗能源,如果不进行调整,供给方面的乏力将很难解决。二是区域经济需调整。区域经济的格局是多年以来形成的,其中有些方面不利于今后经济的发展,或者贫富差距扩大影响了消费,区域经济方面的调整是中期的任务,也是供给方乏力的表现。三是技术结构需调整。每个国家的技术结构不一,且各技术所属状态不一,先进技术较少、中间技术居多,另外有一些落后技术。虽然为了维持社会的稳定,避免更多人失业,不同状态的技术都应被保存,但是随着经济发展,技术结构的调整是必要的。四是资本结构需调整。每个国家每个时期资本包括人力资本和物质资本,其与时代所需之间的关系是动态调整的,若不注意资本结构的调整,就很可能出现人力资源枯竭的情况。综上供给方面的调整归根到底就是结构调整,这是一定要加大结构调整的意义所在。

针对结构调整,厉以宁教授指出:其一,产业结构调整和创新连在一起。高新技术一定要发展,短板行业中如果是高新技术的短板就要尽快发展,因为这是结构调整的重要问题。对于已经落伍的产业,一定要秉持壮士断腕的决心进行淘汰,不能任其消耗原材料、消耗能源,应集中精力补齐高新技术发展方面的短板。其二,区域经济调整和人民的收入水平连在一起。当前,总需求上不去的很大原因,是区域经济调整较慢,没解决问题。物质资本、人力资本、社会资本在城乡的分配中十分不均衡,这直接导致了城乡收入差距的不断扩大。因此,我们在产业结构调整的同时,必须有区域经济的调整,促进三种资本的均衡。其三,技术结构的调整和社会稳定连在一起。中国经济结构的调整不完全是技术的问题,也不完全是一个科技创新的问题,它还涉及人员安排的问题。社会的目标是稳定,既然要稳定就不能裁员,在未能安排出路时,宁肯用旧技术,不能用新技术,这是出于以人为本人性化的考量。其四,资本结构调整和人口新红利连在一起。海外留学归来的学生叫海归,现在有一个新名词叫城归,从农村出来到城市干了一段时间活,积累了一些技术和资金回家创业的人员就叫城归。城归的出现并不简单,实际上意味着中国正在变化,过去的人口红利渐渐消失,新的人口红利正在增加。

总的来说,中国结构方面的调整是必要的,供给乏力需要结构调整,即使是需求端调整也需要跟结构调整配合在一起。

(二)结构调整提高经济增长质量

我国多年以来形成了投资冲动怪圈。地方政府要求加快经济发展,提高GDP,因为只有这样才能改善地方政府财政收入,就业问题得到缓解。地方政府有了增加投资、扩大信贷的强烈需要,但结果是:经济虽然上去了,通货膨胀随之而来,物价上涨太快。于是,中央又不得已采取紧缩政策,紧缩财政和信贷,经济增速放慢。而这又引起地方出现问题:地方财政收入、就业受到影响,这再一次呼吁增加投资。如此循环反复,结果是给经济带来了一种大起大落、大升大降的冲击,这就是投资冲动的怪圈。

中国经济的情况跟这个怪圈有关系。比如产能过剩，我国产能过剩情况相当严重，产能过剩必然造成资源浪费。所以，中国当前最需要做的就是，提高经济增长的质量。我们应当意识到，GDP总量虽然重要，但更重要的是经济结构的优化。对于这个问题，厉以宁教授从历史的视角，基于鸦片战争时期中英发展的状况，生动地说明了这个道理。鸦片战争时期，中英经济结构差距颇大。1840年，中英鸦片战争爆发时，中国GDP世界第一，远超英国，但是经济结构不行。到1840年时，英国工业革命从1770年算起已有70年，工业化进展到了一定程度。英国当时的情况是钢铁产量高，设备制造技术能力强，机器纺织棉布，交通工具是轮船和火车，英国出口的一部分是机器制造的棉布，另一部分是蒸汽机机器设备。可以说，英国GDP结构符合当时技术进步的潮流。反观中国，我们生产的产品主要是农产品和手工业品。中国的棉布是手工纺织的棉布，中国出口的是茶叶、瓷器、丝绸、桐油等。因此，从结构上说，中国与英国相差很远。鸦片战争时期，中英人力结构也相差甚远。1840年，中国人口总量远高于英国，但人口结构跟英国不一样。当时，英国普及了小学教育，建立了大量的中学，又建立了很多新的高等学校，学校每年培养出大量的工程师、技术专家和科学院的知识分子，还包括近代的经济管理人才、金融人才，这是英国当时的教育水平和人力资源结构。而中国虽然人口众多，但是结构不行，如农民绝大多数是文盲，妇女也绝大多数是文盲。中国少数读书人，读的是四书五经，目的是考科举，很少懂得近代科学技术、经济管理和金融方面的知识。历史的结果已经充分向我们表明了结构问题的重要性。

厉以宁教授根据中英两国在鸦片战争时期的国情对比，进一步指出：第一，要坚持优化结构。优化结构是没有止境的，因为技术在发展，客观形势在变化。第二，要不断地技术创新。当前，中国虽然十分重视技术创新，但企业的实际情况是我国的实体经济距离世界先进水平还有相当大的距离。中国的制造业仍缺乏真正的自主创新，大部分仍然是依赖外国的技术。这表明我国自主创新缺乏，经济增长质量不足。当前中国的主要问题就是结构调整，只有在结构调整的过程中，经济增长的质量才能得以提高。

(三)结构调整背后的体制问题

结构调整或者叫优化结构的关键在于突破体制的阻碍。首先,投资决策体制的改革。国有企业已经被改制成为市场主体的条件下,除跨行业的或者国家重大项目以外,国有企业应该具有作为市场主体进行投资的决策权。其次,行业垄断也是一个障碍。行业垄断存在的根源是既得利益的存在,因为要维护既得利益就要维持现状,所以结构调整就难以推进。行业垄断不是市场经济的产物,它延续了计划经济下的一些做法。国有企业应该自己清理,既然要实行市场经济,改革垄断就刻不容缓。市场经济并不表示国家不发挥宏观调控的作用。但在市场经济的范围内,行业垄断的存在阻碍了国有企业发展,国有企业很可能因行业垄断的利益而感到满足,进而减少创新。再者,资源定价体制是个障碍。资源定价不合理,会阻碍结构的调整,甚至还会加剧结构的不协调。改革资源定价体制,不仅会影响在现有资源定价体制下受益的企业,而且会影响居民生活,这就是阻力所在。现有的二元定价制度不合理,应该从二元定价制度改成一元定价制度,这有利于国有企业进一步壮大。对国有企业来说这虽然是压力,但这种压力对长远发展是有好处的。继而,城乡二元体制的存在阻碍了结构调整。二元体制是计划经济体制的产物,阻碍了生产要素的流动,城乡分隔,这样就延续了现在一些不合理的结构,阻碍了结构调整。内需的不足也跟城乡二元体制继续存在有密切的关系。最后,政府的管理理念有待更新。结构调整和政府的管理理念转变是直接相关的,结构调整之所以困难,是因为政府存在着种种顾虑,下不了决心。

(四)宏观调控不可替代改革

近几年来,中国经济情况中出现了一种现象——宏观调控在实际中比它应该起的作用还要大。这就造成了"宏观调控依赖症",任何事情都要依赖宏观调控。经济发生通货膨胀,宏观调控;经济增长率下降,宏观调控。实际上,这耽误了改革。

厉以宁教授对此有个形象的比喻。经济如同一个人的健康情况。一个人如果要身体健康,应该是内在机制的完善,必要时打针吃药是可以的,也是必要的。但这毕竟是辅助手段,主要是靠身体内部机制的完善。经济亦是如此,经济能够顺利地发展、解决结构问题,主要靠机制的完善。

改革是解决机制问题,宏观调控作为外来的一种力量是对经济的干预。所以,绝对不能因为宏观调控有点儿成效就频繁利用,而结果是对经济造成大升大降、大起大落的冲击,无法摆脱投资怪圈。例如,有一种很流行的观点,经济增长缓慢就要加大投资促使经济增长,防止滑坡。事实上,投资固然重要,但我们应该考虑到中国的大局。再一次组织增大投资,实际上会使中国经济被卷入贻害无穷的境地。厉以宁教授认为,未来对投资的增加应着重在三个方面:一是技术创新的投资增大;二是民营经济投资力度加大;三是基础设施环境工程的投资要加大。这些能为中国经济增长提供后劲动力。

厉以宁教授认为改革是不能拖延的。若不依靠改革来健全内在机制,那么越拖到后来,代价会越大,成本会越高,而且难度越大。所以,在宏观调控问题上,一定要以改革为主,不能依赖宏观调控。宏观调控应该重在微调,重在预调,应在不得已的情况下才可采用,一般情况下要避免采用。

(五)企业是经济转型的主体

经济转型的主体是企业,开拓国内外市场的主力是优质企业。政府则是企业经济转型和国内外市场开拓的指导者和促进者。政府要大力培育优质企业(包括国有企业、民营企业、混合所有制企业),使它们较快实现经济转型。为此,针对政府应该采取的措施,厉以宁教授从培育优质微观行为主体、促进市场公平公正的角度出发,指出:第一,国有资本注资于优质企业。为了避免股权结构发生大的变化,国有资本注资后可以成为优先股(只分红,不参加投票)。这既有利于企业的技术升级,又不增加企业的负担(不必付利息)。第二,稳定和发展资本市场。支持一批优质企业在主板、中小企业板或创业板市场上市。第三,银行积极支持优质企业注资。银行进一步支持有实力的大企业向优质企业注资,如获许以贷款注资。同时,企业兼并收购的资金也可以部分通过贷款来解决。第四,建立中小企业政策性银行,并纳入金融体制改革的范围。应建立各级金融机构对中小企业贷款的考核机制,修改现有的贷款规则中过时的条款。只要优质企业能从多种渠道获得注入资金,经济转型才有可能早日实现,市场竞争力也就会大大增加。

为了使优质企业能较快成长,政府可以从技术方面给予帮助。首先,政府可以帮助有条件的企业建立产学研基地,使之成为研究开发新技艺、新产品的单位,同时也可以成立人才储备单位,以解决今后长期人才可能供应不足的矛盾。政府可以鼓励企业的研究开发行为。其次,企业用于研究开发的费用占企业总产值或总销售额的比例可以适当提高。凡达到国家规定的比例的,应有奖励(如享受优惠的贷款利率等)。政府可以协调产业链上企业的联合。鼓励有条件的企业根据本产业特点,把产业链上的有关企业联合起来,建立共同的研究开发机构,着重解决本产业链上薄弱环节技术攻关难题,以实现本产业链的技术升级或重大技术突破。再者,政府需完善企业的知识产权保护。切实加强对知识产权的保护力度,以鼓励技术发明和创新。当然,政府也应该加强职业技术的技能培训。熟练技工的短缺是影响中国产品质量提高的重要因素之一。政府部门应有远见,早作安排,为此可以双管齐下:一是提高现有职业技术学院和职业技术学校的教学质量,并扩大规模;二是让有条件的企业以岗位培训方式提高现有技工的水平。最后政府也要加大对科技型企业的金融支持,筹组事业性的科技银行,帮助科技型企业成长。

(六)转变发展方式的重点

调结构是转变发展方式的重点。GDP 总量固然重要,但结构更重要,转变经济发展方式和结构,包括经济结构、产业结构、产品结构,也包括人力资源结构。

扩内需是转变发展方式的内在动力。要保证经济可持续发展,一定要扩大内需。这是因为过去的经济增长主要靠投资,靠出口,而民间消费应该是带动经济发展的最重要的因素,但这在最近几年才被重视。为此,我们要不断提高劳动收入在国民收入分配中的比例,包括提高工资水平,提高农民收入。为了增加农民收入,我们要继续提高国家对农产品的收购价格和对农民的各种补助标准。但要真正实现努力扩大内需,在于给予农民产权证,以使农民获得来自土地入股的股息红利、在工厂或农场林场工作的工资、农民空闲的房子的租金等方面的收入。

促就业、稳物价是转变发展方式的重要抓手。促进就业最好的办法就是大力发展民营经济、大力扶持微型企业。稳定物价已经成了转变经济发展方式、促进经济可持续发展的当务之急。

注重城镇化过程中公共建设资金的筹集。公共建设资金的筹集是在城镇化发展过程中一定会遇到的问题。"土地财政"的路已走到尽头,地方"债务财政"实际上是把还债的期限向后推,这届政府推给下一届政府、再下一届政府,这样不能解决问题。在这个方面我们应该学习国外的做法,国外在城镇化过程中获得公共建设资金的方式如下:在建设过程中,政府要对廉租房、社会保障性的住房,以及对义务教育、环保设施承担责任,但城镇人口增加后的供水、供电、供热、供气等公用事业要花费巨大。因此,我们可以成立城镇公用事业建设投资基金,政府拿出一定的资金作为种子基金,银行等金融机构可以投入一部分资金,基金成立和启动后,可以发行债券,向民间大量筹资,以此解决融资问题。

体制性贫困问题的解决。体制性贫困主要表现在四个方面:第一,由于体制的束缚,人民群众没有脱贫致富的积极性。第二,缺乏社会流动的渠道。这种社会流动的渠道在社会学上分为垂直流动和水平流动。正由于缺乏垂直流动渠道和水平流动渠道,人们无法改变现状。第三,市场的限制。比如说,资本短缺、人才外流,贫困地区没有发展的空间。市场经济中,如果国家不实行向贫困地区倾斜的政策,贫困地区的发展将更为困难。第四,依靠资源和"等靠要"思想的限制。因此,当前我国研究贫困问题一定要研究体制性的贫困,并提出解决方式。

(七)国有企业转变发展战略

经济发展方式的转变要取决于调结构。GDP 的结构和 GDP 的总量相比,总量固然重要,但结构更加重要。当前,我国在 GDP 总量方面有了长足的进步,但在高新技术等方面还是落后于日本等国家,这说明我国在结构调整的过程中走在了后面,应该有紧迫感。针对国有企业结构调整方面的工作,厉以宁教授认为:第一,要坚持做大做强国有企业。国有企业对我们国家非常重要,所以国有企业需通过结构调整、重组,做强做大。国有企业只有做强做大,才能在国民经济中发挥更大的作用。第二,巩固和发展新兴战略产业。国有企业的结构调整重点应在新兴战略产业方面,因为新兴战略产业对我们国家现代化具有极为重要的作用。国有企业的优势通过新兴战略产业发展才能进一步巩固和发展。第三,坚持走出去战略。国有企业应该走出去,在资源开发和企业并购方面发挥更大的作用。第四,重视技术人才培养。在人力资源结构方面,国有企业应该起到重要作用,应该成为技术力量的培养基地,应该成为不断向各界输出高质量的技术工人、技术骨干的基地。

需要注意的是,国有企业只有在自主创新方面作出优异的成绩,才能在国民经济发展中发挥更大的作用,对国家来说要通过自主创新增强国力,对企业来说要通过自主创新提高经济增长质量。国有企业的发展战略应该根据新的形势定位,把自主创新放在重要位置。

国有企业也要掌握本行业技术的主导权,这样不仅能够扩大国际市场的份额,而且还能带动国内其他行业的发展,一起走向国际市场。国有企业在技术方面的优势必然带来品牌的优势,而资本的优势、人才的优势跟品牌的优势是紧密结合在一起的。

在实现国家发展战略中,国有企业跟民营企业不一样,民营企业要通过国家的财政政策、税收政策、货币信贷政策和产业政策,调动民营企业积极性,如此才会转到符合国家发展方向的战略上来,也就是说,需要国家给予政策的吸引。国有企业则不然,国有企业必须符合国家经济发展的战略,在保证国家经济发展战略的实现上,国企有义务也有责任。

在自主创新方面,国有企业跟民营企业要合作,二者各有优势,国有企业的优势在于技术力量雄厚、规模较大,民营企业的优势在于机制灵活、敢于创新、敢于自担风险。当前,国企跟民企在自主创新方面正在探索合作的形式,大约有三种合作形式:纵向模式,即在同一条产业链上的各个环节,都由国企跟民企共同探讨本产业链上的薄弱环节,以取得自主创新的突破。横向模式是同一个行业中有代表性的国企跟民企合作,共同解决本行业中的重大技术问题,解决发展中的瓶颈问题。子公司模式,即双方出资、出人建立子公司,发挥国企跟民企的优势,专门从事研究、开发、推广。

二、供给侧结构性改革

(一)供给侧结构性改革的含义及政府作用

2015年10月10日,习近平总书记在中央财经领导小组会议上,首次提出在适度扩大总需求的同时,着力加强供给侧结构性改革,着力提高供给体系质量和效率"。随后11月15日在G20会议上,国家主席习近平又重申重视供给端和需求端的共同协同发力。至此,供给方面的改革进入公共讨论决策阶段。

经济学家经常考虑供求平衡问题,他们认为既可以从需求方面调控,也可以从供给方面着手调控。从需求方面调控是近期内可以做到的,主要通过增加财政投入、货币贷款等刺激需求,或者用减少财政投入和减少信贷来抑制需求。而供给方面的调控,被认为是中期调控。之所以供给方面的调控是中期的调控,主要在于经济结构的调整,包括产业政策的调整、技术政策的调整、资源配置的调整,这些都不是短期就可以见效的。

厉以宁教授认为,供给方面的调控是中期调控,供给侧结构性改革的含义主要在于对经济结构的调整,包括产业政策、技术政策、资源配置的调整。

供给方面可以抑制供给,但不是主要的。抑制供给,比如关闭产能过剩、消耗能源、消耗资源过多的企业,这看起来容易,实际上也会遇到困难。比如安置失业工人问题、处理闲置设备和厂房问题。当然供给方面的发力和需求方面的发力都可以取得一定成效,但是供给方面的调控比需求方面的调控一般都难一点,风险也较大。

供给侧结构性改革,政府应当从两个方面发挥作用:

其一,政府应当规划、引领经济发展,并调整经济结构。这是供给侧结构性改革所需要的,市场是牵动结构调整的主要力量,但不能离开政府对结构调整的引领作用、规划作用和调节作用。

其二,在市场还未发育成熟的时候,在企业尚未成长为独立经营主体之前,政府在一段时期内可以起到代替市场主体的作用。发展中国家在发展初期,一般都会感到国内企业家不足,于是常常会出现政府代行企业家职能的现象,这在很多国家都有先例。我们需要注意的是,政府在企业成长初期代替市场主体发挥作用,只能是暂时性的、短期的,政府一定要及时退出,否则会对经济发展产生不利影响,从而走向行政化;如果政府长期替代市场主体,对经济发展必然弊大于利,历史已经证明了这一点。

(二)供给侧结构性改革的目标体系

供给侧结构性改革应该有一个完整的目标体系,即要明确究竟要完成什么样的目标。对此,厉以宁教授认为供给侧结构性改革其实重点在于培育微观市场主体,其目标体系应包括:激发企业的活力和动力,让企业独立经营并成长起来。有了无数个自主经营的市场主体,市场调节必然会在资源配置中起决定性作用。技术创新是企业开拓市场的保证,这也是供给侧结构性改革目标体系中不可忽视的一个方面。创新的出发点是创意,无数的创新者就是创意不断涌现的实践者,这也是供给侧结构性改革的希望。在供给侧结构性改革中,增加就业和维持物价基本稳定都应当被纳入目标体系。新就业岗位是随着创新而涌现的,物价稳定的关键则在于供求平衡。供给侧结构性改革要着力于居民收入的增加,居民收入应随着经济增长而相应上升,所以在供给侧结构性改革的目标体系中,我们不仅应注重GDP的增长,更应当着力于居民收入的增加。

(三)供给侧发力的难点和阻碍

供给侧结构性改革并不是简单地关闭产能过剩、消耗能源和资源过多的企业,供给侧发力通常是增加供给。厉以宁教授认为,供给侧结构性改革在操作过程中主要面临两大困难:一是在供给产能不够的情况下,盲目扩展产能是有问题的。虽然产能扩张会使停产企业由于重新得到贷款又恢复运行,但却使资金继续流向那些停产、减产的企业,结果不但会造成宏观上的通货膨胀,而且会导致国内经济结构更加不合理,结构调整也将因此而更加困难。二是供给增加的同时会带来"三个不足":一是资本不足,因为要增加投资;二是专业人员跟技工不足;三是土地和淡水供给不足、营销力量也不足。这"三个不足"都需要统一规划、统筹解决,这也从侧面说明了把供给侧结构性改革看成是中期调控的原因。

对于克服供给侧结构性改革的障碍,厉以宁教授也提出多项建议:可以进行定向调控。定向调控也就是结构性调控,以定向减税、免税手段来鼓励现有生产能力,促使他们增加供给。鼓励高新企业成长,扶持短板行业,以弥补生产能力的不足。大力发展新产品,使它们能够提供居民需要的消费品与服务,以扩大需求。加强职业技术培训,提高劳动力素质,缓解人力资源供给的不足。继续简政放权,明确"三个清单",即负面清单、权力清单、责任清单。调动企业创新的积极性,加快国企混合所有制改革,促使民营企业加快转型,所谓民营企业的转型,主要是指到了一定规模后,应该从家族经营制转型为现代企业制度,要实行职业经理人制度,实行产权的细化、产权的奖励。

(四)供给侧结构性改革的渐进性过程

从供给侧结构性改革的目标体系我们可以了解到,无论是激发企业的活力和动力、技术创新、增加就业、维持物价基本稳定,还是促进GDP和居民可支配收入增长,都不是短期内能做到的,它跟结构调整有关,所以供给侧结构

性改革势必是一个渐进的过程,不能贪快,不能急于求成。持续推进供给侧结构性改革,需要注意多方面问题:

第一,供给与需求是并重、互动的关系。供给与需求二者并重,关键点在于需求侧容易做到,供给侧相对较难,要使得各方面协调,必须先弄清方向。一般来看,需求是短期问题,包括需求不足或过热,都可以通过货币政策和财政政策进行调节,但把供给领域的改革作为中期任务,不是短期内能够完成的。简单刺激需求或供给,是可以做到的,但对经济没有太大好处,问题会不断发生。

第二,改革的主要含义在于培育独立自主的市场主体,这一点与厉以宁教授长期倡导的思想相符。培育独立自主的市场主体,使企业自主经营、独立运营、适者发展。政府的作用在于规划、引领和微调,并在市场还未发育、企业还没成长起来时,由政府代替市场主体的作用。这在许多国家以往都有类似案例。但在企业成长后,政府需要及时退出。

第三,须解决好就业问题。供给侧结构性改革,一定会涉及就业问题,这是不得不面临且须解决的问题。经济发展带来的新机遇,就会产生新的就业。对此情况,我们应有清楚认识。当前的互联网经济增加了大量就业,比如快递员这个职业的产生就是如此。

第四,改革必然是渐进的过程,观念转变至关重要。许多年前的创新是指生产要素的重新组合;而现在更重要的,是信息的重组。供给侧结构性改革需要转变观念。

(五)供给侧结构性改革过程中的供给与需求的关系

供给方投资主体和需求方投资主体都不是被动的,他们各有自己的盈利目标和实现目标的途径,它们的行为是互相影响的。简要地说,要增加供给,就必须增加投入,包括资本的投入,各种生产资料的投入,以及人力资本的投入。而要增加需求,除了政府购买以外,更需要民间的消费。民间的消费包括居民的购买力,这就要求缩小城乡收入差距,并且还要提高居民的消费愿望。

甚至可以说,现在要真正扩大消费,更重要的是要加强购买意愿。

但是,作为投资者,无论投资到供给方面,还是投资到需求设施方面,首先一定会考虑成本、利率高低。需求方投资者会转到供给方面,因为他们感觉到供给方面力量大。假定供给方力量没有需求方力量大,人们又会从供给方面把资金抽出,改投到需求公共设施上,所以双方有一个互动的过程。

供给的增加还意味着人力资源结构的调整。在供给方面,我们不仅要看资本的投入,还要看人力资本的投入。如果人力资本跟不上、技术工人跟不上、专业人员跟不上,供给就不可能取得那么大的效果。所以这里就涉及一个重要的问题,即既要重视供给的发力,同时要将供给的发力跟人力资源升级结合在一起。旧人口红利没有了,但新的人口红利将不断涌现。比如,大众创业、万众创新就给人力资源升级创造了条件,农民热衷于创办家庭农场,创办小微企业,这都是人力资源的创新。所以未来中国的人力资源应该会随着供给的发力逐步提高。因为不提高就跟不上供给的需求。这就要求,首先要靠创新创业;另外,靠教育制度的改革。

(六)供给侧结构性改革过程中宏观经济调控的作用

在供给侧结构性改革过程中,厉以宁教授认为可以从以下两个层面来认识宏观经济调控的作用:第一个层面,是及时利用财政手段和货币手段,使货币流通量与经济增长率相匹配,既要避免货币流通量过大,也要避免货币流通量不足,以稳定物价水平,这是早期宏观调控的目的。但是,我们也不能死守货币流通量与经济增长率匹配的观点,因为通货紧缩的害处比通货膨胀还要大,而要根据实际情况变化进行调整,不能"捆死"经济。第二个层面,是在新常态下,针对结构性调整的需要,宏观调控方式必须有所改变。一是重在预调,发现苗头就要调控;二是重在微调,不要产生大幅度波动;三是进行结构性调控,有重点地因地调控,不能再像过去那样大水漫灌,而一定要"滴灌"。

为了避免产生过大的调控效应,我们应多进行微调和预调,以尽量减少宏观调控对经济的影响,并且不至于打乱简政放权的部署。在供给侧结构性改革过程中,微调和预调所起的稳定社会的作用是任何剧烈的宏观调控都无法做到的。结构性调控的优点也是同样不可忽视的,有时更需要"滴灌",如精准扶贫等。

"滴灌"的作用主要不在于事先的宣传,而在于事后的评价及其示范效应的产生,否则就会削弱其意义。只有当宏观经济调控(包括结构性调控在内)产生巨大的示范效应时,才能被认为真正产生了应有的效果,否则就只是"点"的成绩而非"面"的成绩。

(七)供给侧结构性改革背景下转变经济发展方式

传统经济发展方式是粗放型的、数量扩张型的,主要追求GDP的增长,拼资源、拼能源、拼劳动力,却忽略了环境保护,这导致生态恶化。而要重新治理环境,改造环境,就不得不投入更多的资源和人力。新的经济发展方式则把质量和效率放在首位,我们要认识到创新和创业在未来经济发展中的意义和作用。要转变经济发展方式,就必须实现产业升级和结构调整,而创新和创业则是促进产业升级和结构调整的必由之路。

落后的发展方式必将被淘汰,但仅仅靠淘汰落后的设备是远远不够的,新的产业结构需要有新的人才与之相匹配,所以新的人才十分重要。厉以宁教授以人为本的理念就特别关注人才的培养,因为唯有人才的涌现才能促进微观主体的增加。对此,厉以宁教授认为:中国正在发生一场人力资本革命,其中一个表现就是数以百万计的农民工返乡创业,并因此出现了一个新名词——"城归"。从农村出来到城市干了一段时间活,积累了一些技术,回家创业,这就叫城归。人力资本的革命,实际上是在为中国下一步创新做准备。另外,新的融资方式不仅支持了创新者和创业者,而且鼓励着更多的人创新、创业。企业技术更新和产业升级都需要融资。会融资又会运用所融到的资本,这是创新者和创业者成功的秘诀,也会带动更多的人走上创新创业之路。再者最重要的是保持旺盛的创新和创业精神。对于每一个创新者和创业者来说,最重要的是保持旺盛的创新和创业精神。只要保持创新和创业精神,并坚持下去前途将不可限量。

（八）供给侧结构性改革需转变观念

供给侧结构性改革需要观念上的转变。创新不一定是发明家发明出来的，而可能是由年轻人的创意激发出来的。有了创意才有创新，有了创新才有创业。对于这一点，厉以宁教授通过一则故事，精妙点出了其中的道理。一个生产木头梳子的厂家找了四个推销员，让他们去推销梳子，并指明要到寺庙里去推销。到了晚上，第一个推销员回来了。厂家："怎么样？"推销员："一把没卖掉！"厂家："怎么一把没卖掉呢？"推销员："和尚说'我光头要梳子干吗？'"这样，第一个推销员一把梳子也没卖掉。第二个推销员回来了。厂家："卖出了多少？"推销员："卖出了好几十把！"厂家："你真了不起，能在寺庙里卖出好几十把梳子！请问你用什么方法？"推销员："我就对和尚说'梳头是木头梳子的第一功能，但是梳子有第二个功能，你经常用木头梳子刮刮头皮，可以止痒、活血、明目、清脑、美容、养颜。'和尚说'梳子原来还有这么多好处！'"第二个推销员靠宣传第二功能销售了好几十把梳子。过了一会儿，第三个推销员回来了。厂家："卖出了多少？"推销员："我卖出了好几百把，梳子都卖完了。"厂家："快谈谈你是怎么卖的。"推销员："我仔细观察了，庙里的香火挺兴旺，庙里的香客磕头时，香灰掉在头发上，头发就乱了。于是我就找到方丈跟他说'庙里的香客多虔诚啊，您要关心他们。'方丈说'我怎么关心他们？'我说'您每天在每个佛堂前面放几把木头梳子，香客磕头起来以后头发乱了，就梳一下，把头发上的香灰梳掉，这样香客感觉您关心他们，就会更加虔诚。'方丈说'对！有道理'，就订购了好几百把梳子！"再过了一会儿，第四个推销员回来了。厂家："销售了多少？"推销员："好几千把，那点儿梳子不够，还有好多订单。"厂家："你告诉我们为什么销售了这么多梳子？"推销员："我直接找方丈，对他说'您庙里的香火很旺，有很多香客还捐了不少钱。'方丈说'对！'我说'那您得有礼品回馈给人家，我看木头梳子就是最好的礼品。'方丈就笑了，说'谁要木头梳子？'我说'木头梳子是可以写上字的，把庙里最好的对联写在上面,当然要是您亲笔来写就更好了。留几个字,更能彰显佛法的影响,而且可以作为纪念品收藏。这样一来,定然功德无量。'方丈听后说'有道理!'于是一次性就订购了好几千把。"

得益于这个案例的启发,在供给侧结构性改革的背景下,好的创意本身就蕴藏着潜在的市场和价值。

(九)供给侧结构性改革中的国有企业

结构调整必须同结构性改革紧密地结合在一起,结构调整的主要任务是资源配置的合理化、高效化。如果不深化国有企业改革,不能充分挖掘国有资本的潜力,不能从新技术、新产业、新发明、新效率等方面使国有企业成为真正的市场主体,供给侧发力很难取得成绩。针对如何有效推进国企改革,国有资产管理部门和国有企业管理应分两个层次进行改革。一个层次是国有资产管理部门只管国有资本的增值保值、国有资本的配置和再配置及其效率的变化。另一个层次是国有企业按行业不同而区别对待。推行国有企业改制为混合所有制企业,可以实行明确的人才激励制度,让高级管理人员、在技术发明或市场营销方面做出杰出贡献的人才得到激励。与此同时,实施激励制度必须要公开化,根据企业状况推行职工持股制度。要规定严格的职工持股程序,而不能采取"人人持股""免费赠股"等不规范做法。职工购买企业股份,要有严格限制。另外,要逐步实行职业经理人制度,更好适应于市场经济体制下的企业运营。

三、新常态下的中国经济

(一)适应新常态

新常态,用最简单的语言来概括,就是按经济规律办事,不做违背经济规律的事情。热衷于高速增长实际上是不符合经济规律的,因为实践已经证明,单纯追求高速增长会带来五个弊端:资源过度消耗、生态破坏、产能过剩、低效率、错过结构调整转变发展方式科技创新的大好时机。

适应新常态,中国经济要解决好十大问题。首先,要适应中高速增长,而不要再走过去的追求GDP的增长,高速甚至超高速增长的老路。因为"高速""超高速"增长不符合经济规律。其二,要准确认识第三产业产值突破GDP比重51%的意义。2015年第三季度末,中国的第三产业产值占到了51%。这是中国经济转向后工业化时代的开始。到了第三产业占优势的时代,西方发达国家在这一时期经济增长最多能维持3%~4%,不少国家都停留在3%以下,所以中国在第三阶段(后工业化阶段)应该注意到,关键在于结构调整,在于转变经济发展方式,而不要停留在单纯追求数量型的扩张。其三,应大力发展第三产业和继续推进工业化并重。一个国家实现工业化主要看高端的、成套装备的制造能力,高端的成套装备生产在经济中应该占据突出地位,中国离这个目标还远。因此,我们不能因为大力发展第三产业就认为工业化已经实现了,中国应强调继续实现工业化,把经济推上新台阶。其四,我们应该注意到,无论是国有企业还是民营企业都需要改革和转型。国有企业改革转型分两个层次:第一个层次是国有资本的管理,主要目的在于提高资源配置效率;第二个层次的改革是企业,主要是企业自主经营,要有健全的法人治理结构。在健全的法人治理结构下,股东会和董事会发挥作用,并聘请职业经理人,这样管理才有效率。民营企业也需要转型,因为民营企业产权对家族是清楚的,对家庭成员则是含糊的,厉以宁教授认为这存在问题。因此我们可采取职业经理人制度,家族按一定比例分得产权,但不一定成为高管。其五,我们要认识到中国一、二、三产业协调发展的重大意义。中国的经济保持中高速的增长,一二三产业一定要协调发展。其六,结构调整和科技创新要一直进行。我们要设法让更多的人能够参加创业、创新的潮流。我们要强调三个清单:第一个清单是负面清单,规定了什么行业不能进入,什么行业限制进入;第二个清单是权力清单,权力清单就是法律没有授权,政府不能做;第三个清单是责任清单,责任清单包括政府、政府下属的部门,在执法、执政的时候必须按程序办,必须按规定的日期批。这三个清单对我国下一步创新、创业十分重要。其七,新常态下的宏观调控。今后宏观调控的方式要把政府的作用和市场的作用结合起来。政府的第一个作用是执法,法律授权后,政府依法治国,政府的任务是使经济保持基本稳定。另外,政府的宏观调控在某种程度上起到集中引领、规划的作用。其八,新人口红利。新人口红利有三个来源:一是今天正掀起大众创业、万众创业的热潮,创业者、创新者将为中国带来新的人口红利;二是大量职业技术学校毕业的学生,他们工作后能发挥自己的专长,将来也有可能有不少人升为熟练工人、技师;三是现在很多农民开始学习家庭农场的经营管理。在浙江、江苏,农民在学技术,学管理,这是农业发展的结果,也是农业进一步发展的动力。其九,当前农村的两个突出问题。一是要因地制宜,二是要移风易俗。其十,发挥第三种调节的作用。效率有两个基础,一个基础是物质技术基础,是指要有一定的物质和技术,没有物质和技术是不可能有效率的;效率的另一个基础就是道德基础。因此,市场调节、政府调节之外,我们还应发挥道德调节的作用。

(二)新常态的理解

对于如何理解经济"新常态",厉以宁教授认为要着重思考当前经济形势的六大前沿问题。

第一,对"新常态"这个词的理解。过去几年中国经济的超高速增长是"非常态",这是不能持久的,不符合经济发展规律。所以,现在提到的"新常态"主要有两个含义:第一,做力所能及的事情,盲目追求超高速增长对中国长期经济增长是不利的。第二,经济超高速增长给中国经济带来的是:资源消耗过快,生态恶化,效率低下,产能过剩,以及错过结构调整的最佳时机,其中,"错过结构调整的最佳时机"是最大的问题。

第二,硬性的增长指标的改变。多年以来,中国政府靠下死命令实现增长的目标。一旦人大通过这些硬性指标,就意味着要严格执行。现在我们应把增长率从硬指标改为有弹性的预测值。先试验一段时间,如果试行成功,再推广,这对于中国经济增长和调整结构有好处。

第三,当前经济增速下降的问题。经济增速下降是由几个因素造成的,比如出口下降、过剩的产品销不出去等。但同时,我们应该看到另一个非常重要的事实,即中国实际的 GDP 要比国家统计局公布的数字要高。其一,农民盖房子在西方发达国家是计入 GDP 的,而中国农民盖房子从来不计入 GDP;其二,有一些就业人口的收入没有计入 GDP。如现在从事保姆、月嫂等职业的人越来越多,但是,她们的工资收入是不计入 GDP 的;其三,在中国,个体工商户一年的实际营业额是通过包税制倒推出来的,而他们的实际营业额会高于包税制下推算出来的营业额;其四,在中国 GDP 构成中,国有企业不到 35%,外资企业大约在 10% 或略多一些,而民营企业则超过 55%。因为民营经济通常选择少报营业额,所以民营经济占 GDP 的比重应该超过 55%,而 GDP 总量应该更高。

第四,投资和就业存在的关系。我们的传统想法是,新的工作岗位是在经济增长过程中作为投资的结果而显现出来的,要增加就业,就必须有大量投资。但是,目前中国的情况变了。一方面,新技术下不需要那么多人就业;另一方面,中国正在加强环保建设,在国家治理环保的同时,会有一部分人因此而失去工作岗位。那么,中国增加就业可以依靠两个方面,一方面,要靠发展民营企业,发展小微企业,鼓励创业;另一方面,中国的农业正在进入新的发展阶段。现在中国正在进行土地确权,届时中国的农村将会有新的面貌,农民也将富裕起来。

第五,钱荒问题出现的原因。一方面,中国正处在双重转型阶段。一是发展转型,即从农业社会到工业社会;二是体制转型,从计划经济转到市场经济。在这两个转型过程中,特别是农村,对货币需求量大增。另一方面,钱荒的根源是大量的国家投资及贷款不配套。作为信贷的主体,银行将大部分贷款给了国有企业,民营企业尤其是小微企业,很少能获得贷款。

第六,金融改革的目标。中国当前的金融改革主要有三个目标,分别是宏观目标、微观目标,还有结构性目标。从宏观的角度来看,中国的金融业、银行业应该走向市场化;微观目标就是银行作为金融机构和微观单位,应该既有经济效益又有社会效益,两个效益并重;从结构性的目标来看,金融改革应该把重点从虚拟经济转到实体经济中。

（三）新常态有赖新的市场主体

厉以宁教授一直十分关注微观主体的培育与发展。在经济新常态下,厉以宁教授认为应培育新的市场主体。国有企业改革转型分两个层次:第一个层次是国有资本的管理,应坚持国家管资本、活资本的原则;第二个层次的改革是国有企业的改革,国有企业的改革必须分门类、分行业,因为各行业是不一样的,有些行业是公益性的,有些行业是国家认为特别重要的、不可或缺的,还有一些竞争性的行业,需按行业出台政策搞活企业。混合所有制经济在不同行业的比例是不一样的,竞争性的行业要看具体行业的情况而定,国家不一定控股,但是某些特殊的行业,国家还是需要控股的,可能是相对控股,也可能是绝对控股。即使几个国有企业共同投资建立了新的国有企业,也比单一的投资主体建立的国有企业好,因为董事会不是代表一方的,而是代表各方的。各种投资者虽然都是国有的,但是形成的董事会将处于权力相对均衡的状态,董事会上是有争论的,不是一种声音,这也是有利的。

混合所有制经济在竞争性行业中,要制定职业经理人制度。因为职业经理人制度是非常重要的,是一种产权激励机制。职业经理人有供方、有求方。需求方就是国有企业,国企的改制和完善法人治理结构需要职业经理人。供给方在西方发达国家经常是这样一种情况,由企业咨询公司、猎头公司、企业家协会、经理人协会等,把职业经理人的信息汇聚在一起,推荐经理人。没有中介机构,职业经理人制度形成不了,因为跟一般的劳动者不同,职业经理人不会自我标卖,主要是通过中介组织推荐进入。中国目前没有这样的条件,但中国迟早要有这样的市场,特别是竞争行业。民营企业如果要健全现代法人治理结构也需要职业经理人。

（四）适应新常态小微企业大有作为

从2013年和2014年的情况看,由于经济增长出现下行趋势,民营企业包括大量小微企业产品销售不如过去,加上贷款难等问题仍然没有得到很好解决,劳动力成本、店铺租赁成本、物流成本又居高不下,因此其普遍感到经营困难,对市场前景顾虑重重。

在新常态下,厉以宁教授认为小微企业无论从事制造业还是从事服务业,都要走专业化道路。小而精、小而强,就会开拓出市场。市场不是静态的,而是动态的,市场是可以创造的。小微企业虽然规模小,但只要有自己的专长,产品精致、有特色,服务到位、有声誉,市场份额就一定能不断扩大,并稳步前进。

在新常态下,厉以宁教授着重强调小微企业更需要依靠诚信积累社会资本。这里所说的社会资本是指一种无形资本,又称"人脉""人缘",它体现于人际关系之中。人际关系要靠自己开创积累。企业时时处处守信用、讲诚信,就会获得社会资本。现在,小微企业之间"抱团取暖""抱团过冬"是互助合作的好现象。

总之,对于小微企业而言,有了信心,以诚信为本逐步积累社会资本,再加上一切从实际出发,走专业化道路,就不仅可以有所作为,而且一定会有大作为。

(五)"两个假设"与新常态

当前中国经济已转入新常态,新常态就是符合经济发展规律的常态。但这个"常态"能否实现健康的、可持续发展的未来,需要有大智慧的改革和创新。这种创新不仅是微观的、实务的,也必须是理论的、宏观的。

从既有理论来看,几乎所有的经济学著作中所谈的都是"经济人假设"。"经济人假设"就是说人们总是从最低成本和最大收益的角度考虑,是经济社会中的理性个体,这是传统经济学的出发点。然而今天的世界正在变化,只讲"经济人假设"是远远不够的,"社会人假设"渐渐抬头了。"社会人假设"就是指人不完全从"经济人"的角度考虑问题,也从"社会人"的角度考虑问题。人们有各种各样的想法,尤其是今天进入"互联网+"时代后,人作为"社会人"

的想法逐步增加,单纯从"经济人"的角度考虑问题不符合实际,而且决策的效果也可能是有限的。

"社会人"的经济模式带来的冲击将是一种全新的、全方位的冲击。也就是说,经济、金融和社会、政治将更加紧密地联结在一起,一荣俱荣、一损俱损,相互支持、相互影响。创新升级带来的冲击将是既深刻又广泛的。产业发展、国民经济发展都需要金融发挥更大也更有创新意义的支持,并与之结合,成为国家整体进步的坚实支柱。

(六)新常态下转变经济发展方式

中国经济发展面临的环境发生了改变,中国的经济发展理念需要随之转变,厉以宁教授指出了亟需转变发展方式和理念的七点建议:其一,需要从追求超高速增长转变为追求中高速增长,进行结构调整,注重经济增长质量。过去几年经济超高速增长是低效率的,不符合经济规律,这造成资源过快耗竭、生态环境破坏、产能过剩,更严重的是让中国错过了技术创新和结构调整的机会。2008年国外忙于技术创新和调整结构时,中国一味追求高速增长,这是得不偿失的。新常态重在经济增长的质量,结构比 GDP 总量更重要,应让高新技术产品占更大的比例。其二,"出口越多越好"的观念应该转变为追求进出口平衡。计划经济体制下为赚取外汇,尤为强调出口,但这种非平衡贸易关系不能长久维持。同时,外汇储备也不是越多越好,重要的是使用好外汇储备。其三,从高投资拉动就业转变为依靠民间资本参与的适度型投资。很多企业扩大投资后,"一个人都不加,还要裁员",这是由于新技术、新机器对人力的替代。新常态下,要更加依靠民间资本,政策鼓励自主创业,通过建立中小微企业解决就业问题。其四,高利率未必能够抑制通货膨胀,解决通胀需要进行结构调整。提高利率对抑制需求拉动型通胀有效,但对成本推进型通胀会失效。如果要素成本上升、供给不足,出现结构性失衡,高利率反而会造成企业困难。因此,需要进行结构调整,引导资本向供给短缺部门转移,减少企业成本压力。其五,扩大国内消费要更加重视创造市场,这要求提高创新能力与人才培养。

创造市场这一点过去我国重视得不够,同需求一样,供给也可以创造市场,但供给需要创新,用新产品来吸引消费者。因此,中国下一个阶段要增加教育投资来培养人才,当前4%的教育投资GDP占比仍需增加。其六,经济活动要重视"两个假设,三种调节"。西方主流经济学中一直都主张"经济人假设",即人都是从自利点出发,争取最大利润。这种假设"已经不够了",需要被"经济人假设+社会人假设"这两种并存的假设来取代,因为"人是社会的人",人的投资可能是出于各种非经济因素的考虑。其七,重视三种调节的作用,三种调节指市场调节、政府调节及经常被忽视的道德调节,只有在三种调节共同发力的情况下,经济活动才能更加有序地发展。

第六章 创新创业

一、创新驱动经济转型和观念转变

十八届三中全会通过的《中共中央关于全面深化改革若干重大问题的决定》(以下简称《决定》),在理论上有两个重大突破:第一,明确提出市场在资源配置中起决定性作用;第二,明确了创新驱动的经济转型在国民经济发展中的重要作用。实现创新驱动的经济转型关键是观念转变:重新认识我国宏观经济的发展态势和企业文化。

(一)关于市场在资源配置中的决定性作用

《决定》明确提出:经济体制改革是全面深化改革的重点,核心问题是处理好政府和市场的关系,使市场在资源配置中起决定性作用和更好地发挥政府作用。市场在资源配置中起决定性作用,这是理论上的重大突破。我们在社会主义政治经济学中从未如此提过,而长期使用的是"市场调节的基础性作用"。厉以宁教授认为改为"决定性作用"意义非常重大,对今后的改革和发展实践同样具有极其重要的意义。第一,有利于推进市场化改革,大幅度减少政府对资源的直接配置;第二,通过市场规则、市场价格、市场竞争来实现效益最大化和效率最优化;第三,有利于转变政府职能,有利于治理各种消极腐败现象。十一届三中全会之所以意义重大在于,其将"以阶级斗争为纲"变为"以经济建设为中心",之后的各项改革都在这一理论下展开。十八届三中全会决定中国经济改革方面最关键的就是坚持市场调节在资源配置中的决定性作用,今后在经济的各个领域都将贯彻这一方针。

(二)关于企业家的使命

在厉以宁教授所关注的有效微观主体中,企业家是重要组成部分,其创新能力更是参与市场竞争有效性的重要标志。创新是企业家的使命,创意是创新的准备,没有创意就不会有创新,创意在前,创新在后。厉以宁教授指出:创意就是想别人没有想过、不敢想的事情,它往往是重大技术创新的突破口。这就需要有勇气、有智慧,需要经过很多次试验,才能产生创新。创新不是发明,而是一个经济学概念,实际上,创新的本意是将发明引入经济之中,在经济中产生巨大的效益,所以创新是企业家的使命,创意是发明家的事,但发明家不一定都能成为企业家,创新者则是企业家的同义语。发明家自身也可以转变为企业家,爱迪生是个发明家,他后来也创办了企业。所以说,创新更重要,但创意是前提。

中国现在需要发明家、创意者,但更需要企业家,需要能掌握价值链高端的企业家。在较长的价值链中,唯有掌握制高点的企业家才能占据价值链的高端。此外,转型也是企业家的使命,民营企业家今天遇到的最重要的问题就是转型。

(三)关于国有企业改革

国有企业改革需要从两个层次进行:一个是高层次改革,一个是低层次改革。对于国有企业这两个层次的改革,厉以宁教授对其认识都是从完善国有企业市场主体地位,赋予其更多经营自主权的角度出发的。

高层次改革是指国有资本体制的改革。厉以宁教授认为,今后国务院国有资产监督管理委员会(以下简称"国资委")可以不用直接管理国有企业。

国有企业大多数已经改为股份制,有些已经成为上市公司,国资委直管将使得法人治理结构作用减弱,而且国资委直管企业未必能做出最正确的决策。国有企业改革,应先进行高层次的资本体制改革,厉以宁教授的建议是进行资本配置体制改革。国资委下设行业的或混合型的投资基金公司管理投资,管理国有资本量的增减。国有资本通过配置体制改革,一方面可以提高资源的配置效率,另一方面也可以提高生产效率,减少干预。

低层次是国有企业自身的改革。凡是已经改成股份制的、上市的国有企业,一律按照法人治理结构进行管理,通过股东大会、董事会进行决策。

(四)关于混合所有制企业

十八届三中全会提出,混合所有制经济是我国基本经济制度的重要实现形式。这在理论上是一个重大突破,过往所有制仅有公有制及私有制两种形式,缺乏第三种形式,其实介于二者之间的就是混合所有制。关于混合所有制的四大好处,本书将在民营企业专题中进行论述,在此不再赘述。事实上受到国有企业与民营企业自身发展的局限性所限,二者虽然都是我国市场竞争中的主要微观主体群体,但从自负盈亏、长远眼光等方面考量,二者都有改进的空间。正是从改进并完善我国市场微观主体的角度出发,厉以宁教授方才大力支持并呼吁混合所有制企业的发展。

国有企业走向混合所有制的路径有三条:一是领域开放、平等进入,允许更多的民间资本平等进入国有企业领域,使之成为混合所有制;二是国家撤出资本,国有企业既可以保持存量不变,吸收民间资本进入,也可以撤出资本,允许民营企业进来;三是发展员工持股,这既有利于民营企业,也有利于国有企业。

针对民营企业走混合所有制经济道路,厉以宁教授提出三个原则:第一是必须坚持自愿原则,民营企业须自愿决定是否愿意参股国有企业,是否愿意收购国有企业股份,是否愿意搞职工入股制度,绝不摊派或强迫。民营企业投资人须有自由选择的权利,强迫不利于其发展。只要企业在实行员工持股之后取得成绩,其他民营企业会自动学习。第二是帮助民营企业通过转型、技术革新走混合所有制道路。民营企业缺资金、缺厂房,我们可以引领民营企业自愿吸收国有企业参股。第三是民营企业也可以控股混合所有制企业,勿为持股比例设上限。

(五)艰苦创业精神

艰苦创业的精神是厉以宁教授从道德力量的角度思考微观主体有效性的重要因素。厉以宁教授指出西方的福利制度是西方国家社会各界经过多年努力争取方才实现的,我国应该正确看待。福利是有刚性的,产生就不能取消。希腊的福利制度比较完善,希腊工人上班时请假人员较多。但如果政府计划紧缩开支、减少福利,即使请假人员也将积极参与游行,这主要是福利依赖症造成的。

福利制度虽好,但西方国家在实行过程中也暴露出种种弊端。我国处于发展阶段须有艰苦创业的精神。我国在经济建设时期须有艰苦创业精神,即使收入增加、福利提高,也不能养懒汉,不能使年轻人养成到处玩、无工作"啃老"的习性。

增加福利须量力而行,绝不能允许懒惰之风盛行,这是关系到国家前途的社会风气问题,对于我国而言绝不能遗弃艰苦创业的精神和传统!

二、支持企业自主创新

2008—2009年金融危机的经验表明,自主创新是企业生存和发展的必经之路。在现代国际市场中,科技创新是最为核心的竞争力,所以对参与市场经营的微观主体而言,自主创新的能力如何直接影响其参与市场的有效性。不管是国有企业、民营企业还是混合所有制企业莫不如此。唯有自主创新,城市和企业才能掌握核心技术、创立品牌,拥有自主知识产权,才能打开国际市场。在国际金融危机的冲击下,自主创新的城市和企业所受的影响相对较小,同时其不仅有机会保持国际市场上的原有份额,还可能扩大市场份额,从而带动经济增长和就业。

（一）自主创新的重要意义

1. 自主创新是实现可持续发展的重要途径

自主创新是可持续发展中一个需要重视的问题，而且越来越重要。十七大报告把"提高自主创新能力，建设创新型国家"作为贯彻落实科学发展观和全面建设小康社会的一项重大任务，指出这是国家发展战略的核心，是提高综合国力的关键。

厉以宁教授在分析我国经济增长过程中的三大障碍的时候，着重分析了我国自主创新不足的问题。我国经济增长有三大障碍：第一个障碍是环境承受能力问题。经济增长过程中不断有废水、废气、废渣产生，环境将无法承受。环境是与子孙后代共享的。若不解决环境问题，增长就会遇到障碍。第二个障碍是资源供给问题。我国资源供给不足，土地资源有限，耕地面积减少，能源供应不足。第三个障碍就是最为重要的自主创新问题。自主创新是我国在国际竞争中立足的核心。目前我国自主创新能力与发达国家之间的差距仍然较大，我国自主创新的状况与世界水平相比仍然落后。现在我国许多生产都是贴牌生产，专利是外国的，钱由外资赚取，污染留在国内。我国要想成为世界工业强国，不能靠贴牌生产完成这一任务。

2. 自主创新中企业、政府、高校科研院所的作用

创新发展事实上是微观企业的核心竞争力，也是市场有效性的一个重要考核标准。

新型工业化道路是我国专家学者讨论的重点之一。在新型工业化道路之中，我们须特别强调自主创新能力的建设。作为自主创新的主体、支持者、合作者，企业、政府、高校科研院所，三方之间应相互分工，建立良性互动关系。

政府支持企业的自主创新，主要体现在资金的投入、政策的引导等上；此外,政府还要负责组织及进行基础研究,基础研究的成果对于应用类研究有极大的帮助。任何科研成果,如果不转化为市场化产品,而是仅停留在实验室阶段,最后成果以论文的形式发表,那无论这成果如何尖端,其对经济增长的意义都是乏善可陈的。科研成果要转化为生产力,就必须依靠企业。我国既需要研究成果,更要能将其转化成为现实的生产力,这是提高我国技术水平最重要的方面,也是我国产品能够打入国际市场的主要依靠。企业的自主创新跟市场的需求是分不开的,自主创新应该在市场导向下进行。国家支持基础研究要深思熟虑,从国家长远的、远大的目标上着眼。企业自主创新一定要有市场需求,没有市场需求就谈不上企业的自主创新。有了自主创新,整个国家的经济面貌将会改观。中国将不仅是一个制造中心,更将成为世界的创造中心、创新中心。

3. 品牌靠不断的自主创新来支撑

品牌的重要性已毋庸多言,但已树立的品牌也不能一劳永逸。品牌和产品联系在一起,而任何产品都有生命周期。根据目前国际竞争的态势,现在产品的生命周期在不断缩短。所以品牌必须要依靠不断地自主创新支撑。但是我们应该看到,每一个行业都有发展的空间。厉以宁教授认为没有夕阳产业,只有夕阳技术,只有采用夕阳技术的产业才是夕阳产业,企业突破、更新夕阳技术后就不再是夕阳企业。所以每个企业必须认识到这一问题的重要性。现在企业都认识到了品牌的重要性,品牌是企业进入市场的敲门砖,品牌是保护国内市场的一个防护堤,但有自主创新的企业才能使自己企业的品牌更红火。

(二)促进自主创新

1. 加大对新兴行业的支持力度

新兴行业的发展需要政府的大力支持,世界各国莫不如是。新兴行业在建立初期都相对较弱。同时,新兴行业的利润率也是事前无法预料的。风险大、利润率又不可预期，企业就不愿意进入新兴行业。所以如果没有国家的大力支持，新兴行业的发展就难以度过其体弱的幼年期而茁壮成长。因此，国家产业政策中最要紧的是扶持新兴行业。厉以宁教授认为国家对新兴行业的扶持主要体现在三个方面：

(1)国家对新兴行业应该有资金上的支持，给予政策优惠，比如在税收、金融方面给予支持。

(2)国家对新兴行业的产品要加大知识产权的保护力度。知识产权缺乏制度性保护，就无人愿意搞创新。

(3)在行业准入方面应该贯彻落实"非公经济36条"。这一部分本书将在民营企业专题有详细论述，在此不再赘述。

2. 创意是创新的基础

自主创新分两类：一类是原始性创新，一类是引进消化后的再创新。两类都是创新，但两类相比更重要的是原始性创新。引进吸收、消化后的再创新也很重要，同样有用。但如果缺乏原始性创新，自主能力创新建设将不完整，或缺乏重要的一环。原始性创新必须要先有创意，提出问题比解决问题更重要，没有创意谈不上创新。现在中国真正缺少的恰恰是创意方面的实践能力，包括缺乏有创意能力的人才。如果我国能有更多的企业从事创意工作、思考工作，再与其他的企业联合，则我国在技术方面的创新可能就走得更快、更有效。这是在自主创新中一个非常重要的基础性环节，对此我们要有足够充分的认识和长远的眼光。

3. 认真、有效地解决融资难的问题

中国要解决与自主创新联系在一起的融资难问题，银行是一方面，另一方面是政府须鼓励创业投资。体制问题是解决这两方面问题的关键。一是银行体制。大型企业比中小企业更容易获得银行贷款。虽说这其中确实存在信息不对称因素，在一定程度上这是市场选择的结果，但更大程度上这还与银行信贷管理体制有关系。现行的银行信贷管理体制对国企和民企不能一视同仁。民企贷款出现问题后受到追究的可能性远比国企贷款出现问题受到追究的概率要高,这在客观上造成信贷人员"惜贷"。

二是创业投资体制。目前国内已有一批创业投资公司,但关于创业投资基金却没有法律根据,其中最大的问题是没有退出渠道。这导致许多具有创新成果、富有成长性的公司愿意去国外上市,却不能在国内上市,这造成良好上市资源的流失。鼓励自主创新首先需要制度创新。

因此,为了加快企业自主创新,厉以宁教授指出,从银行的角度,融资难问题须有效解决,同时须加快创业投资法的制定,促使创业投资业在中国能够更大、更快地发展,如此我国的自主创新才能有希望。

4. 改革人事制度和激励机制

厉以宁教授指出:好的科研人员到哪里去呢?是到科学院去了,或者高等院校留下了。当然壮大科研力量和充实师资也非常重要,但在国外并不是这样。国外很多优秀的科技人员是直接进入企业,或者是企业招聘、猎头,或者是干脆自己创办企业。

科技人员,特别是其中的优秀分子不进入企业,这种情况对我国的企业自主创新是不利的。要改变这一局面,我国除了要引导转变社会上认为科技人员就应该到科研院所、高等院校去的传统观念外,更为实际的手段是改革人事管理制度和激励机制。在人事管理制度方面,要实现民企与"国字号"单位的同等国民待遇,在户口、档案、职称、社会保障等方面予以切实保证。在激励机制方面,企业比高等院校和科研院所拥有更为有利的条件,那就是机制灵活。特别是民营企业,激励机制可以更为有效,这自然将吸引优秀科技人员。

另外,企业对现有的科研人员须加大培训力度,其中包括科技、管理方面的培训。企业唯有做到提高科研人员的水平才有希望。现在的问题是企业技术人员往往缺少接受再培训、再教育的机会,可能工作多年后仍保持毕业时的水平。当然企业开展再培训、再教育需要投入,但企业也会因自主创新能力提高而获得回报。

(三)自主创新过程中遇到的问题与解决方案

1. 要进一步开展企业和科研机构、高等学校的合作

除基础研究外,对产、学、研三者进行真正有效的合作,厉以宁教授提出三个建议:

(1)以项目为主线组织企业、院校、研究单位的力量进行攻关。如果没有项目为依托,三方合作就缺乏合作平台和共同的目标,就难以有效地组织。

(2)建立产、学、研合作研究的基地。可以以地方政府的名义建立基地,三方以此实现可持续合作,并进行一些长期性的重大研究项目,以避免机会主义行为。

(3)允许有条件的企业建立博士后工作站。国外的经验表明大企业须拥有较强的研究力量。如若建立工作站,吸引一批博士后进行研究,成果直接向企业报告,这对于研究人员了解市场需求和生产实践、确立研究课题有直接好处;对企业而言,利益是更为直接的。

2. 国家科技政策要做适当调整

我国须适当调整国家现有的科技政策。首先须使各类企业包括国有企业、三资企业、民营企业等都处于公平的状态下。比如对科研项目实行公开招投标,实现公平竞争。如若不是,民营企业尽管拥有较强的自主创新力量,但因为信息不透明,其无法及时充分地获得有效信息参与项目。其次要通过机制改革杜绝腐败。各种科研基金也应在公平、公正的情况下使用。现今学术界中的一些不正之风,如在项目立项、项目评审中的暗箱操作等,都将妨碍公平竞争,也将妨碍自主创新。有自主创新能力的企业是不怕公平竞争的,民营企业尤其不怕,因为其机制灵活,能有效掌握优势劣态,今天没有希望,创造条件明天还有希望,但如果没有公平竞争的条件,那就永远没有希望,所以国家科技政策应该做相应调整。

3. 全社会应当形成宽容失败的良好气氛

自主创新不易,须宽容失败。创新不可能只有成果和圆满,还有失败和遗憾。创新之路充满风险,需要足够的勇气和毅力,其很大程度上需要直面失败的勇气。如果失败就在舆论上身败名裂,在这种约束条件下个体的理性选择只能是求稳、求成,不做大创新,只做小创新。不宽容的氛围表面上看是严格要求,实际上只是起到了鼓励急功近利、急于求成的效果,最终只可能有小成果,大创新不可能出现。我们要清醒地看到与真正创新型国家间的差距,现在需要的是重大的技术突破,真正有创意的技术突破。

4. 全社会应当形成良好的社会氛围

假如社会不崇尚科学,崇尚保守、愚昧,停留在过去的阶段,那整个社会的环境对创新不利。印度特别强调全社会尊重科学,人民以科学为荣这一风气正在印度形成。厉以宁教授在印度看到了许多例子,例如马达拉斯有一个实验室,研究用海水灌溉水稻,经过很多次失败,最后实验成功了。该实验室现在还在继续研究海水灌溉棉花、油料作物,努力探索科学研究已形成了一种社会风气。鼓励创新,崇尚科学,这就是印度经济能够快速增长的原因。这一经验对我国同样有非常重大的意义。

三、推动中国制造业创新发展

有眼光、有抱负的企业为使利润率增长,就必须走自主创新之路。其中,合适的制度环境是创新和创业的必要前提。目前,中国制造业面临着一系列的困难和问题,出路在于自主创新和产业升级。在技术创新中,制造业企业之间应采取多种合作形式,共同开拓国内外市场,打造中国品牌。

（一）创新和创业的制度环境

1. 创新立足于价值链的高端

价值链有低端也有高端，企业唯有立足于价值链的高端，才不至于成为一个单纯的加工者。对于处于价值链低端的企业而言，利润大部分归于创意和创新的其他企业，知识产权属于他人。加之，如果企业处于价值链的低端，只能收到加工费，盈利空间较少。要使企业的产值增加、利润增多，企业就必须走自主创新之路，拥有自己的知识产权。

立足价值链的高端，必将提升本产业的整体质量。这是因为本产业的各个市场主体，彼此既是竞争者，又是合作者，或存在配套关系，或相互提供服务。如此本产业中的企业越是拥有更多的自主创新成果，就越会加快本产业的资产重组，进而本产业的整体质量将会提升。这具体反映于本产业将形成新技术下的产业链，带动新产业链各个环节的企业升级、转型。现代市场的竞争态势是最优者有前途，有出路，次优同样会被排斥、淘汰，形势逼人，市场是最优者的市场，最优者就是本产业的领跑者。

由此厉以宁教授认为在创意、发明、创新的道路上，谁都不能满足于现状，都需要在现有基础上继续前进，不能止步。

2. 制度环境的重要性

制度条件是不可缺少的。我们可以从以下五个方面进行分析：

需要一个由市场主导的投资体制。创新需要投资，创新成功以后的扩大生产更需要投资。如果市场主体没有投资的自主权，那么创新不可能取得实际成效，市场占有率也不可能增加。因此我们必须将政府主导改为市场主体主导，这一转变十分重要。

需要一个公平公正的市场环境。排除所有制歧视和企业规模歧视，任何超国民待遇，都不符合公平竞争原则。

需要一套政府在税收、信贷、奖励方面帮助创新者的优惠政策,政府可以根据自己的发展战略和产业政策,对不同类型的企业出台不同的优惠政策。

需要一套严格的知识产权保护制度。不仅要有严格的知识产权保护制度,而且要依法执行,使知识产权保护落到实处,否则创新会落空。

需要一套激励创新者的机制,包括企业内部的产权分享制度。就乔布斯来说,他是一个创新的领头人,有一个庞大的创新团队,产权激励和分享调动了这个庞大团队的积极性。由此可见,对于创新来说,合适的制度条件是关键所在。

(二)提高企业竞争力关键在体制创新和技术创新结合

1. 须重组国有资产

厉以宁教授指出目前的一个弊端是投资主体过于单一。有一个"鳗鱼的故事":过去日本的渔民下海捕鳗鱼,所有的人捕回来的鳗鱼都是死的,唯有一户渔民所捕鳗鱼没有死。人们感到非常惊讶。一天,那户渔夫对儿子说:"把鲶鱼或其他一些鱼放进船舱,它们都会与鳗鱼互相咬斗,于是鳗鱼就会东躲西藏,到处乱窜,最后得到的肯定是一船活蹦乱跳的鱼"。"水至清则无鱼",鱼太纯了就会死掉。这个故事说明投资主体应该多元化,让私人企业、外资企业进入董事会,听取多种声音,如此才可以真正行使监督经营者的职能。

2. 加强技术创新

从来没有夕阳产业,只有夕阳技术。厉以宁教授和同事们曾经到内蒙古考察,他们发现那里的一个小城市计划发展高新技术。此地不存在可能发展高新技术的条件。事实上此地有大片的羊群,完全可以生产羊毛衫。如果能够发明新工艺,制造的羊毛衫又轻又薄,冬夏咸宜,必能找到销路。有了新发明、新工艺,传统产品也会大有作为。另外,每个产品都应该有自己的"营销定位"。

（三）中国制造业的产业升级

1. 中国制造业面临的亟待解决的问题

厉以宁教授把脉中国制造业面临的亟待解决的问题时，指出了五大问题，包括：

第一，要素成本上升，尤其是工资成本上升。工资成本上升是不可避免的，工业化到达一定程度后，工资成本继续偏低是不正常的表现。其他要素成本上升，如土地价格、厂房建筑或租赁成本、某些原材料和燃料成本、运输成本，也都因供给增长不够快而需求一直旺盛，成本呈上升趋势。

第二，国际竞争激烈。受国际形势影响，近年来一些发达国家的市场不振，以致中国制造业企业订单下降。先是美国发生金融风暴，后来又是欧债危机的困扰，中国制造业出口的困难增大。

第三，中国制造业企业长期居于制造业价值链的中端和低端，盈利空间狭窄，企业处境困难。这一现象表明，如果制造业企业能够处于价值链的高价值端，在经济形势不利于制造业时，处境会相对好些；如果处于价值链的中低端，企业的日子显然不好过。

第四，资金普遍紧张，融资难，技术升级难，发展也难。这是中国制造业企业经常遇到的难题。融资困难的原因总的说来有两方面：一方面，近两年宏观经济上采取控制货币投放的政策，制造业企业通常感到贷款困难；另一方面，制造业企业在利润率低下的情况下，经营困难，特别是受到东南亚国家劳动力价格和土地价格低廉的影响，经营前景不被看好。于是金融机构对国内制造业企业的贷款较为谨慎，害怕有较大的贷款风险。如此民营制造业企业纷纷撤离制造业，或转移到境外投资，或转入虚拟经济领域，如房地产炒作等。

第五，由于中国制造业企业缺少国际知名的品牌，在国际市场上知名度低。正因为如此中国制造业企业，尤其是一些生产日常生活用品的企业利润率低，只能赚取加工费。这可能是中国制造业企业长期不重视品牌建设的结果,然而知名品牌的建设和树立,绝不是短期内就能达到目标的。

根据以上分析,我们可以肯定地说,中国制造业的出路在于自主创新和产业升级。

2. 制造业企业自主创新和产业升级的要点

一是通过制造业企业的自主创新和产业升级实现由制造业价值链低端和中端升到高端位置的转变。但这并不意味着处于价值链低端和中端的企业不重要,事实上处于价值链高端的企业需要处于价值链低端和中端的合作伙伴。加之,在中国,就业压力一直较大,所以就业问题值得关注,处于价值链低端和中端的制造业企业是吸纳就业的主力,而且处于价值链高端的企业也不一定是大型企业,只要技术领先即可。

二是制造业企业的自主创新和产业升级一定要与产业结构的优化和产业结构调整相配合。在现阶段的中国,厉以宁教授认为要统筹解决以下问题:如何促进短缺部门的发展和短缺产品的供给,如何消除产能过剩现象,如何实现资本向实体经济、尤其是制造业回归等。

三是位于价值链低端的劳动密集型中小企业同样需要自主创新。珠江三角洲中小企业自主创新的经验是:(1)设计创新。包括玩具业、服装业、家用日常用品制造业在内的许多中小企业主认为产品设计创新是可行的。(2)产品新功能。同样是一种产品,如果给它增添了新的功能,就能打开销路。(3)原材料精选。这是指有些产品如日常生活用具,如果在原材料上做一些精选,产品档次必将上升,会受到消费者的欢迎。(4)节能减排。这是经过企业努力可以做到的。(5)与同行业的其他企业合作研发新产品。

由此看来,即使是制造业中的中小企业,在自主创新上仍然大有可为。

3. 中国制造业的合作方式

厉以宁教授认为国有企业、民营企业、混合所有制企业有四种合作开发新技术、新产品的模式:

一是纵向模式,又称产业链模式。在某个制造业的产业链上有各种不同所有制企业、各个不同规模的企业。其中,有些企业愿意共同攻克本产业链上的薄弱环节,取得进展后将有利于本产业链上瓶颈问题的解决,产业链上所有企业都会因此受益。

二是横向模式,又称同行模式。在某个制造业内生产同一类产品的有各种不同所有制的企业、各个不同规模的企业。其中,有些同行企业愿意共同攻克本行业中的薄弱环节,取得进展后将有利于解决本行业的瓶颈问题,本行业的共性难题也将被克服。

三是子公司模式,制造业中生产同类产品或产业链上相互衔接、配套的国有企业、民营企业、混合所有制企业,经过协商,共同出资,组成子公司专门从事研究开发,以解决制造业中遇到的技术难题。

四是国家立项的某个重大课题,以公开招标方式吸收各个制造业的生产厂家、研究机构,甚至高等学校共同参与,或将该重大课题分解为若干个子课题,让投标单位竞争获标。这也是一种产学研合作方式,这种合作方式还可以建成研究院(所)经常化运作。

总之,在技术创新中,企业之间合作形式、产学研方面的合作形式,是多种类型的。在国际市场上只有中国制造业企业、中国制造业产品、中国品牌,不分国有企业还是民营企业。

四、创新创业者的作用

面对增长乏力和环境压力,中国经济呈现新常态,呼唤和培育新产业、新业态、新动能,以迎接、引领新一轮科技革命和产业革命。创新驱动发展,现在主要的障碍是人力资源短缺和人才效能有待提高。供给侧结构性改革必须与人力资源数量和素质的提高相结合。自由竞争下的创新创业者垂直流动、自由流动,将有利于创造公平正义的社会环境,有利于形成中国品牌和中国动力,培养一批行业领路人,从而成功实现供给侧结构性改革的目标。

(一)新动能的来源

厉以宁教授指出新动能意味着新的发展动力和新的发展方式,它们都是供给侧结构性改革成果的体现。在中国今后的经济增长过程中,新的发展方式尤其重要。只有把传统的数量型、速度型发展方式转变为质量型、效益型发展方式,中国才有可能及早跨越所谓的"中等收入陷阱",成为先进的现代化国家、工业化强国。因此,新发展方式下的新动能代表了一种新理念。唯有当广大企业和公众都认识到中高速增长符合当前中国的国情、供给侧结构性改革能促进新动能的涌现时,发展方式的转变才有了方向和目标。

新理念和新方式的形成主要取决于新一代人的成长和素质的提升。新一代人是指接受了发展新理念和致力于向新发展方式转变的人群,其中包括企业家、政府管理人才、广大科学技术人群、职业农民,以及新加入就业大军的年轻人。这些群体将促进发展方式转变,形成新的发展理念,进而了解经济新常态,并且投身创新创业的队伍中。

在推进供给侧结构性改革的过程中,我们一定不能忽略无形资源转化为无形资本的重要性,如此才能够深刻了解新动能和新方式的力量,即"道路自信、理论自信、制度自信、文化自信"的力量。供给侧结构性改革的一个重要组成部分是建立以公平为核心的产权保护制度,公有制经济的产权不容侵犯,非公有制经济的产权同样不容侵犯。此间我们须关注无形资源向无形资本的转化。无形资源包括人际关系、信誉、名声等,这些虽然存在,但不受关注,可若被应用至经济社会生活中,就会成为无形资本。历史上,从客家人的南渡,山东、河北一带在清朝后期开始"闯关东",到山西、陕西移民"走西口",福建、广东"下南洋",所有这些活动之所以能取得成效,无一不和无形资源转化为无形资本有关。

新动能和新方式是成千上万名创业者、创新者创造的。

厉以宁教授认为新时期的创业者必须懂得现代经营理念,主要包括:1.要懂得双赢才是目标。2.要懂得市场是可以创造出来的。3.损失比收入更值得关注。4. 要转变观念。协作发展、引进机制、继续创新,三管齐下最为有利。无论是民营企业还是国有企业,碰到困难就这三个办法。5. 要懂得用人,要用人之所长,须胸襟宽阔,容纳别人。6. 互助合作是成功的条件。7. 形成终身学习思考的习惯。人生这么长,要不断地学习,每一个行业都要懂得管理学。

(二)创新创业者改变微观主体队伍

通常情况下,供给侧结构性调整特指去产能、去库存、去杠杆、降成本、补短板五大任务,但供给侧结构性改革并不仅限于这些方面。实际上供给侧结构性改革有很多方面,制造业、农业、政府管理等都有供给侧结构性改革。实际上全国一盘棋,路是相连通的,一项改革的胜利可以推动另一项改革的进展。这个过程当中,有一个新的情况是必须注意的,即人力资本的质量在转变。

厉以宁教授指出农民工创业是很了不起的事情。农村仍然在输出劳动力,但今天输出的劳动力不同于20年前。20年前农民工大多进行体力劳动,然而今天农民工更愿意创业,也不怕创业。特别是回乡的农民工感到自己在农村中也有用武之地了,创办家庭农场、办家庭养殖场,或从事手工业,或从事商业,这就是人力资本的素质在提高。如果供给侧结构性改革不与人力资源素质的提高结合在一起,效果是不行的。现在大量的工作能够使用机器人,所以外出务工的农民也必须要提高素质才能跟上形势。这些大变化对我国制造业、农业、小康社会的建设都有质的影响。

如今大学毕业生、研究生喜爱创业,他们在学校时就参加一些实践活动。这是可喜的现象,这意味着我国整个企业架构在变动,企业家队伍在发生变化。目前所谈的企业家都是历史传承的企业家,在企业中工作多年,被称为企业家,但缺乏创新知识。新时期要求企业家不走老路,重在创意,有了创意以后,就创新,创新之后创业。建立新企业的人既可以叫企业家,也可以叫创新者,所以企业家就等于创新者。创新者可能成为企业家,但更可能成为一个领域的带头人、领路人。

20 世纪最流行的经济学术语是"创新",熊彼特提出的"创新"的概念到现在 100 多年了。过去的定义思路是对的,需要创新,但环境发生了改变。当时工业化刚开始不久,所以熊彼特那时提出的创新与现在的创新含义不同。例如:熊彼特说创新就是生产要素的重新组合。这在当时是对的,因为当时是工业化时期,制造业起着重要的作用。但熊彼特没有料到以后的信息化时代,信息化时代是工业化后必然要经历的时代,所以厉以宁教授认为目前不是生产要素的重新组合就是创新,信息量的组合、信息的组合才是创新。

整个经济运转的速度比过去加快了,且社会正处于加速变革时期,包括人的观念必须要改变。未来的时代中,"企业家"这个名词可能都不存在,不需要企业家,需要的是领头者、领跑人,需要这样的人发现新机遇,让有新创意的人成为新的领跑者、新的带头人,所以创新是中国的大势,创业是中国的大势。

五、创业投资业的发展

中国经济步入目前的阶段,创新创业显得尤为重要。金融应鼓励创新创业。同时,金融也要加强创新,提供更加滴灌式的具体服务,而非大水漫灌式的。金融不仅应该大力支持新的产品和产业,提供必要的融资支持,还应该促进小微企业到资本市场发展直接融资。目前互联网金融发展较快,对传统金融构成了挑战。随着互联网金融的发展,风险管理须有效,须认真对待相应的制度问题。

(一)中国创业投资业发展历史沿革

在中国,创业投资概念是 1985 年由中共中央在《关于深化科学技术体制改革的决定》中首次提出来的。当时人们对创业投资的认识主要是从风险的角度将其理解为"一种有风险的投资"。从 1985 年到 1990 年,政府探索通过风险贷款方式从事创业投资。由于以贷款方式从事创业投资并不成功,中国的一些高新技术开发区开始探索成立专业的以股权投资方式支持高新技术企业的创业投资公司。1991 年 3 月国务院批准发布的《国家高新技术产业开发区若干政策的暂行规定》指出有关部门可在高新技术产业开发区建立风险投资基金。因此，从1991年到1996年是政府探索通过股权投资方式直接从事创业投资的阶段。

鉴于通过设立国有独资创业投资公司直接从事创业投资同样没有收到预期效果，中央政府与一些地方政府从1997年起开始探索以新的方式发展创业投资业。在经过近2年的系统研究后1999年末《关于建立风险投资机制的若干意见》颁布。按照此文件的要求，国务院有关部门开始着手采取有关措施以尽快建立起通过动员私人部门发展创业投资业的机制。在此期间北京、上海、深圳等地也纷纷从1997年开始率先探索吸引民间资本从事创业投资的途径。因此，从1997年至今是地方政府探索吸引民间资本从事创业投资的阶段。

（二）中国创业投资机构类型

1. 中国创业投资机构的所有者构成

根据出资人的性质和出资比例，中国目前的创业投资机构的性质可主要分为以下四种类型：(1)国有独资的创业投资机构，其资金基本由地方财政直接提供或经由国有独资公司安排；(2)政府参股的创业投资机构，其资金一部分由地方财政直接提供或经由国有独资公司安排，另一部分由国内其他机构自然人提供；(3)国内企业设立的创业投资机构(简称民间机构)，其资金全部由国内企业(国有独资公司除外)、金融机构和国内其他机构和自然人提供；(4)外国独资或合资创业投资机构。

2. 中国创业资本的来源构成

从来源结构进行分类，中国创业投资资本主要分为五类：(1)政府创业资本，包括政府和国有独资企业提供的创业投资资本；(2)国内企业创业资本包括国内上市公司、非上市股份有限公司和有限责任公司等国内企业提供的创业投资资本；(3)外资创业资本，包括合资与合作机构、外商独资机构(含港澳台)及境外机构投资于中国大陆的创业投资资本;(4)金融机构创业资本包括银行、证券机构、保险公司和信托投资机构等金融机构提供的创业投资资本;(5)其他来源的创业投资资本。

（三）发展中国创业投资的建议

创业投资作为一种支持创业的投资制度,其本身的发展是需要一系列与之相适应的制度安排作为前提条件的。为进一步促进创业投资企业的发展,厉以宁教授认为可以从以下五个方面进行突破:

(1)完善鼓励创业的基础性制度,实现创业投资动力机制由主观愿望推动型向企业创业需求推动型转换。(2)疏通社会资本转化为创业投资的渠道,实现进入机制进一步的多元化转换。(3)发展多层次资本市场,实现创业投资退出机制,由"即使跑到终点也得不到实质性奖励的马拉松式比赛"向"能够及时得到奖赏的接力赛"转换。(4)通过间接扶持政策,实现创业投资政策扶持机制,由"政府直接出资从事创业投资"向"政府间接引导民间资金从事创业投资"转换。(5)运用法律手段和行业自律,实现创业投资机制从"行政直接干预"向"适当法律监管和行业自律相结合"转换。

六、寻找中国"红利"的新源泉

红利的消失就是指发展优势的消失,即人口红利、资源红利、改革红利消失。红利的消失被认为是经济发展过程中的正常现象,每一个国家在发展过程中都会出现这种情况。经济发展方式在经济发展到一定阶段后就必须转型,这是发展战略有待于重新制定的经济转型的问题,转型成功就会出现新的发展路途。经济发展转型成功关系到一个国家将来发展前途的问题,经济发展转型就是发现中国"红利"的新源泉。

（一）原有"红利"的消失

原有的各种"红利"是适应于经济发展前期的。因此随着经济继续发展,经济发展方式必然要变化,如此原有"红利"的消失是完全可以理解的。

原有的红利如果在经济发展方式成功转型的条件下,也随之转型,那不会发生"红利消失"的情况。但这种变化需要有市场的催促和压力。换言之,"红利消失"如果不事先做好准备,会因经济下滑而引起社会的不安或动荡。企业若存在侥幸心理,认为原有的"优势"不会消失,则会走上没落之路。对企业而言生产要素的重组实际上取决于信息的重组,不了解信息重组的必要性,就会失去市场。

创新的必要性也可以从另一个角度考察:不创新,不仅没有"红利",连企业也会垮掉、消失。换而言之任何留恋原有的"优势"而不愿转型的企业、地区,都会自食恶果。

(二)"红利"的新源泉

厉以宁教授指出在原有的"红利"消失以后,新的"红利"不可能自发出现。这是因为,如果没有一种新的体制或新的机制,新的"红利"就会因缺乏相应的机制、体制而不涌现。"红利"的新源泉首先蕴藏于新的体制之中,这表明,必须有新的体制,才能产生新的机制,新红利才会出现。新体制、新机制就好像一种新的制度环境,不仅能催生新红利,而且能保护新红利的获得者。

厉以宁教授指出"新红利"的获得者是亿万群众,包括千百万不同所有制的企业家。企业家在新的体制和机制下,发现发展机会,同时认识到自己必须抓紧机会而不能放弃机会,这才有可能得到新的红利。"新红利"在经济发展中不断涌现并把经济社会引向新的方向。新红利依赖于每一个有志于创造和盈利的群众和企业的拼搏,必须在新体制的激励下使群众和企业的活力充分发挥。当然新红利也不能被致富和发展的信息局限在狭小的圈子内。

(三)新改革红利的普遍性

新改革红利实际上不仅存在于今天,而且存在于过去,不仅存在于某一个国家或地区,任何一个国家或地区,只要实行符合国情的改革,都会带来一定的改革红利。中国最需要的改革项目之一是农村土地确权和农业产业化。这是20世纪80年代开始的家庭联产承包责任制改革的继续,但当年的家庭联产承包责任制没有明确产权,当然也就谈不到农村的合作制和农业的产业化。因此农村土地确权实际上开辟了一个新的环境。

企业改革方向,结构性改革是十分迫切的。首先要形成有活力、有竞争力、产权明确的企业,包括国有企业、国家控股企业、混合所有制企业和民营企业,如此才能涌现新改革红利。正是供给侧的结构性改革,才能完善企业主体,降低成本,调整结构,创新发展,从而才能涌现改革红利。

农村土地确权及此后的进一步改革,不同类型的企业成为有活力的微观主体,这两个项目的改革取得明显的成果后,会为中国带来改革红利,也就是普遍的红利。二者并重缺一不可,二者都是新常态下最重要的改革。新改革红利是普遍存在的红利,靠改革者自己创造。在讨论新改革红利时,我们必须将保护产权放在重要位置。

(四)新人口红利

新人口红利的涌现取决于人力资本的升级及由此带来的新优势。"教育不公平→就业不公平→收入不公平→生活不公平→下一代不公平"的恶性循环将被打破,这是新人口红利产生的前提。事实上这一恶性循环被打破,是社会公平特别是起点公平的开端,更是营造公平、公正市场环境、市场机制的保障。劳动力市场也会随之变化。无论农民的人力资本存量增加,还是农民的人力资本增量增加,都是农民人力资本的升级。

在农村中,土地确权的改革会造成成千上万农民成为有知识有能力的"职业农民"。通过农村土地确权,农民不再是一种身份,而变为一种职业,或称其为"职业农民"。农民可能成为"家庭农场主",并通过土地流转(租赁、转包)扩大规模,也可能引进合作者,解决资金不足、农业科技不足和农产品销路不畅等问题。这些农民中有部分是"城归"。这一新现象是人力资本的新突破,是农村中新人口红利的涌现。

厉以宁教授指出新人口红利的另一个来源是职业技术教育推广所带来的"新工匠精神"。农村土地确权以后，农民可以安心地外出，务工的积极性增加。但经验告诉人们，社会上缺乏的是技术工人，是工匠。所以职业教育的推广是必然的，这就是新人口红利的另一个来源。

与职业教育平行的是科学研究促进新人口红利的涌现。厉以宁教授指出科学研究队伍的壮大和发展是水到渠成的事情，这会不断带来新的"人口红利"。科学研究队伍的壮大和发展会提供新的人口红利，这是毫无疑义的。这取决于两方面的工作进展，一是教育的发展和教育质量的提升，二是科研力量的优化配置，动员各方面的科学人才，使科研成果有创新、有突破，这样就会有源源不断的新人口红利。

（五）新科学技术红利

新科学技术、新工艺、新设备、新产品，无一不来自创新。而创新又无一不同创意有联系。先有创意，然后有创新和创业。只有新科学技术的发明还不等于创意和创新。创意和发明是科学家的工作，创新和创业则归功于企业家，科学家可以兼企业家，但不是一定要兼企业家。创新只有在市场竞争中才能实现，垄断条件下，任何创新都没有必要性，甚至没有可能性，没有市场竞争，不可能出现创新。垄断不仅扼杀了创新，而且扼杀了创业。但如果完全没有垄断，只有市场竞争，那么企业都处于观望状态，等待别人发明创新，自己盗用。所以垄断是起作用的，这就要对发明创新进行知识产权保护，容许一定时期的专利。

政府在创新中的作用主要在于规划、引领、反垄断，以及支持创新主体、创新活动。规划是最重要的，如果缺乏规划，科技创新活动难以取得成绩，特别是难以走向世界前列，这需要政府领导规划的制订。中国科学技术的进步就是证据。创新不可能停止，因为市场竞争不会停止，竞争者既来自国内，更来自国际，但竞争既是压力也是鞭策。

（六）新资源红利

资源红利是指土地、矿产、水资源等方面的优势,一旦供给趋紧,这种优势就会消失。在经济发展前期,土地、矿产、水资源等资源的丰富与否是各个国家走上工业国道路的发展基础。列强之间的争夺实际上与掠夺廉价资源有关。这种情况至今未发生根本改变。

新资源优势来自科学技术的不断进步,即新资源优势来自技术创新。在原有资源枯竭过程中,人们不断地依赖科学技术发现新资源,新的资源红利随科学技术进步而产生。厉以宁教授认为新资源红利同新科学技术红利是不可分的,新资源红利也可以被看成是新科学技术红利的组成部分。

厉以宁教授指出水、土地、矿产等资源,只要是在技术创新条件下就不会枯竭,因为总有替代品。所有资源之所以不会枯竭,如果从人类社会的特殊性看,可以得出三个结论:第一,人类社会从古至今始终有寻找稀缺资源的替代品的愿望和对策;第二,人类社会从古至今一直在选择原材料和饮食原料,不停地舍弃不易得到的资源;第三,人类社会从古至今在利用不断迁移,甚至远距离迁移,避免资源供给不足的困境。

新资源红利同样是创新的产物,不停创新,新资源红利就会长存。新资源的发现、利用和产生新的红利,是社会经济的不断发展和壮大的保证,不会转换资源和开发利用新资源的国家,最终必然落后、衰落。

（七）社会和谐红利有赖于文化建设

社会和谐红利的特殊性之一:它是无形的,而不是像其他红利那样,通过某个主体行为而表现。社会和谐红利的特殊性之二:它是累积而形成的,或者说它可能是通过持久的工作而逐渐形成的。社会和谐红利的特殊性之三:它是无声无息扩散的,默默地影响人们,渗透到人们之中,从而形成一种社会风气。

收入分配制度的改革,实际上是社会和谐红利涌现的前提,医疗保健的新措施也如此。要实现社会和谐,既要深化收入分配制度改革,又要扎实推进医疗保健制度改革,这两方面的改革都同民生问题紧密相连。具体地说,如果社会上收入差距过大,以及医疗保健制度改革迟缓,都会影响社会和谐,使社会和谐红利无法显示。

社会资本是一种无形资本,是一种人际关系,是人们相互信赖的关系,换而言之社会资本来自诚信。没有诚信,社会资本不存在,社会和谐也不存在,从而也就谈不到社会和谐红利的涌现。

社会和谐红利之所以是影响最深远的红利,因为它同广大人民群众密切相关。社会和谐红利的产生,实际上与所有的改革有关。这就是说,所有的改革综合在一起,最终必定带来社会和谐红利。社会和谐红利是国内经济社会发展和稳定的成果。

(八)所有的新红利都依赖创造

以上提到的新改革红利、新人口红利、新科学技术红利、新资源红利和社会和谐红利是互相关联的新的红利。它们作为改革的成果,可能相互启发,相互促进。这是规律,但任何规律都必须在实践中经受检验。

所有这些红利今天仍处于刚开始涌现或即将涌现的阶段,但这已是很好的开始。刚进入21世纪,国内不少人担心的是旧红利陆陆续续消失,但就在这个时期,新的改革开始了。例如农民工流动、农民工学技艺、农民工创业相继增多,新的人口红利涌现了。又如,改革的深化,使新改革红利、新科技红利、新资源红利不断涌现。

所有红利都依赖我们的创造,创造既指"从无到有",也指"推陈出新"。"从无到有"是提出新产品、新能源、新设备,当然属于新创造。"推陈出新"是使已有产品增加功能,使已有设备更有效,使新能源采掘更容易、用途更广泛,这些同样是创新。对创新、创造而言,重要的不是生产要素重组,而是信息重组,21世纪是信息重组的时代。

只要不停地有新红利涌现,我国就不用担心经济和社会会衰退。经济发展到一定阶段,原有发展方式的不足之处就会相继表现出来,这就是红利丧失的主要原因。但只要不停地有创意、创新、创业,发展方式就会更换,新的红利就会出现,经济会又上一个台阶。创新可以因发展阶段不同而不停出现,这就是前景,全世界皆如此,无一例外。

第七章 民营企业

一、民营经济在经济和社会发展中的作用

(一)民营经济和新型工业化

从主要工业品产量和产值来分析,虽然我国某些产品已经位于世界前列(如钢产量、煤产量),但由于中国有14亿人口,人均产量和人均产值仍比较小,同发达国家相比仍有相当大的距离。

工业化完成的标志是先进的成套装备制造业的建立。而我国现在距离这个方向还有相当大的距离。处于工业化中期的我国须汲取世界各工业国家的经验教训,包括我们自己前一阶段的经验教训,必须走新型工业化道路,重视经济增长质量。提高经济增长质量,主要表现在三个方面:1.资源消耗率下降;2.环境受损害程度降低;3.拥有更多的自主知识产权。

对中国当前来说提高经济增长的质量最为重要。中国的发展正面临着资源约束、环境约束和社会约束,但经济增长质量提高得如此之慢,厉以宁教授认为还受四点因素的限制:第一,行业垄断;第二,资源定价偏低;第三,改制滞缓和融资难;第四,政府主导的经济增长方式在一些地区继续存在并发挥作用。

针对以上四个限制,厉以宁教授建议采取有效的措施。

第一,消除行业垄断,实现"非公经济36条"所规定的领域准入,同时应当消除资产流动的体制障碍和政策障碍,便于企业并购重组。打破行业垄断有利于国有经济结构调整,给予民营企业以发展机会。第二,对资源价格的定价制度进行改革,通过市场供求来建立资源价格形成机制,也就是建立符合市场规律的资源价格形成机制。第三,健全金融体系,使融资渠道通畅,加大对企业设备更新的扶持和优惠力度,并抓紧清理抑制企业更新设备的法律法规和政策。第四,着力建立考核地方政府绩效的综合指标体系,突出对经济增长质量的考核。

在新型工业化中,民营企业将发挥重要作用。民营企业所发挥的第一个作用是促进经济增长,并在经济增长中扩大就业,因为新的工作岗位是在经济增长中出现的。民营企业在新型工业化中发挥的第二个作用,是增加工业化中的自主创新能力,并为高技术产业的成长做出贡献。民营企业在新型工业化中的第三个作用,是在现代服务业领域从事投资,为制造业提供各种产前、产中和产后的服务。现代服务业领域适应民间投资和民营企业经营所需,能大大降低交易成本,促使制造业增值、增效。民营企业在新型工业化中发挥的第四个作用,就是增加社会投资,弥补新型工业化时期的资本不足。民间资本数额巨大,持有者急于为它们寻找出路,关键在引导。如果引导有方,民间资本是可以在新型工业化中发挥重要作用的。

(二)民营经济和新农村建设

1. 对新农村建设的正确理解

尽管20世纪五六十年代至七十年代初我国都提出过社会主义新农村建设问题,但最近这一问题的提出与以往相比有三个重大的区别:第一,现在是在逐步改革城乡二元结构体制的条件下推进新农村建设的。第二,现在是在坚持科学发展观,促进城乡可持续发展的前提下推进新农村建设的。第三,现在新农村建设中将以培育无数适应社会主义市场经济体制的新型劳动者和建设者为目标。

此外,在建设新农村的过程中,一定要明确农民是新农村建设的主体。政府是新农村建设的支持者、引导者和服务者。农民中蕴藏着巨大潜力,政府要善于调动并发挥农民中的这种潜力。政府不应包办代替,更不应采取强制拆房、圈地及摊派建设用款等做法。

2. 发展民营经济,促进农村多余劳动力的转移

民营经济在农村劳动力转移中的作用主要表现于以下三个方面:

(1)农村多余劳动力进城寻找工作岗位的大趋势是避免不了的。城镇民营企业吸收了大部分农村务工人员。

(2)现阶段不少地区的农业投资不足,一些富裕起来的农民不愿继续投资于农业。但如果民间资本和民营企业认为向农业投资是有利的,农业中资本不足的状况将改变。这将为集约型农业的发展创造条件,从而可以吸收较多的劳动力,并促进民间资本所经营的农产品深加工企业得以发展,从而吸收较多的劳动力。

(3)民间资本和民营企业进入农村,通过公司加农户等模式,使农业劳动生产率提高,进而开拓了农村市场,使农村劳动力不仅在农村有更多的就业机会可供选择,而且还有更多的自行创业的机会。

3. 发展民营经济,使城市更好地带动农村发展

单个农民的力量有限,要依靠农民集体的力量来转变农业增长方式,需要组织新的合作组织,提高农民收入。民营企业在建立和发展农业新型合作组织方面能够发挥重大的作用。由于具有一定规模的民营企业多半设立于城市,并主要活动于城市及其近郊,所以有关民营企业同农业中新型合作组织之间的关系要从"城市支持农村"谈起。

"城市支持农村"同中国城市的新功能直接有关。简要地说,体制转轨时期中国的城市,既具有一般的城市功能,还具有以下三个特定时期的新功能:城市是推动企业制度创新,重新构造市场经济微观经济基础的中心;城市是推动城乡二元结构调整,促进农村人均收入不断增长的中心;城市是推动产业升级,增强企业核心竞争力,促进经济持续稳定发展的中心。因此,城市支持农村是必不可少的,只有这样,才能使城乡差距缩小,使农民收入较快地增长。这中间作为城市市场经济重要组成部分的民营企业,其在支持农业发展中的作用,也不言而喻。

(三)民营企业的社会责任

1. 从"社会人"的角度看企业的社会责任

民营企业的社会责任是一个越来越引起社会各界和企业自身关注的重要问题。从"经济人"假说这一角度来考察,投资者利益最大化和企业社会责任是统一的。企业社会责任的承担是符合投资者最大利益的。从"经济人"假设的角度来分析,这固然有一定道理,但还不够深入,不够全面,因为人不仅是"经济人",人更是"社会人"。我们可以从以下三方面分析:

第一,作为"社会人",应当懂得生产的目的不仅是生产物质产品或提供劳务,还应包括提高人的素质,培养符合时代要求的新人。第二,作为"社会人",应当懂得我们不仅要关心这一代人的生存和发展,而且要关心子孙后代的生存和发展,因此既要维护和创造良好的自然环境,也要维护和创造良好的社会环境。企业应把承担社会责任当成是应尽的义务。第三,作为"社会人",应当懂得任何个人的幸福都依存于周围的人的幸福,只有社会普遍增加了幸福,自己的幸福才能真正增加。

可见,从"社会人"角度来看,企业的社会责任是必不可少的。

2. 再论民营企业文化建设的意义

厉以宁教授指出对民营企业来说,企业致力于为社会提供更好的商品和服务,致力于经济和社会的协调,致力于环境的保护和对社会的关心,这些都同企业文化建设密不可分。企业文化既是企业内部凝聚力的反映,也是企业内部约束力的体现。一个企业的企业文化建设也有赖于企业的外部经济条件。由于企业处于竞争性的市场环境中,企业同外界的经济关系通过竞争实现,这样也就能够使职工树立以效益、竞争、风险等观念为中心的价值准则,企业领导人和职工同企业之间也就会产生一种患难与共、利益分享的适应关系,这正是企业文化得以形成和发展的前提。

观念的转变是不容易的,因为存在阻力。阻力不仅来自社会,而且来自人们自己。这一切清楚地说明了在观念更新方面所遇到的阻力也许比在经济方面所遇到的阻力更大。从这个意义上说,建设企业文化仍是当前民营企业的一项艰巨任务。

3. 市场经济和奉献精神

有人认为市场经济和奉献精神之间存在着矛盾。其实,诸如此类的说法,既是对市场经济缺乏科学的认识,又表明对奉献精神有模糊的理解。厉以宁教授认为可以从以下四方面来阐述市场经济和奉献精神之间的关系。第一,我国市场经济至今仍处于建设和完善的过程中,在这一过程中,奉献精神始终是不可缺少的。第二,从市场经济运行的角度看,经济效益和社会效益是并存的。这两种效益的协调,既有赖于政府调节的作用,也有赖于道德调节的作用。第三,在我国,建立社会主义市场经济体制是为了加速实现现代化,而现代化的成果,一方面表现为物质产品的极大丰富,另一方面表现为一代新人的涌现。有奉献精神,能与时俱进,开拓创新,应成为新人的标志。第四,市场经济是企业得以生存和发展的环境,而奉献精神是企业社会责任的体现。市场经济和奉献精神二者在企业行为中将会协调一致。

因此在一个成功的企业家的身上我们可以看到一个人在市场经济中的创业精神、拼搏精神同社会责任感的统一。

（四）民营企业自主创新

民营企业在自主创新方面具有优势。与国有企业相比,民营企业在自主创新方面有一定的优势,表现在:第一,它是自己承担投资风险,敢于决策、敢于承担实验失败的责任。第二,民营企业的机制比较灵活、决策比较快,能够适应市场的变化,能够抓住机遇,而且还具备较为完善的激励机制。第三,民营企业能以多种方式实现自主创新,可以购买已有的科技成果,或在已有的科技成果的基础上再做研发,并且民营企业可以根据现在的技术发展情况,多样化地采取与其他企业合作、合资研发的方式。

二、民营企业的发展与问题

由于我们所建立的市场经济体制,是一个以自主经营、自负盈亏的企业作为微观经济单位的经济体制,市场经济秩序显然适应着这样的经济体制。在市场经济体制下,存在于经济生活中并发挥作用的只可能是经济秩序。因此转换政府职能,建立市场经济秩序就是经济改革的深化;在市场经济条件下,解决领域准入、融资和产权问题是经济改革的必经之路。

（一）民营企业的领域准入问题

1."玻璃门"现象的分析

"非公经济36条"颁布以后,各地方、各部门都比较重视,都努力按照国务院的部署和要求认真贯彻落实,并取得了初步的成效。但由于计划经济体制和传统观念的影响,非公有制经济的发展还面临着一些困难和问题,主要是还没有完全获得一个与国有经济和外资经济平等竞争、一视同仁的法治环境、政策环境和市场环境。非公有制经济尤其是私营经济在实际的市场竞争中处于不公正的地位,其中一个突出问题就是行业准入问题。对于这个问题,现在社会上广泛流行着一种"玻璃门"的说法:即看得见,进不去,一进就碰壁。对于准入政策执行情况的评价,有的非公企业家反映说:"上面放,下面望,中间是道顶门杠";"两头热、中间冷",这个中间,指的就是一些实权部门,在里面掺杂着较多利益关系,才导致政策执行效果不甚理想。

2. 认真落实"非公经济36条"中关于行业准入的规定

要认真落实"非公经济36条",首先要打破行业垄断状况,实行领域的开放和行业的准入。为了及早消除行业垄断状况,制定反垄断法便被提上了议事日程。根据市场经济国家的经验,反垄断法通常包括三方面的内容:(1)禁止经营者达成垄断协议。(2)禁止经营者滥用市场支配地位。(3)控制经营者的集中,以防止出现经营者通过合并、并购、联营等方式来增强市场控制力,以排除或限制竞争。同时,根据市场经济国家的经验和我国当前实际,除经营者垄断外,行政性垄断也是阻碍民营企业进入法律未禁止的某些行业的重要原因。

其次,某些行业垄断的打破需要体制改革的深化。体制对行业准入的障碍只有在体制改革深化中才能被消除。同时,成立专业性的行业商会,发挥商会在行业准入方面的中介作用也是重要的。

最后,我们还应当指出,民营企业自身的建设必须加快。民营企业的产权要清晰,经营要规范,管理要有序,法律法规要遵守,以消除一些行业对民营企业的误解。民营企业要努力拿出自主创新的成果,拿出高质量的产品,这是民营企业得以打破"玻璃门"进入市场的"敲门砖"。

总之,国家政策是创造一个好的生存和发展环境,这是"外因";民营企业的发展最终要靠自己努力,这是"内因"。今后民营企业须走一条提高效益、降低成本之路,以提升竞争力,这才能使自己立于不败之地。

(二)民营经济的融资难问题

1. 融资难已经成为民营经济发展的瓶颈

现阶段,民营企业、中小企业融资难是一个全国性问题。事实上,融资难已经成为当前我国民营经济发展的瓶颈,也是阻碍市场微观主体更好参与市场竞争的障碍。厉以宁教授认为这可以从以下五个方面进行阐释:

(1)如果不解决融资难,民营经济的日常运转困难重重,寸步难行。民营经济的融资难不仅是投资过程中的融资难,而且也包括日常运转过程中流动资金的不足。(2)地下金融和非正常融资将进一步泛滥,导致金融风险增大。这是因为民营企业在不得已的情况下,只好从地下金融融资,或者通过非正常的渠道融资,这既增加了民营经济本身的风险,也增加了中国金融市场的风险。(3)社会的就业压力将无法缓解。我国现在面临着社会就业的严重压力,缓解就业压力的措施中,最重要的就是加速民营经济的发展。(4)国有企业改革和国有资产重组的进度将大大放慢。(5)外资将趁机控股某些民营企业,或者迫使一些民营企业依赖外资。

总之,融资难会给民营企业带来严重后果。这个问题现在还没有被充分地认识到。时间是紧迫的,久拖不决,恶果会越来越明显。

2. 解决民营经济融资难的建议

(1)发展证券市场,为民营企业开辟融资渠道

上市是民营企业融资的渠道之一。这与国内证券市场的完善与发展直接相关。国内证券市场从2001年以后长期处于低迷状态。直到2006年股市才开始有起色。这主要是由人气的消散和投资者信心的丧失造成的。如今,中国证券市场最艰难的阶段终于渡过了。股权分置改革的顺利推进,有助于人气的集聚,有助于人们预期的稳定和理性化,这是最主要的因素。由于股市已经转暖,在解决民营企业融资难的过程中,我们只要严格掌控标准,并采取一切所有制形式下的企业都按同一标准要求的一视同仁的做法,那么民营企业今后必将通过证券市场而融到更多的资金。

(2)把民间资本由"体外循环"引入"体内循环"

在当前国内经济生活中存在着一种非常奇怪的现象,即一方面,民营企业无法借到钱,普遍感到融资难;另一方面,民间存在大量资金,正在"体外循

环"。全国究竟有多少"体外循环"的民间流动资金,我们缺乏可靠的数据。解决民营企业融资难的思路之一,就在于把民间资本由"体外循环"引入"体内循环"。

把民间资本由"体外循环"引入"体内循环"的方式之一,是鼓励、带动民间资本参与商业银行体制改革和农村金融体制改革。在农村金融体制改革方面,首先是深化农村信用社的体制改革,根据各地的不同情况,有些地方的农村信用社可以组织成联社,也可以在这些信用社的基础上建立农村合作银行或农村商业银行,并吸引民间资本参与。因此,在把民间资本由"体外循环"引入"体内循环"以消除民营企业、中小企业融资难问题方面,更为有效的方式是容许成立民营银行。

(三)民营企业产权问题

中国民营企业是在夹缝中走出来的。无农无稳,无工无富,无商不活,这三句话正确但不够,厉以宁教授认为还有另外两句话,无民不稳,没有民营企业的社会不稳定,第二句话是无民不富,光是有公(国有企业),保障税收,老百姓没富,无民不富,发展民营经济老百姓才能富。

民营经济发展面临诸多困难,融资难、工资成本上升、税赋重、出口订单减少等,但最大的问题是产权保护,如果民营企业家经营了多年,一旦发现自己的财产被侵占了,那么这对经济将产生重大冲击。厉以宁教授指出有些地方政府,前任市长、书记签署的合同,新任不承认,还有企业产权也可能随时受到政府等单位的侵害,所以说我国首先须保护产权。国有欠民营的钱没事,民营欠国有的钱就是侵占国有资产,这不公平。

在相关国家政策的鼓励下,一批民营企业将逐渐发展壮大。同时,对于发展中的问题,我们不仅需要政府进行职能转换,也需要民营企业利用好市场经济的特点,积极应对各种融资和产权问题。两者的协同效应是民营企业发展的不竭动力。

三、"非公经济36条"

民营企业在厉以宁教授看来是我国打破第二类非均衡,构建适应市场经济需求的微观主体的重点,为此厉以宁教授长期关注民营企业的成长,甚至在21世纪初又被冠以"厉民营"的雅号。

民营经济这个概念是中国改革开放过程中的一大创造,它包括但不限于个体工商户和私营企业。厉以宁教授指出最早被冠以民营企业这个称谓的是民营科技企业。它产生于20世纪80年代中期,当时私营企业没有被正式承认,许多私营企业还戴着集体经济的红帽子。一批科技人员从原岗位分离出来创办科技企业,这类企业既不像纯粹的私人企业,又不同于原来的国有企业,于是人们便根据其经营体制的特点称其为民营企业,并延续下来。

改革开放后,民营企业响应党的号召进入市场经济领域,为建设社会主义做出重要贡献。为促进民营企业的健康发展,国家发行"非公经济36条"。对于这项政策,绝大多数人持赞同态度,但也有不同的声音,甚至有人认为这是一个错误的文件。对于社会上出现的异议,厉以宁教授认为要有正确的态度。对于实施该政策的过程中所遇到的困难,我们应积极应对以帮助民营企业实现更快更好地发展。

(一)"非公经济36条"的出台

1. "非公经济36条"出台的经过

2003年下半年,全国政协经济委员会非公有制经济专题组,到辽宁、广东两省进行调研。参加调研的政协委员在讨论中取得了以下共识:首先,民营经济在现实经济中有重要作用,包括对解决中国的就业问题有不可忽视的作用。其次,加快发展民营经济是必要的。再次,民营经济的进一步发展正面临一些阻碍。一方面是市场准入问题。另一方面是必须打破税收、信贷、土地使用、外贸等方面的不公平待遇。最后是民营企业发展的社会环境问题。事实上这些因素的限制致使民营企业虽然较国有企业拥有更多的自主权,但距离成为有效适应市场经济需求的合格微观主体尚有一段距离。"非公经济36条"在这样的背景下出台了。

2. 深化认识的几个问题

"非公经济36条"在具体实施过程中仍然遇到了一些障碍,这与对民营经济的认识不足有关。因此,在贯彻"非公经济36条"的过程中,厉以宁教授认为有必要提高认识,澄清一些认识方面的问题。

第一,要充分认识民营经济在构建和谐社会中的作用,能够吸纳大量劳动力的主力是民营企业。第二,民营企业受到的不公平待遇可能是多种多样的,如土地使用和税收上的不公平待遇。要真正落实"非公经济36条",大家应处在公平竞争的位置上,也就是厉以宁教授长期倡导的给予各个市场微观主体公平、公正的竞争机制、体制。第三,正确理解非公有制经济和公有制经济之间的关系。从非公有制经济对公有制经济的影响来看,厉以宁教授指出非公有制经济的发展能够促进公有制经济的巩固和发展。第四,正确认识民营企业家的富裕和一部分人的贫穷之间的关系。共同富裕是我们的目标,一部分人先富起来将有利于另外一部分人比较快地脱贫致富。

这些观念的转变是顺利实施"非公经济36条"的前提和保障。

(二)民营经济发展和政府职能转换

1. 市场经济条件下政府和民营企业之间的关系

对于处理好民营企业跟政府之间的关系,习近平同志在2017年两会期间看望参加政协会议的民建、工商联委员时提出"亲""清"的关系,可谓语重心长,他既要求政府,又要求干部,也要求民营企业家坚持这两个字。民营企业家不能够违反这两个字,否则会妨碍企业的向前发展。这两个字指出了民营企业正确处理同政府的关系时的原则,实际上是加大了民营企业未来发展的信心。当然这两个字也体现了党对民营企业的政策。厉以宁教授指出所谓"亲",指民营企业要主动向政府汇报自己的困难,让相关的政府部门了解到企业面临的实际情况。所谓"清",指民营企业家要认识到在处理同政府的关系时,一定不能行贿,不能给领导干部个人输送各种利益,要维持一种干干净净的关系,这样才有利于企业发展。

2. 政府职能转换和民营经济发展之间的关系

改革实践表明,公共服务供给不足的问题正越来越引起社会的关注,而公共服务供给不足的根本原因在于体制、机制不健全,包括政府转型的滞后。政府在公共服务供给中行使的基本职能就是制定公共服务政策,保证基本公共产品的供给,并监管公共服务的生产和提供。因此,政府职能的转换和政府转型成为服务型的政府实际上是同一件事,这是当前中国体制改革中最重要的一环。

厉以宁教授指出:第一,民营企业在经济中须同其他所有制的企业处于相同的地位,受到同等待遇。政府须一视同仁地为所有企业服务。这既能鼓励民营企业积极投资,也能鼓励通过创新和创立品牌而提高竞争力。第二,政府职能转换后,政府同行业协会之间的界限须划清,政府官员不得兼任行业协会的领导,政府也不能代替行业协会行使职能,从而使行业协会进一步发挥作用。第三,政府职能转换后,政府作为服务者应帮助民营企业开拓国外市场,支持民营企业到境外投资兴业。政府的支持主要体现于法律法规的健全和政策的完善,政府还将起着引导民营企业"走出去"的作用。第四,政府职能转换后,政府作为市场规则的制定者和市场秩序的维护者,能够更好地保护民间资本投资人的合法权益,从而支持民营经济,提高效率,促进财富积累。

任何经济秩序的建立都需要用制度形式把一定的原则巩固下来。经济秩序体现在制度和体制上。政府职能转换意味着市场经济体制对传统经济体制的替代,正常的经济秩序对不正常的经济秩序或无效经济秩序的替代。

3. "无为"和"有为"对民营经济发展的作用

政府"无为"绝不等于"不作为"或"无所作为"。政府"无为"是指政府应遵循客观规律做事。有所不为才能有所为,这才是"有为出自无为"的真谛。厉以宁教授指出以政府对待民营经济的政策而言,政策制定的原则应是如此,政策的执行和对政策执行状况的监督也应如此。实际上,中国改革开放进程中,民营经济正是在政府"有为出自无为"的方针指导下发展起来的。

中国经济改革表现最优秀的方面是民营经济的蓬勃发展,即"增量改革"。之所以增量改革的绩效远远优于存量改革,是因为后者必须"破旧+立新",而前者仅仅需要"立新"而已。

厉以宁教授指出民营经济在市场条件下发展起来,正是政府遵循客观规律,采取引导、扶植等政策措施的结果。这表明政府的"有为"出自"无为"。而民营经济至今仍在市场准入、公平待遇等方面遇到困难,难以进一步发展,此结果既有损于国民经济,扼杀了民营企业的积极性和活力,又不利于政府职能的切实转换。

4. 民营企业减税

我国1994年实施的税制中某些规定已不符合现在发展的实际,存在税率过高、税负过重、重复征税等弊端,如我国现行增值税制中多把私营企业划入小规模纳税人,使其实际税负要高于一般纳税人;企业所得税和税收减免方面内资、外资两套税制并行,只有特定地区的内资企业才可享受到"优惠"税率,且内资企业是从投产之日起就征收企业所得税,而外商投资企业则是从获利年度起享受"两免三减半"政策;中小非公有制企业主集所有者、经营者于一身的特点,使他们需同时交纳企业所得税和个人收入所得税,这在一定制度上产生了重复交税现象。

厉以宁教授从给予各市场微观主体以公平、公正的市场机制的角度出发,指出:要解决这些问题,必须按照国际惯例并考虑我国经济发展中出现的新情况,认真清理现行税制中这些阻碍经济发展的规定,使不同经济主体都能享受到同等的政策和优惠。要及早合并现行的内资、外资两套企业所得税制,统一各类企业税收制度。要规范税前费用列支标准,准予企业将实际支付的工资、公益性或救济性捐赠及不违反现行法规的融资利息支出在税前列支。要缩短固定资产折旧年限,提高折旧率,加快有条件的企业进行设备更新和技术改造。此外,我们还应对诚信纳税的企业给予鼓励,努力推动建立"诚信纳税"的良性循环机制,营造良好的信用社会氛围。

四、民营企业的转型

在市场经济下,提升竞争力对企业的生产和发展至关重要。在分析企业竞争力时,我们既要考虑企业的生存能力,又要考虑企业的发展能力。民营企业的发展战略转型正是为增加长期的竞争力,增加发展能力,保证企业的可持续发展而服务的。为此,促使净利润增长、资本增长、资产增长,是十分重要的。下面我们就民营企业体制转型的发展和内容从四个方面进行探讨。

(一)民营企业体制转型

1. 民营企业体制转型问题的提出

民营经济作为我国社会主义市场经济的重要组成部分,正日益显示自己的活力。但民营经济的活力不可能不受到企业体制与企业组织形式的制约。如果企业体制没有理顺,企业组织形式依然墨守成规,民营企业的发展就会受到限制。现代企业制度的建立是民营企业体制转型的重点所在。

民营企业可以有多种形式。家族制(又称家族经营制)是一种较普遍的形式。不容否认,在民营企业初创阶段,家族经营制曾经起过一定的积极作用。然而一旦企业规模增大,市场竞争加剧,技术进步速度加快,家族经营制的局限性就越来越突出。调查结果显示,国内家族企业发展的两大瓶颈是管理落后和任人唯亲。此外,麦肯锡公司的研究发现家族企业中只有15%能延续三代以上。对于15%这个数字,需要斟酌,因为华人世界的家族企业似乎要高出这个数字。但唯有突破家族经营制,民营企业方能进一步成长。民营企业的体制转型问题正是在这种背景下被提出的。

2. 从家族制到委托代理制

以上说明了家族经营制的局限性。走向委托代理制,走向现代企业制度,是稍具规模的民营企业的必由之路。委托代理制的特点是用人唯贤,而不是用人唯亲。社会上有若干可供选择的经理人才,民营企业要善于挑选,择贤录用。家族可以掌握控股所必需的份额,但股权与经营权须分离。对聘请的经理人员,企业要按照公司章程的规定给予职权,用人不疑,疑人不用。

此外,民营企业产权应当开放,即向愿意投资的经济人开放。产权的开放不但拓宽了企业融资的范围,有利于技术进步,而且企业产权结构得以发生变化,企业成为真正由多元投资主体所组成的企业,这将使得规模较大的民营企业顺应潮流走上公司股份制的道路。

(二)民营企业的发展战略转型

1. 民营企业应加强自主创新能力的建设

民营企业须增加用于研究和开发的经费。在我国,即使是规模以上工业企业研发投入占销售收入的比例低于发达国家5%的平均水平。增加研究和开发费用,增强自主创新能力,对民营企业、中小企业来说尤其重要,更是厉以宁教授所一直提倡的有效市场微观主体的不可或缺的能力。在日益关注自主创新的今天,我们应当关注中小企业的自主创新。R&D(研究和开发)活动既是中小企业生存的依托,又是新兴中小企业的催生剂。

此外,民营企业应该认识到信息技术的运用将成为企业利润的另一个来源,因为通过降低信息获取成本可以降低交易费用,而充分有效地利用信息可以增加利润,并且这也是今后在产品同质化竞争时代的主要竞争优势来源。

2. 民营企业要善于通过并购扩大实力

就企业发展战略而言,民营企业应当懂得通过并购以扩大实力。不少跨国公司之所以壮大,固然同财富的积累有关,但如果不从事企业并购,仅仅靠自身的积累,那将是一个漫长的过程。

并购需要抓紧时机,机会错过,不会再来。在国内,民营企业尤其不要放过参与国有资产重组的机会。国有企业改革过程中,企业正在走向投资主体多元化。国有资产在形态上是会转换的,有时也需要转换,如从实物形态转换为货币形态或证券形态。民营企业要善于通过并购(包括参与国有资产重组或收购国有企业)来扩大实力,但着眼点应放在"做强"而不是单纯追求"做大"。

无论是国内兼并还是海外收购,至今都不乏失败的例证。尤其是海外收购,更需要慎重。有时放弃也是一种智慧,主动放弃并不表示失去,舍得之间方有前进之路。

3. 民营企业要重视知识产权保护

保护知识产权是一项国际公认的游戏规则。厉以宁教授认为对民营企业而言,在制订今后的发展战略时,应当侧重两点:一是要尊重他人的知识产权,不侵害他人的知识产权;二是要维护自己的知识产权,防止他人的侵害。

企业对知识产权保护的重视是在国家重视知识产权保护的前提下实现的。我们可以通过对知识产权规则的调整,影响企业和个人的行为决策,实现效率的改进或协调利益冲突。政府还可以制定各种影响知识产权制度运行效果的政策来促进企业和个人更好地经营知识产权资产和利用知识产权规则,达到增进效率的目的。

总之,当前在中国,无论是政府还是企业,一方面要提高自我创新能力,培育自主创新能力,以进一步发挥人们的创造力,另一方面要充分利用知识产权规则来建立本国的和本企业的品牌,取得市场竞争中的优势。

(三)民营企业的管理模式转型

1. 民营企业应当建立内部的协调机制

企业成长中存在若干误区,其中一个误区是在企业发展过程中,企业需要同外界建立广泛的关系,这种观点认为公共关系是企业发展的重要资源,是企业快速发展的保障,还可以帮助企业应付危机。这种想法和做法之所以不正确,是因为它忽略了企业最大的力量是在企业内部,而不在外部。

企业内部应当尽可能协调,企业的生存和发展来自内部的凝聚。吸收职工入股是可以采取的措施之一。职工入股之后,企业与职工相互适应的基础将是职工作为生产资料的双重意义上的主人;职工通过各种不同渠道推举出代表自己利益的代表参与董事会的决策;股份企业被推上市场竞争的舞台,从而必须采取同职工相适应的方式才能使股份企业立足并发展;职工个人始终保留了转让股票的权利、流动的权利,"适应则留,不适应则去"。总之,与以前相比,在企业与职工的适应方面,这是一个明显的进步。

2. 从更高的层次调整民营企业内部关系

在管理工作中,我们可以把劳动者与经济组织之间的关系分为强制关系、激励关系和适应关系。这是三个不同层次的关系。强制关系的层次最低,激励关系的层次较高,适应关系的层次最高。强制关系之所以是最低层次的,是因为这时所形成的企业内部关系是强制服从关系,不做将有处罚。在强制关系之下,职工表面是服从的,但无法激发出自内心的积极性,甚至还会产生逆反心理,从而增大管理的难度。

厉以宁教授指出从人们的需求构成来看,较高层次的需求包括归属的需求、尊重的需求和自我实现的需求。适应关系主要是从这三个较高层次的需求来考虑的。当职工个人对一定的经济组织有归属感的时候,当他们感到自己在经济组织中是受到了尊重的时候,以及当他们感到自己在经济组织中能够使自我实现的愿望得以成为现实的时候,他们就同这样的企业相适应了。

3. 充分发挥人力资本的作用

民营企业要发展、壮大须重视人才,吸引优秀人才前来,并在企业中充分发挥作用。根据经济学原理,资本分为物质资本和人力资本。物质资本指机器设备、原材料、厂房,人力资本体现在每个人身上的才能、知识、经验及主动性、积极性上。

企业职工按技术文化程度划分,可以分为知识型职工和非知识型职工,两类职工在职工总数中所占的比例依行业和企业的性质而定,即使是在劳动密集型行业中,知识型职工仍然是企业的骨干力量。针对企业中知识型员工的特点,兼用物质激励和非物质激励十分必要。在物质激励方面,采取职工持股分享利润的方法是可行的;而在非物质激励方面,最重要的是两点,一是创造宽松的工作环境,二是重视知识型职工个人长处的发挥和事业成就的实现。

民营企业内部充分发挥人力资本的作用,有利于自主创新的实现。民营企业对这一点要有充分的认识和长远的眼光。

4. 民营企业应建立内部的制衡机制

厉以宁教授指出不管哪一种组织形式的民营企业,建立有效的制衡机制都是必不可少的。制衡之所以是必不可少的,原因在于领导人功过具有不对称性,即指当事业走向成功时,领导层集团共同有功;当事业走向失败时,第一把手负主要责任。

那种认为不需要建立制衡就能决策和提高效率的观点是错误的,因为厉以宁教授认为这种观点忽视了以下三点:(1)客观形势是多变的,甚至具有不确定性;(2)个人能力总是有限的,任何人都不可能万能;(3)企业的目标往往是多元的,而不是一元的。因此,需要建立有效的制衡机制,即使在这一过程中降低了效率,但也是为了避免发生更大的损失而必须付出的代价。人对损失的关心大于对收益的关心。

（四）企业文化建设

1. 企业文化建设的核心是培育职工的认同感

管理有三个原则：最低层次是强制原则，其次是激励原则，最高层次是认同原则。强制原则和激励原则都不可缺少，但最重要的则是认同。同甘共苦，是每一个企业都希望职工（包括投资人）能做到的。同甘靠制度，共苦靠认同。企业文化建设的核心是培育职工的认同感。有了认同感，凝聚力就产生了，有了凝聚力，企业的发展就有了希望。

2. 履行社会责任不仅是企业发展的依据，甚至是企业的生存之道

企业社会责任有法律层次和道德层次之分。法律层次的社会责任是基本的，也是必须履行的；道德层次的社会责任是自愿的。如果没有尽到法律层次的社会责任，那就谈不上道德层次的社会责任，即使企业捐献得再多，但当人们把破坏环境、欺骗消费者、虐待员工、偷税漏税、违法经营等不法行为同企业联系起来时，他们不会承认该企业是有社会责任感的企业。在履行法律层次的社会责任的基础上，再尽可能履行道德层次的社会责任，企业才会得到社会的尊重，企业才会发展得更好。

厉以宁教授曾经指出管理可以飞跃，但不能简单跨越。虽然我们在短时间内拥有了西方发达国家的高楼大厦、高速公路等硬件设施，但如果使用这些现代化硬件设施的人的基础素质和管理水平跟不上经济快速发展的要求，整个社会就要为此付出沉重的代价。这段话适用于一切企业，尤其是成长很快的民营企业。要落实体制和管理模式的转型，注重企业的文化建设，才能在当今的国际市场经济中立于不败之地。

五、民营企业的未来发展趋势

经济新常态下，发展的关键正从数量型、速度型向质量型、效益型转变，投资不再是简单的资本投入,而是要产业升级、技术创新,新常态是中国经济结构调整、产业结构升级的"窗口期",是调整结构、技术创新的最佳时机。这恰恰有利于打破旧有格局,促进民企走向混合所有制经济,最终实现国企和民营企业的双赢。

新常态更是未来民营企业发展所处的环境。厉以宁教授指出,最简单地说,新常态就是按经济规律办事,过去若干年经济的高速增长,短期可以,但是不能作为长期指标,因为这不符合经济规律。厉以宁教授认为新常态首先就是经济速度要从高速增长转为中高速增长。

(一)城镇化:民营企业发力点

对于民营企业未来的发力点,厉以宁教授抛出了三个字——"城镇化"。

不少决策者的旧思路是农民进城就是城镇化,2011年厉以宁教授在赤峰调研时,提出了新的看法。当地牧民向政府表示不愿进城,因为他们拥有自己的羊群、牛群,住得也不错。地方政府也犯难,如此无法提高城镇化率。彼时,厉以宁教授给当地政府支招:"为什么不在农村建立工业开发园区呢,建立绿色、公共服务完善的社区,这样社区就是城市,也能避免以往农民工大量拥进城一揽子的问题。"对于民营企业来说,这也提供了大量的机会。"未来中国最大的投资机会,就在中国的城镇化上。"厉以宁教授强调。

(二)要素成本上升"危中有机"

要素成本上升,民营企业感慨生意不好做,这是工业化发展到一定程度后出现的情况,也往往是经济突破的前提。在厉以宁教授看来,当下各种生产要素成本的上升,短期会给大家带来痛苦,但从长期看,这会孕育新的技术革命,提高社会生产力。厉以宁教授提醒:民营企业要么技术创新,要么产业转移,转移到生产要素成本低的区域或行业。

(三)改革主要靠顶层设计

尽管已80多岁高龄,厉以宁教授始终坚持在全国各地走走,因为中国经济发展的动力在于民间所蕴藏着的极大的积极性。

无疑农村承包制的推广、乡镇企业的建立、证券交易市场的成立,就像平静水面上又加三块石头,激起了层层波浪。改革开放40多年的经验告诉我们,要使民间积极性转化为亿万人民的自觉行动,政府起了重要的作用。政府作用在于发现积极性并引导,扶持民间出现的新生事物。不过厉以宁教授也认为,当初我们是摸着石头过河,不过现在水深了,或者石头分布不均匀了,改革便要依靠顶层设计。

(四)新常态下小企业的发展

从2013年和2014年的情况看,由于经济增长出现下行趋势,民营企业包括大量小企业产品销售不如过去,加上贷款难等问题仍然没有得到很好解决,劳动力成本、店铺租赁成本、物流成本又居高不下,因此民营企业普遍感到经营困难,对市场前景顾虑重重。

在新常态下企业消除顾虑最重要的方式是正确认识当前经济形势,增强信心。在目前情况下再指望出现超高速增长是不现实的。我国经济增长率虽然降低一些,但从全世界看依然处于前列。而从结构调整的角度看,结构合理是稳定增长的前提,只要结构调整不断取得进展,市场就有较好的前景。另外,在新常态下小企业无论从事制造业还是从事服务业,都要走专业化道路。小而精、小而强,就会开拓出市场,尤其小企业如果有机会成为大企业的合作伙伴,千万不可错过。最后,一个企业无论规模大小,要想拥有更多社会资本,只有依靠自己努力,一点一滴地积累,而诚信在社会资本积累中是极其重要的。

总之,对于小企业而言,有了信心,以诚信为本逐步积累社会资本,再加上一切从实际出发,走专业化道路,就不仅可以有所作为,而且一定会大有作为。

(五)混合所有制企业应与国企和民企三分天下

对于混合所有制经济,无论是国企、民企都要走混合所有制的道路,国有企业、民营企业、混合所有制企业应该三分天下。

厉以宁教授指出混合所有制企业建立有四个好处：第一是把国企的资本雄厚优势和民企的机制灵活优势集中到一起；第二是有利于走出去，不会被其他国家所限制，也不会因力量小成不了气候；第三是混合所有制经济的法人治理结构是最有效的；第四是混合所有制经济是国有资本和民间资本合作的场所，国有企业改革之后就有条件成为双赢的获得者，民营企业在与国有企业合作的过程中也能获得公平竞争、合作的好处。

总之，国企和民企之间的相互竞争是必然的，合作也是必然的。走到国外的企业，不管是国有的还是民营的，都是中国企业；不管是国企还是民企，创造出来的品牌都属于民族品牌。无论哪个企业，只要竞争力强，能打入国际市场，扩大市场份额，都是我们的骄傲。

六、中国企业家

中国社会主义市场经济的伟大实践创造了人类历史的奇迹，它使多年前一个国民经济濒临崩溃的国家，迅速成长为世界第二大经济体。改革开放前后中国社会阶层构成中唯一的变化是出现了企业家这样一个群体，而这个群体一经出现，就不可避免地成为历史的创造者，成为中国建设市场经济和商业文明的主角。事实上，企业家正是我国打破第二类非均衡束缚，构架公平、公正市场经济体系，涌现适应市场经济需求的微观主体的核心因素。下文将对中国企业家的环境、标准和发展路径等进行重点论述。

（一）中国企业家的环境

厉以宁教授指出我国企业家所处的市场环境是西方国家企业家无法想象的。前几年的承包制就处在特殊的环境中。在外国，承包工程的甲乙双方是处在平等位置的。在中国承包就像打球，政府作为"发承包方"兼有三种身份：第一种身份是运动员。第二种身份兼裁判员，兼裁判员即决定犯规与否。还有第三种身份兼比赛规则的修改者。目前情况有所改变但还未完全转变。若把过去经历的种种看成是一种磨炼,就像一个人,如果风雪路都走惯了,将来的平坦大道也将一路畅通。只要宏观经济正常、法律法规健全,相信在我们的体制内还会有大批的企业家出现。

(二) 中国企业家的四项标准

在中国,很多人把企业家当成一种职业,这是误解,其实企业家是一种素质。按教科书上的说法,企业家应具备3种素质:一是有眼光,能看出赢利点在何处;二是有胆量,看准的事情敢于去做;三是有组织能力,能领着一帮人干事。但21世纪的企业家仅有这三种素质是不够的,厉以宁教授认为必须树立新型企业家的概念。

1. 要有新的观念

新观念包含了对整个经济形势的看法和了解。如对新经济和泡沫的认识。新经济中有一些泡沫也不可怕,关键是要观察、学习、掌握、利用新经济。拒绝新经济将导致落后,将与世界先进水平差距拉大。企业家对新东西要有新的认识。网络技术不排除任何一个部门,传统产业也完全可以利用,以加快技术创新和技术改造。

2. 要有新的决策方法

新的决策方法不是一言堂,也不是拍脑门作决策,而是请专家作决策。任何一个投资、任何一个重大决定,都要尽可能请专家作决策。非程序化决策是对新型企业家应变能力的要求,往往非程序化决策更需要专家协助。

3. 要有利益导向的经营思想而不是危机导向的经营思想

所谓利益导向,就是在企业处于顺风、走上坡路时,日子过得还挺好,但是企业家须看到未来有更大的利益可以得到,为了将来更大的利益,当前必须作出改革,通过改革来转化潜在的利益。危机导向是指,在顺风的时候不去想着改革,直到企业混不下去、无路可走了才想起改革。新型企业家就要适时发现必要的改革并及时地作出改革的决定。

4. 要善于利用资本市场

善于融资、善于利用资本市场的经理是目前企业最需要的,而且不单要善于融资,还要善于提高资金使用效率。现在某些企业,利用各种关系也能弄到资金,但不善于提高资金使用效率,钱多了却找不到投资渠道、找不到好的投资项目,这也是没用的。

（三）企业家的发展阶段

经济学界认为,中国现代企业家的形成大体上经历了三个阶段:

第一阶段是1979年以后,出现了第一个浪潮,在体制以外形成的企业家。这些企业家多数是从下乡插队和生产建设兵团回来、没有找到工作的青年;农村中出来的一批能人;还有少数从劳改、劳教所里出来的人。在当时条件下,他们都是体制外的人员。但是他们有眼光,有胆量,还有一定的组织能力,所以在第一个浪潮中这批人得以崭露头角。

第二个浪潮在1985年后。1984年,中共中央开了十二届三中全会,改革的重点从农村转移到城市,在这个过程中,一些人就开始从体制内转到体制外了。这包括两部分人:一部分人是机关干部。机关干部停薪留职,下海经商,还有一部分科技人员下海创办民营科技企业,这都是从原来的体制内转入体制外的企业家。

第三次浪潮是在1992年邓小平同志南方谈话以后,在国有企业改革中崛起的一批企业家。

（四）从小业主意识到现代企业家意识

1979年以后,最早的企业家是在体制外出现的,因为只有在体制外才有活动的余地,其中不少企业家来自当地的农村、小城镇。这些人小农意识较强,只有摆脱小农意识,才能促成民营经济最初的发展。随着经济发展小农意识渐渐被小业主意识所代替,虽然小业主意识比小农意识进了一步,但如果停留于小业主意识,还是不能适应现代企业的需求。为此,民营企业发展战略的转型首先是要实现小业主意识向现代企业家意识的转变。

厉以宁教授指出能不能成为现代企业家,对我国目前许多民营企业家来说,是一个摆在面前十分紧迫的问题。1992年,受邓小平南方谈话和经济改革推进的影响,一大批在政府机构、科研院所、高等学校工作的体制内官员或知识分子纷纷下海创业,形成一股商业浪潮,形成了"九二派"企业家。这批人善于借鉴发达国家的成熟经验,并引入中国市场的空白领域,成为某个行业的开拓者或佼佼者。

从小业主意识转变为现代企业家意识需要注意七点。第一,要有品牌意识。中国的商品缺少自己的品牌。至今民营企业的品牌意识仍然不够。第二,要有营销意识。把自己的商品打向国际市场,一定要有通畅的营销渠道、信息网络。第三,要有人才意识。缺乏人才就无法进行技术创新,无法建立自己的品牌和营销渠道。第四,要发挥产业集群的长处,企业在产业链条的各环节须进行深度分工。第五,要懂得用法律来维护自身的权益,但又要慎用诉讼。现代企业无疑应当知法、守法、用法。当自身权益受到侵害时,企业应当懂得如何运用法律保护自己,维护权益。第六,要懂得资本市场的运作。新经济是技术创新加资本市场,仅有技术上的创新是不够的,还必须利用资本市场。第七,切忌贪大图快,快速地开拓许多市场,那样资源利用率和回报率必定是低下的。在市场拓展问题上,企业必须坚持逐一开放、步步为营的策略,待一个市场开发成功后,再开发下一个市场,中小民营企业尤其要注意这一点。

七、家族企业的传承

我国的民营企业多数是家族企业,民营企业的传承问题很大程度上就是家族企业的传承问题。厉以宁教授一直关注民营企业、家族企业的传承问题,长期呼吁民营企业应建立现代企业制度,引入职业经理人,以规避因传承而产生的经营风险。

(一)家族企业的"两本账"

厉以宁教授认为家族企业从兴起开始,因其本身的特殊性,就存在"两本账",即经济账和家族账,这直接影响了家族企业经营的日常决策。

家族企业的兴起有三点原因,一是家长有凝聚力又能干,能够带领家族成员一起创业;二是家庭成员在创业时期是齐心协力的,有很强的向心力;三是家族企业要兴盛,必须要有自己的特色,有自己的所长,在市场中讲诚信,要守法。

家族企业并不是仅仅依靠"经济人假设"而兴盛起来的。对家长来说,从创业之时起,其就负有双重使命。第一个使命,是创业者要遵循市场规则行事。诚信守法是最重要的。在诚信守法的前提下,家族企业必须按"经济人假设"行事,力求做到"成本最小化,效益最大化",做精做强,有竞争力;另一个使命是:在家族企业不断成长和壮大过程中,家长作为家族企业的创始人并担任着家族企业的主管,有责任要照顾家族成员中的弱者。这就表明家长心中有两本账:一是"经济账",二是"家族账"。"经济账"指的是家族企业在经营中所获得的利益,如何让家族企业能继续兴旺,赚更多的钱。"家族账"又可以被说成是"家族群体的责任账",例如让家族成员中的弱者能得到照顾,早日摆脱贫穷的处境,也能分享到福利,使生活逐渐改善。

(二)家族企业的继承制

家族企业创办后,向来是十分注意继承问题的。家族企业的继承问题,不仅关系到家长本人,也关系到家长周围的、在家族中有影响力的家族主要成员,甚至关系到所有的家族成员。

长子继承制是从古代一直流传下来的继承规则。这被认为是最符合家族企业传统的做法。它通常有三个最能说服家族其他成员的理由。一是长子继承合乎惯例,无可指摘。二是在家族企业创业初期,长子是父亲最得力的帮手,他同父亲一起了解创业的艰辛,熟悉企业状况和市场状况。三是他同父亲手下负责经营管理的管理人或经理人有过接触,他如果接班,掌握大权,会有这些管理人或经理人的支持、合作。

长子继承制的采纳也许会遇到困难。我们通常认为长子继承制遇到的困难有以下三点:第一,长子本人不一定具有他父亲的品质、能力和权威。第二,长子虽然可以成为家族企业的接班人,但他本人对经营企业不感兴趣,而愿意从事其他职业(如公务员、律师、教师、医生等)。第三,父亲有几个儿子,长子与其他儿子相比,经营管理家族企业的才干不如外的某个儿子。

长子继承外,家族企业的继承制不可避免地将在"亲中求贤"和"贤中求亲"这两种方式中作出选择。"亲中求贤"是指:家族企业的掌门人从自己认为同自己最亲的家族成员中挑选最能干的、最孚众望的人作为继承人。"贤中求亲"是指:家族企业的掌门人从自己认为最能干的、最孚众望的人中挑选出与自己关系较亲的人作为继承人。

厉以宁教授不是十分推崇这两种选拔家族企业继承人的方法,他认为无论是"亲中求贤"还是"贤中求亲"都离不开血缘关系,离不开家族成员,而不可能跳出家族的圈子来提拔今后本家族企业的接班人。

(三)家族企业经理人的选择

厉以宁教授指出,家族企业要真正转变为现代企业,除了要产权清晰、产权多元化以外,还必须建立完善的法人治理结构,即建立股东会、董事会、监事会和总经理聘任制、责任制、任期制。总经理由董事会聘任,有一定任期,他是公司业务经营管理的负责人,是公司业务的执行者,即一般所说的企业的管理人或经理人。

厉以宁教授认为未来家族企业的继承人和管理人、经理人不是一个概念。继承人必然涉及财产继承关系,进而涉及血缘关系。而管理人或经理人,也许可能拥有家族企业的一定份额的财产权,但也可能是外聘的,或从家族企业原来的雇员中产生。

"亲中求贤"或"贤中求亲",固然比传统继承制有所改进,但与现代企业制度的建立相比,仍有一段较大的距离。家族企业仍有必要继续改革、转型。

第八章 文化经济学

《文化经济学》出版于2018年,是厉以宁教授最后一本独立完成的学术专著。该书厉以宁教授提笔于2015年,每天撰写1 600字,完成于2016年年中。那时我正好在校陪伴厉以宁教授左右,有幸阅读了手稿,成为该书的第一批读者。

厉以宁教授从早年研究经济史开始,就强调文化建设在中国特色社会主义建设中的重要性。晚年厉以宁教授更是长期关注文化在经济中的作用。为此,厉以宁教授方才提笔撰写《文化经济学》,从更为宽广的领域探讨文化对经济发展、改革、转型的作用。

《文化经济学》一书始于对文化产品、文化产业的商品属性的探讨,之后从三个维度对文化在经济中的作用进行了研究。第一个维度即发展维度,研究了文化启蒙、创新、传承、共享的问题。第二个维度是人文维度,即从文化自信、文化包容、文化制衡、文化调节的角度,讨论文化对经济的影响。第三个维度是学科维度,即从经济学、管理学的学科发展的角度,探讨文化所发挥的作用。

一、文化产品与文化产业

文化产品与文化产业及其相关内容是《文化经济学》一书的前两章,该部分内容从商品属性出发,利用投入产出的分析方法,研究文化产品、文化产业在经济社会中的作用。

(一) 文化产品与文化产业的内涵

1. 文化产品的性质

厉以宁教授首先根据是否物化的属性将文化产品进行了分类,大体上分为两大类:一类是用物化形态表现出来的,如音像制品、美术作品、书刊等,也包括瓷器、陶器、刺绣、服饰等物质形态的工艺品;另一类则是精神服务产品,也就是文化艺术部门和单位提供的服务,如歌舞演出、演唱会、话剧、评书、相声等。

在对文化产品进行分类的基础上,厉以宁教授提出了文化产品具有两个"交易"过程的商品属性,这与普通商品有着本质的区别。两个"交易"过程一是创作者同出版社、杂志社、剧场之间的"交易行为",创作者是唯一的供给方,而出版社、杂志社、剧场等则是需求方;二是出版社、杂志社、剧场等作为供给方,而购买书籍、杂志的读者以及到剧场去观看话剧演出的人,他们是需求方。如果是书籍杂志的零售商,那么他们也可以被称为需求方之一。

在对文化产品的商品属性进行了分析后,厉以宁教授指出文化产品具有三点特殊性质,即文化产品的社会评价具有滞后性,文化产品的社会评价标准会因着眼点的差异而产生差异,文化产品的社会评价标准是可变的并非永恒的。

为了与一般商品进一步区分,厉以宁教授分析了文化产品在使用价值上与一般商品的区别,共三点,即文化产品可能越早生产越具有价值;文化产品的评价标准难以统一;文化产品可能同时产生正反两方面的影响,文化产品中的糟粕即使被管制也可能给社会带来恶果。

2. 文化产业的内涵

对文化产业的解释,厉以宁教授引用了联合国教科文组织对文化产业的定义,即按照工业标准生产、再生产、储存及分配文化产品和服务的一系列活动。

厉以宁教授认为联合国教科文组织的定义中有三个关键词:一是"分配",显然包括流通和销售。二是"按照工业标准生产",实际上把未按工业标准生产的文化产品排除在外了,也就是未把从事文化产品生产和服务的农民计算在内,除非农民建立了工业作坊,或开设了合作社性质的手工工场或工厂,方才符合"按照工业标准生产"的要求。三是不仅把文化产品的"生产、再生产、储存及分配"包括在内,而且还包括了"服务",也就是说,"文化产业"的产品中,既包括有形的文化产品,也包括无形的文化产品,即服务。

文化产业是国民经济中众多产业之一。它以企业的形式组成经营主体。文化产业的经营主体和文化产品的供给者不是一个概念。文化产业的经营主体是产权清晰、管理到位、服务周到的出版社、杂志社、剧团、剧场、工艺美术品生产企业等。它们有一定的投资人,在产权清晰的前提下其组成经营主体,即企业。它们雇用工作人员,生产文化产品,并通过销售自己生产的文化产品和服务(精神产品)获取营业收入。

与文化产业平行发展的是文化事业。二者的区别在于:文化事业是非营利性的,而文化产业则是营利性的。文化事业的经费来自三个方面:一是政府从财政经费中支出文化事业的费用;二是社会团体用自己的经费举办文化活动和支持文化事业的发展;三是公益组织、慈善组织通过社会的捐赠,支付文化事业的费用。

文化产业的发展具有四个国际趋势,即高新技术化、规模经济化、结构调整和资源重组、垄断化。

为应对国际文化产业发展的四个趋势,厉以宁教授认为我国文化产业的发展需要扎实的经济基础,即综合经济实力的提升和整体经济技术的进步;需要发展的市场经济,以发达的资本市场支持文化产业的新建、扩建、资产重组;需要完善的法治环境,即生产、销售文化产品必须遵守的法律法规及健全的知识产权体系。

(二)文化产品与文化产业的经济效益

1. 文化产品生产的经济效益

根据文化产品具有两个"交易"过程的特点,厉以宁教授就此分析了文化产品的经济效益。经济效益同刊出该文化产品的出版社或杂志社直接有关。第一个"交易"过程,是出版社同创作者之间的"交易",创作者把书稿交给出版社审查,这时创作者本人和出版社都没有经济效益可言。只有进入第二个"交易"过程,出版社接受了创作者的书稿,双方签订出版合同,出版社将书稿付印,正式出版,出版社销出该部书稿,取得收入,再按合同的规定向创作者付稿酬,至此,创作者本人和出版社才有经济效益可言。

文化产品的创作者们(包括作家、画家、书法家、剧作家、导演和演员在内)所投入的劳动无疑是复杂劳动,而这种劳动的复杂程度却是不容易测算的。我们很难给这种复杂劳动的投入者规定一个客观标准,很难由此判断某个创作者投入劳动的数量和质量同他们所获得的收入的相符程度。如果我们一定要采取市场化的付酬方式,那么就会引发文化产品市场的大混乱,因为这里避免不了炒作者,而且一个作家、画家、书法家、剧作家、导演、演员,由谁招聘,谁支付报酬,报酬多少,都需要有一种拍卖竞价的机制,这实际上是行不通的。

文化产品会产生溢价,即高于成本价,甚至高出成本价许多,或出现"天价",即高得出奇的价格,甚至是一般人难以想象的疯狂价格。究其原因有两点:其一,文化产品市场上存在炒作、喊价,需方出"天价"买下了,他并不会感到吃亏而是会抱着"今后标价将继续上涨"的态度,拥以待售。其二,文化产品的生产带有垄断性,至少在一定程度上有垄断性,从而文化产品市场可能具有局部垄断市场的性质。

2. 文化产业在经济中的作用

在这部分,厉以宁教授探讨了文化产业作为我国经济结构的重要组成部分,在未来支撑经济发展中的重要作用。

文化产业将成为经济增长的新动力之一。在中共十八大一系列决议的指导下,中国明确了"新常态"下国民经济要从高速增长转为中高速增长,经济发展方式要从过去的粗放式的、数量扩张型的旧方式转变为创新驱动式的、质量和效率型的新发展方式。创新应当成为经济增长的新动力。在这一转变的过程中,文化产业得到重视是必然的。文化产业的发展同国民经济的新型投资推动产业升级、加强基础设施建设密切相关。此外,在"新常态"下,我们一定要重视消费在国民经济发展中的作用。发展文化产业既能拉动经济增长,又能扩大新型消费,若我们对文化产业的作用估计不足,很可能抑制经济增长的活力和动力。

文化产业发展有助于促进贫困地区社会就业和居民收入增长。农村居民收入的提升仰赖土地确权、农村金融、规模经营和精准扶贫,文化产业的发展不仅有助于农村、贫困地区的信息交流,而且文化产业正从特大型城市、大城市开始,随着"城归"回乡创业,无声无息地向中小城市、集镇、新社区、农村推开,促进了社会就业,为此文化产业对提高居民收入、提高居民购买力有着积极的作用。

文化产业不可能孤军独进,文化产业必然和一系列相关产业齐头并进,而且最终形成互动互赢的局面。如文化产业中的文化休闲娱乐服务业和地方的旅游景点的道路和交通、旅游食宿、旅游购物设施的建设之间存在相互促进的关系。另外,文化专用设备的生产同制造业之间的关系十分密切。离开了制造业发展的大环境,文化专用设备的生产即使有很旺盛的需求,也很难提高,更不用说占据国际领先位置了。

文化产业的发展将为GDP提供新内容。后工业化阶段,第三产业的比重将大幅提高。第三产业中的许多行业是服务业,服务业又可细分为各类企业。文化产业中的大部分都是服务业,包括传统服务业和现代服务业,其中现代文化产业中许多提供无形产品或有形产品的行业,正在走现代高新技术带来的数字化、网络化、智能化的道路,已经成为现代文化服务业中的主流,并且主导着未来文化产业的发展。这些是 GDP 中的新内容,是传统的服务业所无法提供的。

(三)文化产品与文化产业的社会效益

厉以宁教授长期研究经济史,其对史学研究具有极大的兴趣,为此他的很多研究不仅仅局限于经济领域,往往外延至其他多个方面,其中他特别关注社会效益。

从社会经济发展目标的实现的角度看,社会效益实际上比经济效益更加重要,即社会效益的位置排在经济效益前面,正社会效益和负经济效益并存的情况是可以接受的,但应当对正社会效益的单位给予津贴。反之,如果该种商品生产或该行业的商品生产虽然有经济效益,而社会效益却是负面的,那就无法被人们所接受,因为再多的经济效益,也无法弥补负面社会效益给社会造成的损害。

在有关商品生产的经济效益和社会效益统一的讨论中,还有一种说法,即以"劳动者的最大利益"作为尺度。社会主义生产的目的是尽可能满足社会主义社会成员的物质和文化生活的需要。简单地说,社会主义生产的目的就是对社会主义社会成员的关心和培养,即"以人为本",它体现为对人的关心和培养。建设社会主义社会,就是要建设高度物质文明和精神文明相结合的社会主义现代化社会,这是符合我国劳动者的共同愿望的,从而是符合劳动者的最大利益的。因此,我们可以把"劳动者的最大利益"作为衡量经济中是非善恶的判断标准。

由于社会经济发展分阶段,因此文化产品生产单位的形式就会有区别,文化产品的评价标准也不尽相同。对文化产品的社会效益的判断也不会只有一个标准。在社会主义社会中,不同经济体制之下会有不同的对文化产品的评价标准,不能用计划经济体制下的评价标准来看待改革开放以来的文化产品。

文化产业依靠网络而迅速发展起来。近年来中国文化产业的大发展得益于一批批有创意、有抱负,并且熟练地掌握了网络技术的年轻人加入了文化产业队伍。他们不仅有时代感,有创造性,有创意、创新、创业的雄心壮志,而且还有高度的社会责任感。中国文化产业和其他行业一样,新人的涌现意味着中国文化产业必然以新的面貌展示在大家面前。

文化产业在城镇化过程中将会起着缓解就业、帮助创业等作用。第一,文化产业的发展将加速信息的传播。第二,文化产业的发展实际上能满足广大想学习新知识、新技术的城市老居民和新居民的需求。第三,有了较满意的工作岗位,特别是自行创业,家庭生活条件改善了,人们于是有了休闲、娱乐、旅游的愿望。文化产业成为新时期城市老居民和新居民的一种休闲娱乐方式的习惯或正常生活的一个组成部分。第四,文化产业本身的发展又进一步为已经进城的和将要进城的新居民提供了就业机会。这是一个文化产业的生产和服务同城市就业互动互促互惠的过程。

中国的老龄人口在人口总数中所占比例有较大增长,老龄化问题已成为社会关注的热点之一,养老保障不可避免地需要社会的关心、投入。文化产业中一个新行业应当是社会养老保障服务业,这是顺应社会需求而产生的新服务业。从目前情况看,社会养老保障机构的商业性和半商业性养老设施可能以较快的速度发展起来。

文化产业有助于绿色经济发展。绿色发展理念的落实,同群众的积极参与是分不开的。文化产业的功能之一是动员更多热心生态保护和环境治理的城乡居民自觉地、主动地参加绿色经济和绿色环境的建设。通过对文化产业的报道、呼吁,通过广大群众的抗议和抵制行为,环境治理和恢复、污染源的消除可以成为现实。这种积极动员群众参加对环境的监督、对违法破坏环境事件的举报,以及对现行法律的修改建议等,都是绿色发展理念的实现所必需的。文化产业在这方面可以发挥更大的作用。

文化产业促进社会和谐红利的涌现。社会和谐是指,由于政府及其下属部门关心民生,关心就业,物价基本稳定,人民收入逐步上升,居民团结,遵守法律,邻居友好和睦,尊老爱幼,互敬互爱,社会上的纠纷会大大减少,即使人们发生了纠纷,通过社区的调解,也能互相谅解,大事化小,小事化无。社会的和谐便由此养成。社会和谐的实现必定产生出一种新的红利,我们可以称之为"社会和谐红利"。文化产业的作用在于引导人们互爱互敬,互相尊重,以及在创建社会和谐的实践过程中对广大群众进行教育,进行启发,进行感染。这些都是无形的,却时刻起着潜移默化的作用。

二、文化启蒙、创新、传承与共享

跳出对文化进行商品属性探讨后,厉以宁教授从发展的维度研究了文化在启蒙、创新、传承、共享四个发展历程中对经济、社会的影响。

(一)文化启蒙与创新

新文化运动拉开了中国文化启蒙的大幕。辛亥革命虽然推翻了清朝统治,但没有把消灭封建制度视为革命的目标,没有触动农村的封建势力,没有消除封建道德、封建传统礼仪和封建国家理念。新文化运动一开始就具有文化启蒙的性质,以"民主"和"科学"作为武器,向笼罩着社会的各种封建势力宣战,第一次对封建道德、封建文化、封建文风进行了冲击。

新文化运动的前期人们主要关注文化问题、伦理问题和传统风俗习惯的转变问题,"五四运动"后人们开始关注政治问题、社会走向问题,讨论中国社会变革的道路选择。

新文化运动不仅起了文化启蒙作用,而且起了文化创新作用。以新文化替代旧文化,以新文化动员广大群众。新文化是在批判旧文化的过程中日益丰富的,最终形成文化创新的局面。文化启蒙的目标在于唤醒民众去摒弃旧文化、旧习惯、旧秩序乃至旧制度,而文化创新的目标则在于创立新文化、新习惯、新秩序乃至新制度。

文化启蒙固然不易,文化创新可能更难。文化创新所要创立的新文化、新习惯、新秩序直至新制度,是否真正符合新潮流,是否有助于团结大多数民众,是否符合国情,是否有利于发展经济,是否能增加人均收入而又缩小贫富差距等,都是有待于时间检验的。以新制度来替代旧制度,既可以被看成是一种制度的更换,也可以被看成是一种文化的替代。但制度的更换要比文化的替代阻力小得多。文化的替代,即便有充足的理由可以这么做,但由于传统习惯和风俗已经流行很多年,要改为新文化并非易事。

中国的文化创新有待深入。新文化运动后的百年间,我国的体制不断变化,评价标准也随之改变,文化创新不可避免。新思想、新形势和新改革措施的实行使过去流行的一些旧评价、旧观念都需要更新。这种发展理念的转变,无疑是新时期文化创新的新内容。

(二)文化传承

厉以宁教授十分推崇马克斯·韦伯,在多个场合介绍并诠释了韦伯的理论。在文化传承的研究中,厉以宁教授从韦伯理论讲起。马克斯·韦伯在《新教伦理与资本主义精神》中谈及了经济发展的精神动力问题。他一方面强调经济发展中物质因素的重要性,另一方面更加强调精神因素的作用,认为人们的精神动力源于人们的伦理观念,源于文化的传承和由此激发的热情。在欧洲国家,伦理观念和文化传承往往同宗教信仰联系在一起,于是产生了精神动力。正是在宗教信仰的影响下,经济发展加快了。

厉以宁教授认为文化传承和文化演进是相互结合的。文化传承将持续下去,文化本身却持续演进,在文化传承和文化演进的过程中仍将有新的规范、新的解释、新的含义出现。这是文化发展的规律,谁都无法改变它。文化传承是无止境的。文化的传承在有利于人们对历史的重视的同时,也教育了广大青少年,使他们受到教育。

文化资源是文化传承的重要载体。文化资源是无价的,其背后反映的是古人当初的生活状况、政治状况、经济状况和文化方面的成就,其价值难以估计。有计划地、科学地发掘遗址和鉴定文物,是保护文化资源所必需的。只要坚持不懈地进行文化资源的发掘和保护工作,需求和供给就能不断地相互带动,这既有利于文化资源的继续发现、发掘和保护,更有利于人们对文化的认识的深化、对传统文化的热爱和对人类文化演进的尊重。

(三)文化共享

厉以宁教授从经济、政治、社会三个不同学科的角度解释了共享的内涵。从经济学的角度,共享是全社会都应当得到发展和改革的成果,而不能让社会上一部分人获得发展和改革的成果而让另一部分人被排除在发展和改革的成果之外。从政治学的角度,共享不能只使一部分人享受到宪法和其他法律所赋予的权利和义务,而使另一部分人无法享受到宪法和其他法律所赋予的权利,或被加上更多的义务。从社会学的角度,共享是收入分配协调的问题。

在对共享的内涵进行诠释时,厉以宁教授指出有一个难题是经济学家和社会学家都没有真正解决的,这就是对收入差距的合理性的解释。经济意义上收入分配差距合理性存在的条件有二:一是生产要素供给者的机会均等,他们之间参与市场经济活动的出发点是相同的;二是生产要素供给者按效益分配原则取得各自的收入。从社会意义上说,收入分配差距的合理要视经济运行背后的指标,比如以社会安定程度或不安定程度作为判断标准。研究者只可能在假定其他情况为既定的前提下把收入差距的存在作为导致社会不安定的因素来进行讨论,而且往往同物价上涨幅度较大结合起来加以研究。厉以宁教授在《经济学的伦理问题》一书中采用了三个指标进行分析,个人绝对收入满意度、个人相对收入满意度、社会平均绝对收入和相对收入满意度。

"共享"并不仅限于社会收入分配问题,也包括政府干部作风、环境治理、司法公正、政府廉洁等问题。具体到文化共享,厉以宁教授认为应该包括五个方面的共享:其一文化传统的共享,其二对权利义务的认同,其三经济发展和体制改革成果共享及收入分配的合理,其四全体人民的社会保障状况、生活质量状况都能逐渐改进、提高,其五农民财产权得到保障。

文化传承和文化共享,无论对国家、对社会还是对各个地区和各类企业而言,都是长期目标,它们将持续存在。不仅如此,文化传承和文化共享是相互依存、相互配合的。文化共享的目标在于:把文化传统和文化创新成果作为人类的共同财富,不断传播,不断研究,使之成为人们共享的内容。厉以宁教授将文化传承和文化共享之间的关系进行了比喻：文化传承好比一条纵线，从古至今，不断丰富，因为文化资源一直在被人们发掘，一直在被人们保护，一直在被人们研究；文化共享好比一条横线，从古至今，不断向两端延伸，因为人们的认识在不断深化，应该列入共享领域的内容不断增加。这一纵一横的两条线概括了文化传承和文化共享的相互依存、相互融合的长久性。

三、文化调节和制衡

厉以宁教授从人文的维度研究文化对经济的影响，其从四个方面展开探讨，即文化调节、文化制衡、文化包容、文化自信。文化调节与文化制衡是厉以宁教授从人文角度研究文化在经济、社会中的影响的第一个部分，分别为《文化经济学》的第四、七两章。之所以将这两章内容放在一起评述，原因在于这两章内容与道德息息相关，很大程度上，文化调节与文化制衡都是通过道德发挥作用。厉以宁教授对道德的研究在其出版的《超越市场与超越政府：论道德力量在经济中的作用》一书中进行了较为深入的探讨，该书也被厉以宁教授评为自己的三本代表作之一。

（一）文化调节

经济学是研究资源有效配置的学科。经济学中所谈到的资源配置，仅限于人们在现有技术条件或体力条件下可以取得和使用的资源。在有了"所有权""财产权"或"使用权"之类的概念或规则之后，人们才能进一步研究有效地配置资源、合理地利用资源。

厉以宁教授认为在现实中资源配置的调节方式除市场调节、政府调节外，还有道德力量调节。道德力量调节、习惯调节，归根到底是一种文化调节。文化调节也是介于有形与无形之间的。

市场调节是听任市场供求关系的变化，由市场来配置资源，即由市场供求关系的变化来配置资源，供大于求或供小于求所造成的缺口在市场波动中自会缓解。从技术进步的角度看，一定的垄断和市场调节的并存，是有利于技术进步的,"垄断竞争"的市场最适合技术进步。

政府调节是由政府的指令配置资源,而不顾市场的参与者的意愿,即由政府的指令或政府制订的计划来贯彻政府的意图。政府的指令和政府制订的计划,就是法律法规,不得违背。政府调节,从近期来说应着重于需求管理,包括投资需求管理、消费需求管理、汇率需求管理等;从中期来说应着重于供给管理,包括产业结构调整、区域结构调整、技术结构调整、劳动力结构调整等;从长期来说应着重加强社会协调,包括收入分配差距的缩小、社会生活质量的提升、社会心理的协调等。

道德力量的调节是一种文化传统的调节,包括了习惯的调节、风俗的调节及若干共同遵守的约定或惯例的调节。这些文化传统被当时的人们普遍认同并且共同遵守,人们依靠这种文化传统来调整彼此之间的关系,处理彼此之间的关系。人们的行为在这种文化传统的影响下,逐渐有序,逐渐规范化,约定俗成,流传下来,这就成为共同承认的惯例。

在非交易领域,如家庭关系、家族关系、街坊邻居关系、同乡关系、同学关系、师生关系、同事关系、学术活动、社交活动、宗教活动、公益活动等,居民之间的各种关系不按市场规则处理,如果没有触犯法律法规的底线,则不受政府的干预,起调节作用的依然是习惯力量,也就是道德力量。在非交易领域,道德力量调节可以对经济活动目标和社会活动进行协调。

道德调节既无形又有形。道德力量调节中最常见的和使用最频繁的就是自律。自律就是一种无形的调节。道德力量的调节也可能是有形的,如乡规民约的制定及居民对乡规民约的遵守和牢记。有形的道德力量调节还体现于文化建设上。这里所说的文化建设包括了村庄文化建设、社区文化建设、校园文化建设、企业文化建设、社团文化建设等。所有这些文化建设都是有形的,但文化建设的后果却是无形的,因为这些文化建设产生了一种认同感、一种责任感。

市场调节、政府调节、道德力量调节三者不是彼此冲突的,而是互相补充的。三者共同维护着优秀的文化氛围,保证社会经济有序运转。在市场调节和政府调节充分发挥作用的情况下,道德力量调节同样在发挥作用。如果没有道德力量调节来配合,无论市场调节还是政府调节都不可能发挥应有的作用。这通常被称为市场失灵或政府失灵,即不重视道德的作用,再好的市场安排或再周密的政府管理方案,都难以收到完善的效果。

(二) 文化制衡

文化制衡与文化调节类似,其发挥作用的内核是道德。

道德制衡和自律都是文化力量的凝聚和发挥。我们完全可以把道德制衡和文化制衡看成是同义语。道德制衡之所以能够充分发挥作用,是与法治环境和人人自律不可分的。制衡离不开法治环境的形成,也离不开每个社会成员的自律。自律就是以道德规范所形成的行为准则来约束自己、激励自己。行为准则需要人们的认同、接受和付诸实施。道德制衡既需要人们对于行使权力的政府官员和一切政府机构中的工作人员的监督,更需要或首先需要社会成员的自律。

社会经济的自我调理功能可以细分为扩张性的(亢进性的)功能和收敛性的(抑制性的)功能,二者也是相互配合、相互制约、相互补充的。亢进性功能是指外向的、活动的、积极作用的发挥。抑制性功能是指内向的、保守的、消极作用的发挥。任何一种社会经济,只有两种功能齐备,才能防止经济过热或过冷,倾向于均衡。这是文化制衡的反映。亢进性的、扩张性的和抑制性的、收敛性的两种经济行为和市场活动反映的是文化、居民的理念和愿望。

在分析文化制衡时,厉以宁教授着重做了两个案例研究,以此探讨文化制衡对经济发展的影响,即经济人和社会人假设及小业主思想和企业家精神。

从社会经济中有"经济人假设"和"社会人假设"两种假设的并存来看,或者从社会经济中有企业家精神和小业主思想、意识的并存来看,社会经济之所以会经常处在动态均衡、相对均衡的状态,正是由于社会经济中有"扩张性的"和"收敛性的"两种功能和机制在起作用,这才不会走向过热而导致不可收拾的局面或过冷而导致死气沉沉的局面。也正是由于上述的三个"并存",即

"经济人假设"和"社会人假设"并存,企业家精神和小业主思想、意识并存,以及"扩张性的"(亢进性的)功能和机制与"收敛性的"(抑制性的或保守性的)功能和机制并存,社会经济才能正常地运行下去。

1. 经济人假设和社会人假设

经济人假设是指:在经济活动中每一个人都从自己的处境、目标和愿望出发,以此安排自己的行为和制订自己的发展规划,包括近期的安排和较长时期的安排。"经济人"总是从个人利益的最大化出发:在投资方面,总希望成本最小,收益最大;在消费方面,总希望能以最小的支出获得最大的满足;在储蓄方面,总希望利率最高,风险最小。

社会人假设一种是出于社会责任感或"个人愧疚感"性质的"社会人假设",另一种就是诸如进行炫耀性消费时的"社会人假设"。出于"社会责任感"或"个人愧疚感"的"社会人假设"是正面效应的体现,而炫耀性消费则是负面效应的体现。

任何一个人,当他成年之后,他参加任何市场竞争、任何经济活动时,他既是一个"经济人",又是一个"社会人"。"经济人假设"和"社会人假设"不仅会长期存在,而且会各自在原有的基础上发生变化,并会相互补充,即这两种假设的长期并存和争论不休反映了文化制衡的作用。

"经济人假设"虽然有缺陷和不足之处,但仍有其适用性,所以能在某种情况下成为人们经济生活和市场竞争中的指导;"社会人假设"虽然涉及面过广,会有各种各样的"社会人",但在某种情况下也成为人们在社会生活和处理人际关系时的指导。"经济人假设"和"社会人假设"实际上成为相互配合、相互补充的两种指导原则。这就是这两种假设的文化制衡。

具体地说,文化制衡至少有两方面的含义:一方面,在经济生活中适用的原则未必适用于社会生活之中,在社会生活中适用的原则也未必适用于经济生活之中。因此,两种假设的并存,对人们的生活和行为有配合和补充之处,这就是一种文化制衡。另一方面,每一种假设既有其适用性,也有其不足之处,而随着经济的发展和科学技术的进步,尤其是教育的普及和人们对生活质量越来越关注,人们的"社会人"意识会逐渐增强。这应被看成是一种文化制衡,即市场调节和政府调节都有不足,道德力量调节的重要性将越来越明显,人作为"社会人"的意识也必然随之深化。

2. 小业主思想和企业家精神

中小微企业和个人是社会微观单位的大多数。他们的"小富即安""见好就收"的小业主思想或称小业主意识,形成了社会的一种缓冲机制,使社会经济既不至于因过热而达到不可收拾的地步,也不至于因过冷而陷入难以重新热起来的长期停滞的困境。

企业家精神同小业主思想、意识既是对立的,又是配合的,这是文化制衡的一种反映。企业家精神的重要作用在于生产要素重新组合,在于发现新的营利机会,在于开辟新市场,在于创新。经济之所以能够摆脱停滞不前的状态,与技术创新、产品创新、产业创新、原材料和动力创新升级、企业管理、营销管理有关,创新就是企业家努力的结果,也是企业家精神的反映。

社会经济中既需要有开拓性的企业家和企业家精神,在某种情况下也需要有收敛性的、保守性的小业主思想和意识,这样社会经济才能通过自我调整而平稳地发展。当企业家进行创新后,带有小业主思想、意识的大批微观经济单位(包括中小微企业和个人)都会受到鼓舞,参与环境生产要素的重新组合,包括提供创新的产前、产中和产后服务,提供零配件的生产、服务设施的供应、服务工作的增加及物流、销售等方面施力,从而形成新的经济增长格局。当创新产品在市场中遇到挑战时,中小微企业抱着"见好就收""不利则撤"的想法,陆续安排好退路,也可能出于"避免更大风险"的考虑,调整投资方向,防止经济出现崩盘现象。

四、文化包容与自信

文化包容和文化自信是《文化经济学》的第五和第六章,是厉以宁教授从人文维度研究文化影响的第二个部分,该部分不局限于同文化内的道德力量,而从更广的不同文化的相互影响的角度开展研究。文化包容和文化自信二者有一定的关联,事实上文化包容是文化自信的体现,唯有对本国、本民族文化具有较强自信的国家或民族,才能真正做到包容,从而融合其他文明、文化。

(一)文化包容

从古到今,在人类历史上曾经出现过多种文化,但文化的演变、融合、创新也从未停止过。一种文化并入另一种文化的现象,同样是不间断的。许多文化在历史进展过程中曾经辉煌过一阵,但后来却无声无息了,或者融入到另一种文化之中,不再被后人提及了,这是历史上常见的。一种文化并入另一种文化,完全取决于不同文化是否能友善相处。不同民族文化的融合,正是文化包容的结果。政治上的统一不代表不同文化的融合。民族因素、宗教信仰因素可能在阻碍文化融合方面起着相当重要的作用。

厉以宁教授认为文化包容实际包括了四个重要方面:一是不同民族相处得融洽,特别是通婚联姻成为常见的现象;二是让不同民族的成员都有可能选择谋生之道,如开作坊,开商店,办工商企业和金融业,或者受雇于人;三是不同民族的成员如果自己有足够的财力,允许他们置业,包括购买土地、房屋等不动产;四是让不同民族的成员进入仕途,凭他们的才干和业绩,不仅可以担任一定的公职,还让他们有职位提升的机会。后面这三点,随着经济的发展可以逐步做到,而其中的第一点,即不同民族相处得融洽,彼此之间的通婚联姻逐渐成为常见的现象却要延迟实现。满足以上四点,文化包容便扩大了范围,文化融合也就具备了前提。

文化的融合必须以文化的包容为前提,以不同民族的互相尊重、互帮互敬为前提。而且文化的融合是一个相当长的过程,不能以强制的手段"毕其功于一役",那样只能造成误解,而不能使民族之间的隔阂化解。

(二)文化自信

对于文化自信的探讨,厉以宁教授首先对文化自信进行了定义。文化自信是指一个民族对于自己的传统、自己的文化、自己的核心价值观等都应当有充分的自信。文化自信与民族自信是共存的,也是不可分的。文化的延续和发扬光大依靠着民族的自信、文化的自信。

从社会大动乱到新朝代的施政,文化的传承和文化的自信必然成为基础。文化自信实际上是基于长时期的筛选,把民族中共同遵守、共同激励的精华的行为准则汇集起来而留给后人。尊重文化的积存,就是把文化的珍品作为共同信奉的行为准则而传给后人。文化的自信无疑就是民族的自信。

厉以宁教授研究文化自信对经济的影响,提出了文化对人力资本积累的影响。人力资本的累积就是文化的累积。当社会上大多数人都能自觉地学习知识、学习技能,并能从个人的工作中积累经验,渐渐成为熟练的工作人员时,社会中的人力资本存量会不断增长。这将促使社会风气不断转换,人们都在社会风气的影响下,讲道德修养,讲互助友爱,互帮互学,讲诚信,讲社会责任感,讲家庭责任感等。由此,社会和谐就成为社会风气。社会就会涌现新的"红利",也就是通常所说的或所盼望的"社会和谐红利"。"社会和谐红利"是社会主义核心价值观的体现。这是社会共同企望的,这正是文化积累的成果,也是文化自信的反映。

文化自信的源泉不能离开所依靠的制度自信。当公众对社会主义制度的自信增强,制度自信增强了,文化自信也增强了,这就是社会走向和谐、稳定、繁荣和经济走向持续发展的保证。人力资本在这样的基础上,必然不断充实其内涵,人力资本的作用也将随着文化自信和制度自信的增强而进入新的平台。

在探究文化自信的本质时,厉以宁教授指出认同是文化自信产生的基础。认同的含义是一个人作为某个群体中的一员,他有意识或无意识地把这个群体看成自己的组织,他不仅同这个群体协调、适应,而且也同这个群体中的其他成员彼此协调,相互适应。换言之,认同就是一个人承认自己同某个群体是适应的,承认自己是某个群体的一分子,自己与那个群体是合为一体的。认同实际上是一种文化现象。认同在现代社会中,越来越被社会承认是超越市场和超越政府的一种社会力量,它的基础就是文化。认同完全可以被称作一定的文化的积累,反映了一种文化自信。

认同实质上是源自成员所在群体内部存在着的共同命运观。同一个群体的成员的认同,是和共同命运观直接联系在一起的。

群体成员同群体(无论是大群体还是小群体)的共同命运观不一定是出于利益的考虑。当一个人生下来就不可选择地成为某一个群体(从国家到家族、家庭)的成员时,是谈不到利益考虑或超越利益考虑之类的问题的,因为他纯粹是不由自主地从属于这些群体。他长大后,如果继续是自己所归属的那个原来的群体的一员,那么他会产生对国家的认同感和对本家族、本家庭的认同感,这种认同感就是共同命运观,也就是通常所说的国家责任感、家族责任感、家庭责任感,而并非出于个人利益的考虑。

个人对所加入的群体的认同,基本上都是超越个人利益的选择。而且,无论是出于信念,或是出于理性的选择,还是出于荣誉感,都不是相互排斥的,它们之间可以有交叉,有重叠。这就是可选择的认同的特征,也是社会生活中常见的现象。

共同命运观的实现需要以机会均等、公平竞争和结果公平为基础,即"大家都站在一条起跑线上",在公平竞争的前提下,一切职位让竞争者中最有资格或最优秀的竞争者取得;在交易中,收入按所提供的生产要素的数量和质量而取得。

五、文化与经济管理

文化与经济学、管理学的关系,是厉以宁教授研究文化经济学的第三个维度,即从学科的维度探究文化对这两门学科未来发展的影响,并提出了这两个学科未来研究的一个方向。

(一)经济学是社会启蒙和社会设计的学科

经济学应在"以人为本"的前提下,研究如何关心人、培养人,怎样使人得到尊重,怎样实现对人的全面发展。这就要使人们懂得在社会经济中什么是"值得向往的""应该争取的",什么是"不值得向往的""不应该争取的"。具体地说,学习经济学,可以区分为三个不同的层次:第一个层次是对现存经济制度和现存经济体制的研究。第二个层次是对经济和社会发展目标的研究。第三个层次是对人在社会中的地位和作用的研究。三个层次的研究尽管有所差别,但都在"经济学是社会启蒙的科学"的范围之内。

经济学是社会设计的科学。经济学是"学以致用"的科学,绝不是空谈大道理的学说。我们在学习了经济学,并且在明确了什么是"值得向往的""应该争取的"之后,就应该去了解,为了使那种"值得向往的"或"应该争取的"目标和远景得以尽快地实现,应该怎么做,应该先做什么、后做什么,如何避免目标实现过程中发生这样或那样的错误,这就是经济学的社会设计作用。有了经济学的社会设计,才能使经济学的社会启蒙作用不流于一种空谈。

经济学作为社会设计的科学,将会告诉人们如何进行经济制度的重组和经济体制的改革,如何进行经济建设和社会建设,如何制订科学的、实事求是的发展规划和阶段性目标,并使这些规划中的阶段性目标变为现实,以及如何把人们创造出来的物质财富既有效地用于扩大再生产,又有效地用于提高居民的收入水平和生活质量。从这个意义上说,经济学的社会启蒙作用和社会设计作用是统一的、不可分割的。经济学家应当充分认识到,自己应当有双重使命:一是社会启蒙,即告诉人们为什么要学习经济学,让人们懂得为什么要以此为目标而不应当以彼为目标;二是社会设计,即告诉人们为什么要这样做,而不应当那么做。

(二)管理学的使命

经济学和管理学实际上有分有合。因此,既然经济学是社会启蒙的科学和社会设计的科学,那么管理学也应当如此——既是社会启蒙的科学,又是社会设计的科学。

管理的最高境界是适应,是认同。管理学作为社会启蒙的科学,应当以人为本,而不能仅仅停留于物的管理和物的使用之上。既然管理学应当是社会设计的科学,就应当指导社会成为和谐的社会,指导人成为全面发展的人。

厉以宁教授认为管理有三个原则,即强制原则、激励原则和适应原则。

强制原则是最低层次的原则,但却是不可舍弃的原则,它的要点是强制实行,而强制实行的依据是规章制度和纪律。

激励原则是管理的第二层次所采取的方法的依据。从经济学的角度分析,动力在很大程度上来自物质利益。这里所说的动力,是指从事生产经营或提供生产要素(包括资本、劳动力、土地等)的主动性、积极性。这里所说的物质利益,是指从事生产经营或提供生产要素(包括资本、劳动力、土地等)的人实际得到的收入的增加。动力是同从事生产经营或提供生产要素的人的主动性、积极性,以及他们收入的增加(物质利益)联结在一起的。物质利益的作用可能是递减的。这是指,人们在物质利益逐步增长和自己生活状况日益改善的条件下,物质利益可能不再像过去生活贫困时那样成为个人主动性、积极性的主要推动力量了。广义利益既包括物质利益,又包括非物质利益。对任何生产经营者和任何提供生产要素的人来说,货币收入的增加固然重要,但随着收入的增加和生活的改善,他会越来越重视非物质利益,如由精神上的鼓励、社会上的名声和荣誉、社会责任感的实现而带来的内心的宽慰等。

适应原则是管理的第三层次,也就是管理的最高层次。适应原则最简明扼要地解释:管理由两个方面构成,一个方面是管理的主体,另一个方面是管理的客体。管理的主体是管理部门、管理单位,也就是通常所说的管理者。管理的客体是被管理者。适应是指管理者同被管理者相互适应,和谐共处,最终融为一体:被管理者认同管理者,管理者认同被管理者。因此,适应原则又被看成是认同原则。

适应原则所代表的是一种新文化。它把管理方和被管理方置于公平的地位,抛弃了管理者尊、被管理者卑的格局,把双方的和谐和融洽,以及管理者和被管理者双方同样自立、自主、自尊作为管理的原则。这是真正意义上的管理方和被管理方的平等。换言之,管理的适应原则体现了管理的公平和公正本意。

管理的最高境界在于管理是无形的管理,它能把管理者和被管理者不知不觉地融为一体,使管理者和被管理者能齐心合力地、自觉地为同一个目标而贡献力量。这并不是指只需要适应原则而要舍弃规章制度和纪律守则,也不是指不需要采取激励原则,而是指在管理方和被管理方达到相互适应和相互认同的程度时,管理就进入一个新的境界,双方相互配合,相互体谅,从而形成了管理的新境界,也就是管理的最高境界。

(三)让文化成为生产要素的组成部分

在研究文化对经济学、管理学学科研究的影响时,厉以宁教授提出了让人与人之间关系的研究(即文化研究)成为经济学、管理学的研究方向。

生产要素的重新组合是经济学和管理学研究的一个重点方面,生产要素的重新组合就是创新,生产要素重新组合才能使创新者和创业者获得潜在利益,这样才能实现经济的持续发展。生产要素的重组取决于三个至关重要的条件:一是市场体制,二是人力资源结构,三是资金的投入。

在资源配置重新调整和生产要素重新组合的过程中,人与人之间的关系的再认识也被经济学界和管理学界提出来了。人既是经济学研究和管理学研究的对象,又是经济学研究和管理学研究的主体。在经济学和管理学的研究中,研究者越来越有必要把人群之间的互谅互解及和谐友爱作为目标,让信息及其传递成为有助于化解人与人之间的矛盾的方式,使人与人的误解和隔阂渐渐淡化,直到消失。这样,生产要素重新组合的意义就远远突破了传统学说中所说的生产要素重组的作用主要在于提高资源配置效率,在于促进GDP的增长和利润的扩大的界限,而把人与人之间关系的调整、和解、共赢放在重要位置上。如此,生产要素重新组合的意义就深化了,即不仅为了提高资源配置效率,还在于把握生产要素重新组合的方向,使得人与人之间的误解消失,使和谐社会成为现实。

对于生产要素的结构和质量而言,同样要结合社会经济的发展来提高生产要素的质量和改善调整的结构。越来越多的人认识到文化的重要性,因为环境的改善、生态的恢复、人们素质的提高、科学的进步和新技术的采用,全是生产要素结构调整和质量上升的体现。生产要素重新组合的成效绝不同于工业化初期、中期和后期,因为人力资源的水平提高了,设备和原材料的质量上升了,甚至生产的理念、发展的理念也都变化了。这就是文化对经济持续发展的作用的提升。

厉以宁教授 2002—2020 年著作索引

个人专著

[1]厉以宁.资本主义的起源——比较经济史研究[M].北京:商务印书馆,2003年.

[2]厉以宁.罗马—拜占庭经济史(上、下册)[M].北京:商务印书馆,2006年.

[3]厉以宁.论民营经济[M].北京:北京大学出版社,2007年.

[4]厉以宁.工业化和制度调整——西欧经济史研究[M].北京:商务印书馆,2010年.

[5]厉以宁.西方经济史探索[M].北京:首都师范大学出版社,2010年.

[6]厉以宁.中国经济双重转型之路[M].北京:中国人民大学出版社,2013年.

[7]厉以宁.希腊古代经济史[M].北京:商务印书馆,2013年.

[8]厉以宁.欧洲经济史教程[M].北京:中国人民大学出版社,2015年.

[9]厉以宁.西方宏观经济学说史教程[M].北京:中国人民大学出版社,2015年.

[10]厉以宁.文化经济学[M].北京:商务印书馆,2018年.

个人文集

[1]厉以宁.厉以宁北京大学演讲集[M].北京:经济科学出版社,2003年.

[2]厉以宁.厉以宁经济评论集[M].北京:经济科学出版社,2005年.

[3]厉以宁.厉以宁论文精选集[M].北京:经济科学出版社,2005年.

[4]厉以宁.厉以宁改革论集[M].北京:中国发展出版社,2008年.

[5]厉以宁.厉以宁自选集[M].北京:学习出版社,2008年.

[6]厉以宁.中国经济改革发展之路(汉英对照)[M].北京:外语教学与研究出版社,2010年.

[7]厉以宁.西方经济史探索(厉以宁自选集)[M].北京:首都师范大学出版社,2010年.

[8]厉以宁.厉以宁经济文选[M].北京:中国时代经济出版社,2010年.

[9]厉以宁.厉以宁论文选(2008—2010)[M].北京:中国大百科全书出版社,2011年.

[10]厉以宁.厉以宁经济史论文选[M].北京:商务印书馆,2013年.

[11]厉以宁.大变局与新动力:中国经济下一程[M].北京:中信出版社,2017年.

[12]厉以宁.一番求索志难移:厉以宁论文集2008—2010[M].北京:中国大百科全书出版社,2015年.

[13]厉以宁.只计耕耘莫问收:厉以宁论文集2011—2014[M].北京:中国大百科全书出版社,2015年.

[14]厉以宁.改革开放以来的中国经济1978—2018[M].北京:中国大百科全书出版社,2018年.

[15]厉以宁.经济与改革:厉以宁文选[M].北京:中国大百科全书出版社,2019年.

[16]厉以宁.厉以宁学术自传[M].广州:广东经济出版社,2020年.

[17]厉以宁.实体立国[M].北京:中国文史出版社,2021年.

合著图书

[1] 厉以宁,蔡曙涛,主编.邓小平理论与当代中国管理学[M].北京:北京大学出版社,黑龙江:黑龙江教育出版社,2004年.

[2] 厉以宁,J.Warford,等,著.中国的环境与可持续发展:CCICED环境经济工作组研究成果概要[M].北京:经济科学出版社,2004年.

[3] 厉以宁,单忠东,主编,王咏梅,刘伟,副主编.风物长宜放眼量:"非公经济36条"落实情况区域调查[M].北京:经济科学出版社,2008年.

[4] 厉以宁,秦宛顺,主编.现代西方经济学概论[M].北京:北京大学出版社,2010年.

[5] 厉以宁,主编,程志强,副主编.中国道路与新城镇化[M].北京:商务印书馆,2012年.

[6] 厉以宁,主编,程志强,副主编.中国道路与跨越中等收入陷阱[M].北京:商务印书馆,2013年.

[7] 厉以宁,主编,程志强,副主编.中国道路与混合所有制[M].北京:商务印书馆,2014年.

[8] 厉以宁,傅帅雄,尹俊,编著.经济低碳化[M].南京:江苏人民出版社,2014年.

[9] 厉以宁,主编,程志强,副主编.中国道路与蓝领中产阶级成长[M].北京:商务印书馆,2015年.

[10] 厉以宁,主编,章铮,副主编.西方经济学(第四版)[M].北京:高等教育出版社,2015年.

[11] 厉以宁,主编,程志强,副主编.中国道路与简政放权[M].北京:商务印书馆,2016年.

[12] 厉以宁,主编,程志强,副主编,赵秋运,主编助理.中国道路与农民工创业[M].北京:商务印书馆,2017年.

[13] 厉以宁,主编,程志强,副主编,赵秋运,主编助理.中国道路与人口老龄化

[M].北京:商务印书馆,2018年.

[14]厉以宁,主编,程志强,副主编,赵秋运,主编助理.中国道路与民营企业发展[M].北京:商务印书馆,2019年.

[15]厉以宁,傅帅雄,周业铮,等,著.新形势下农垦改革发展重大战略问题研究[M].北京:人民出版社,2019年.

[16]厉以宁,高尚全,刘伟,程志强,赵秋运,著.中国道路与中国经济发展70年[M].北京:商务印书馆,2019年.

[17]厉以宁,主编,程志强,副主编,赵秋运,主编助理.中国道路与三农问题[M].北京:商务印书馆,2021年.

[18]厉以宁,主编,程志强,副主编,赵秋运,主编助理.中国道路与经济高质量发展[M].北京:商务印书馆,2021年.

其他作品

[1]厉以宁.山景总须横侧看:厉以宁散文集[M].北京:北京大学出版社,2003年.

[2]厉以宁.厉以宁诗词选集(上、下卷)[M].北京:商务印书馆,2008年.

[3]厉以宁.山景总须横侧看:厉以宁散文集(增订版)[M].北京:商务印书馆,2014年.

厉以宁教授 2002—2020 年论文索引

2002 年

[1] 厉以宁.《承包法》酝酿土地制度第三次创新[J].领导决策信息,2002(13):26.

[2] 厉以宁.21世纪我们该培养什么样的人才[J].领导文萃,2002(06):126—131.

[3] 厉以宁.创业投资还需私募基金[J].金融信息参考,2002(02):22.

[4] 厉以宁.搭建——企业文化新平台[J].施工企业管理,2002(11):48.

[5] 厉以宁.对当前我国金融的一些看法[J].湖南商学院学报,2002(05):1—6,12.

[6] 厉以宁.发展经济 民富为本[J].学习月刊,2002(04):25.

[7] 厉以宁.福利与人权[J].求是学刊,2002(03):49—51.

[8] 厉以宁.关于企业文化的几点新认识[J].领导决策信息,2002(07):27.

[9] 厉以宁.加快人才培养迎接新的挑战[J].群言,2002(01):1.

[10] 厉以宁.进一步开展公有制形式的探讨[J].经济导刊,2002(03):1—5.

[11] 厉以宁.经济并未转入良性循环 消费热点仍靠住房拉动[J].中外房地产导报,2002(08):6—8.

[12]厉以宁.厉以宁畅谈发展地方工业[J].民族论坛,2002(06):4—5,52.

[13]厉以宁.厉以宁谈中国与世贸、全球化及企业改革[J].辽宁经济,2002(02):10—11.

[14]厉以宁.论现代企业家素质[J].经贸导刊,2002(11):19.

[15]厉以宁.论新世纪中国经济发展[J].经济工作导刊,2002(04):4—7.

[16]厉以宁.论新世纪中国经济发展[J].煤炭企业管理,2002(02):16—17,4.

[17]厉以宁.民间资本进入银行的四大途径[J].经济研究参考,2002(71):18—19.

[18]厉以宁.企业发展的几个理论问题(下)——中国企业文化建设交流研讨会上的发言[J].企业文化,2002(04):13—15.

[19]厉以宁.企业发展的几个理论问题——中国企业文化建设交流研讨会上的发言(节选)[J].企业文化,2002(01):6—7.

[20]厉以宁.企业家的时代标准[J].现代企业教育,2002(01):29.

[21]厉以宁.区域发展新思路与中国西部大开发[J].华夏星火,2002(06):35—36.

[22]厉以宁.区域发展与西部大开发[J].企业天地,2002(04):28—29.

[23]厉以宁.人才流失和就业压力让中国感受入世挑战[J].中国乡镇企业,2002(04):13.

[24]厉以宁.人力资本 企业家和高新技术产业开发区[J].中国科技产业,2002(11):20—23.

[25]厉以宁.商业银行混业经营是大势所趋[J].中国经济快讯,2002(23):23.

[26]厉以宁.失业比通货膨胀更可怕[J].领导决策信息,2002(04):46.

[27]厉以宁.十论国是[J].领导决策信息,2002(04):31.

[28]厉以宁.实践"三个代表"思想,全面建设小康社会[J].群言,2002(12):10—11.

[29]厉以宁.我国加入WTO后地方发展战略的调整[J].高教探索,2002(02):7—12.

[30]厉以宁.我国证券投资基金业现状及其立法[J].中国人大,2002(22):8—11.

[31]厉以宁.新时代的企业家要着眼未来——加快企业发展的八项举措[J].城市开发,2002(10):46—48.

[32]厉以宁.新时代的企业家要着眼未来——加快企业发展的八项举措[J].中国建设信息,2002(21):46—49.

[33]厉以宁.以共同富裕为目标,扩大中等收入者比重,提高低入者收入水平[J].经济研究,2002(12):6—8.

[34]厉以宁.营造更加适合经济理论创新的环境[J].教学与研究,2002(01):17—19.

[35]厉以宁.在国家高新技术开发区发展战略研究院成立大会上——厉以宁教授谈:人力资本、企业家和高新技术开发区[J].中国高新区,2002(11):12—15.

[36]厉以宁.正确认识信用体系对经济发展的作用[J].政策,2002(05):26—27.

[37]厉以宁.政府不是"搅拌机"[J].管理科学文摘,2002(06):44.

[38]厉以宁.政府不是"搅拌机"[J].经营者,2002(03):5.

[39]厉以宁.制衡成为保护人才的必须代价[J].现代企业教育,2002(11):6—7.

2003 年

[1]厉以宁."大"与"小"的辩证[J].全国新书目,2003(11):25.

[2]厉以宁.保护私人财产有利于完善我国基本经济制度[J].当代经济,2003(06):4.

[3]厉以宁.产权封闭阻碍了创业企业发展[J].科技创业,2003(02):18.

[4] 厉以宁.非典对中国经济的影响和我们应采取的对策[J].群言,2003(07):6—9.

[5] 厉以宁.加强国土资源管理 促进可持续发展[J].河南国土资源,2003(07):4.

[6] 厉以宁.解决企业信用问题的根本之策是什么[J].领导之友,2003(05):47.

[7] 厉以宁.厉以宁:产权封闭阻碍民企发展[J].企业技术开发,2003(05):7.

[8] 厉以宁.论"新公有制"[J].领导决策信息,2003(38):20—21.

[9] 厉以宁.论新公有制[J].科学咨询,2003(12):4—5.

[10] 厉以宁.企业发展要抓"七招"[J].当代经济,2003(09):6.

[11] 厉以宁.提高企业竞争力关键在体制创新和技术创新结合[J].铁路技术创新,2003(03):34.

[12] 厉以宁.推进国企改革应消除六大顾虑[J].当代经济,2003(08):5.

[13] 厉以宁.新世纪需要什么样的管理人员[J].群言,2003(02):18—21.

[14] 厉以宁.信任的前提是产权明晰[J].西部论丛,2003(03):25.

[15] 厉以宁.增加农民收入要大力发展物流产业[J].领导决策信息,2003(08):25.

[16] 厉以宁.转变思路 深化改革[J].群言,2003(12):8—11.

[17] 厉以宁.转型发展中的社会信任问题[J].科技与企业,2003(01):24—25.

2004 年

[1] 厉以宁.《投资西方》读后[J].经济导刊,2004(01):92—94.

[2] 厉以宁.当前非公有制经济进一步发展亟待解决的几个问题[J].经济界,2004(04):6—7.

[3] 厉以宁.二元经济结构与城乡协调发展[J].科技与企业,2004(02):14—16.

[4]厉以宁.发展非公经济亟待解决四大问题[J].四川党的建设(城市版),2004(07):15.

[5]厉以宁.改变城乡二元经济结构意义深远[J].中国经贸导刊,2004(03):10—11.

[6]厉以宁.关于民营经济的几个问题[J].经济学动态,2004(08):15—16.

[7]厉以宁.互助合作教育提升现代经济[J].中关村,2004(10):39.

[8]厉以宁.厉以宁:民营企业也要明晰产权[J].中国民营科技与经济,2004(02):13.

[9]厉以宁.论新公有制企业[J].经济学动态,2004(01):17—20.

[10]厉以宁.企业发展不要轻言泡沫[J].中国民营科技与经济,2004(12):26—28.

[11]厉以宁.如何发展中国民族企业[J].华夏星火,2004(08):4—6.

[12]厉以宁.若干经济问题的思考——在甘肃"资本市场建构与区域经济发展研讨会"上的发言[J].社科纵横,2004(05):1—7.

[13]厉以宁.谈谈新公有制企业[J].理论参考,2004(02):18—19.

[14]厉以宁.我国产业结构面临重大调整[J].经济研究参考,2004(47):10.

[15]厉以宁.西部政策应有大突破[J].西部大开发,2004(06):25.

[16]厉以宁.要把培育新创业者作为开发区的一项任务[J].科技创业,2004(08):22.

[17]厉以宁.以人为本,坚持科学的发展观[J].北京社会科学,2004(04):3—12.

[18]厉以宁,陈平.怎样看待先富起来的群体[J].中国税务,2004(10):8—9.

[19]厉以宁.中国创业投资业发展沿革、现状与问题[J].中国创业投资与高科技,2004(07):17—19.

[20]厉以宁.做一个新时期的创业者[J].煤炭企业管理,2004(12):14—15.

2005 年

[1]厉以宁.2005经济展望[J].科学决策,2005(05):2—7.

[2]厉以宁.创新是企业发展的原动力[J].连锁与特许,2005(06):12—13.

[3]厉以宁.关于当前宏观经济形势的几个问题[J].山东经济战略研究,2005(Z1):21—22.

[4]厉以宁.关于遗产税的一些思考[J].经济研究参考,2005(47):24—25.

[5]厉以宁.和尚与挑水[J].才智(才情斋),2005(08):47.

[6]厉以宁.机遇和挑战并存[J].光彩,2005(12):9—10.

[7]厉以宁.积极发展中等城市 促进城镇化健康发展[J].发展,2005(09):11.

[8]厉以宁.经济泡沫不等于泡沫经济[J].当代经理人,2005(01):14.

[9]厉以宁.经济协会与农村经济的未来[J].中关村,2005(03):62.

[10]厉以宁.经济增长方式转变为何缓慢?[J].价格理论与实践,2005(03):21.

[11]厉以宁.科技进步与农民富裕[J].当代江西,2005(03):24—25.

[12]厉以宁.论拜占庭帝国的灭亡[J].北京大学学报(哲学社会科学版),2005(05):139—145.

[13]厉以宁.企业的社会责任[J].中国流通经济,2005(07):4—5.

[14]厉以宁.让信息化带动工业化,而不是代替工业化[J].中国制造业信息化,2005(S1):34.

[15]厉以宁.如何看待民营经济[J].铜陵学院学报,2005(04):2—3.

[16]厉以宁.时代需要"新京商"[J].经纪人,2005(09):3.

[17]厉以宁.新时期对管理者的要求[J].河南教育(高校版),2005(06):53—55.

[18]厉以宁.以稳健为主的宏观调控[J].学习月刊,2005(02):50.

[19]厉以宁.运用之妙,存乎一心[J].法人杂志,2005(05):128.

[20]厉以宁.展望:2005年我国经济将持续增长[J].中国民营科技与经济,2005(01):23.

[21]厉以宁.展望2005年中国经济[J].煤炭企业管理,2005(03):14—15.

[22]厉以宁.中国绕不开重化工阶段[J].中关村,2005(01):48.

2006 年

[1] 厉以宁,陈鸿桥.科学管理与管理科学[J].深交所,2006(03):60—63.

[2] 厉以宁.《君子一言:决不增税》读后[J].出版参考,2006(02):53.

[3] 厉以宁.把握城市化和新农村建设的历史机遇[J].城市开发,2006(04):10—17.

[4] 厉以宁.房地产行业发展机遇仍很大[J].当代经济,2006(07):1.

[5] 厉以宁.关于建设社会主义新农村的思考[J].群言,2006(04):1.

[6] 厉以宁.关于企业自主创新的十个问题[J].中国城市经济,2006(06):4—6.

[7] 厉以宁.民营经济的四个维度[J].同舟共进,2006(08):6—8.

[8] 厉以宁.如何给中国民间资本找出路[J].当代经济,2006(10):1.

[9] 厉以宁.重温"泰罗制"[J].中国企业家,2006(17):122.

2007 年

[1] 厉以宁."纳税百强":凸显企业的社会价值[J].中国税务,2007(09):1.

[2] 厉以宁.北京奥运会和中国经济增长的持续性[J].群言,2007(02):20—23.

[3] 厉以宁.导致民营企业死亡的十种情况[J].东方企业文化,2007(08):12—13.

[4] 厉以宁.鄂尔多斯市发展的思考(发言提要)[J].鄂尔多斯文化,2007(03):8.

[5] 厉以宁.关于当前宏观调控的一些看法[J].今日浙江,2007(22):14—15.

[6] 厉以宁.厉以宁:解剖中国经济热点(观点)[J].财经界,2007(08):64—65.

[7] 厉以宁.厉以宁:中部崛起的关键是将资源优势转化为经济优势[J].创新科技,2007(05):6—7.

[8]厉以宁.企业死于决策层制约失衡[J].经营管理者,2007(08):40—41.

[9]厉以宁.权力加无知是世界上最可怕的事情[J].领导文萃,2007(07):156—162.

[10]厉以宁.时代与改革呼唤经济学创新[J].中国合作经济,2007(02):62.

[11]厉以宁.正确看待我国当前的经济热点问题[J].江南论坛,2007(05):4—5,24.

[12]厉以宁.中国不会出现"奥运后的滑坡"[J].中国民营科技与经济,2007(04):37—38.

[13]厉以宁.中国经济不会出现"奥运后的滑坡"[J].当代经济(下半月),2007(02):1.

[14]厉以宁.中国经济高速增长可以维持到2025年[J].企业家天地,2007(01):32.

[15]厉以宁.中国民企的十种死亡[J].经营管理者,2007(06):74—75.

[16]厉以宁.中国民营企业的十种正常和非正常死亡[J].江南论坛,2007(06):23.

2008年

[1]厉以宁.奥运后中国经济 不会滑坡仍会高速增长[J].现代商业银行,2008(04):11.

[2]厉以宁.奥运会后中国经济不会滑坡[J].中小企业管理与科技(下半月),2008(03):12.

[3]厉以宁.财富的错觉[J].中国企业家,2008(08):127.

[4]厉以宁.城乡二元体制改革该开始了[J].中国报道,2008(04):111.

[5]厉以宁.城乡二元体制改革关键何在[J].经济研究导刊,2008(04):1—4,1.

[6]厉以宁.城乡二元体制改革中的几个重要问题[J].资本市场,2008(03):17—20.

[7]厉以宁.对当前中国宏观经济形势的几点看法[J].中国商界(上半月),2008(08):26.

[8]厉以宁.改革开放——值得回味的30年[J].当代经济,2008(03):1.

[9]厉以宁.华西经验的启示[J].中国新时代,2008(05):104.

[10]厉以宁.计划经济体制与中国经济体制改革[J].中国发展观察,2008(08):30—32.

[11]厉以宁.厉以宁:解决物价上涨不能仅靠紧缩政策[J].中国商界(上半月),2008(06):34.

[12]厉以宁.论城乡二元体制改革[J].北京大学学报(哲学社会科学版),2008(02):5—11.

[13]厉以宁.民营经济的自主创新和社会责任[J].浙江树人大学学报(人文社会科学版),2008(01):26—29.

[14]厉以宁.农村改革关键在于改革城乡二元体制[J].中华建设,2008(10):12—13.

[15]厉以宁.区域可持续发展:中国区域发展战略的必然选择[J].北京邮电大学学报(社会科学版),2008(04):1—2.

[16]厉以宁.让资本市场在中小企业发展中发挥更大的作用——在第七届中小企业融资论坛上的讲话[J].深交所,2008(12):35—36.

[17]厉以宁.世纪之歌——从毕节的发展看西部大开发(上篇)[J].前进论坛,2008(02):15—18.

[18]厉以宁.世纪之歌——从毕节的发展看西部大开发(下篇)[J].前进论坛,2008(03):30—33.

[19]厉以宁.思想解放、理论创新、经济改革——纪念中国改革开放三十年[J].北京大学学报(哲学社会科学版),2008(05):5—9.

[20]厉以宁.谈我国经济社会可持续发展的四大问题[J].江南论坛,2008(01):4—8.

[21]厉以宁.统筹城乡发展的新路——基于乡村调查考察的几点认识[J].理

论导报,2008(01):4,29.

[22]厉以宁.我国经济社会可持续发展的四大问题[J].改革与开放,2008(03):4—7.

[23]厉以宁.一项迟到的仿照和超越农业承包制的改革[J].农村工作通讯,2008(20):11—12.

[24]厉以宁.以创新精神、探索勇气加快破除城乡二元体制[J].中国城市经济,2008(11):12—13.

[25]厉以宁.中国宏观经济依然看好[J].当代经济,2008(15):1.

[26]厉以宁.中国经济不会出现"奥运后滑坡"[J].农村工作通讯,2008(17):58.

[27]厉以宁.中国下一步改革开放急需化解的四方面问题[J].河北学刊,2008(03):1—5.

2009 年

[1]北京大学光华管理学院集体林权制度改革课题组,厉以宁,蔡洪滨.集体林权制度公共财政问题调研报告[J].林业经济,2009(06):3—8.

[2]厉以宁.全球金融危机和西方国家的制度调整[A]//中国国际经济交流中心.第一届全球智库峰会演讲集[C].中国国际经济交流中心:中国国际经济交流中心,2009:2.

[3]厉以宁.60年来的三次大转折——新中国成立60周年感言[J].人民论坛,2009(19):14—15.

[4]厉以宁.当前就业压力形成的深层次原因[J].学习月刊,2009(07):6—7.

[5]厉以宁.对当前经济形势的几点分析[J].决策探索(下半月),2009(05):6—7.

[6]厉以宁.反弹过快可能耽误经济转型[J].IT时代周刊,2009(13):15.

[7]厉以宁.改了体制,制度将续存[J].商界(评论),2009(08):94.

[8]厉以宁.积极财政政策的作用不可低估[J].中国农业会计,2009(08):1.

[9]厉以宁.经济转型没有达到预期[J].农村工作通讯,2009(15):44.

[10]厉以宁.警惕暂时放缓改革步伐的观点[J].人民论坛,2009(08):8.

[11]厉以宁.就业谷底或下半年到来[J].农村工作通讯,2009(09):40.

[12]厉以宁.厉以宁:解读中国经济运行数据 缓解就业要靠民营经济——如何看待一季度中国经济运行数据[J].理论导报,2009(05):5.

[13]厉以宁.目前仍应维持适度宽松的货币政策[J].中国金融,2009(23):16—17.

[14]厉以宁.平均数掩盖了真相,通货膨胀的反弹需要警惕[J].人民论坛,2009(13):6.

[15]厉以宁.企业是经济转型的主体[J].理论导报,2009(03):4,7.

[16]厉以宁.区分微型企业,有利解决融资难[J].商界(评论),2009(10):102.

[17]厉以宁.让中产阶级成为国家的中坚力量[J].中国市场,2009(03):12—13.

[18]厉以宁.世界经济危机和资本主义制度调整[J].社会科学研究,2009(02):48—53.

[19]厉以宁.思想解放、理论创新、经济改革——纪念中国改革开放三十年[J].经济研究导刊,2009(14):1—5.

[20]厉以宁.土地流转与宅基地制度设计[J].农村工作通讯,2009(09):10—11.

[21]厉以宁.我对当前经济形势的几点分析[J].今日国土,2009(05):14—15.

[22]厉以宁.五件大事决定未来十年[J].商界(评论),2009(12):123.

[23]厉以宁.下岗农民工最需要的是小额贷款[J].农村工作通讯,2009(12):38.

[24]厉以宁.新阶段改革的第一声春雷:集体林权制度变革[J].当代财经,2009(01):5—6,19.

[25]厉以宁.只有经济转型才有真正复苏[J].今日浙江,2009(14):22—23.

[26]厉以宁.中国债券资本市场:制度演化的内在矛盾是债券资本市场发展的驱动力——评高坚"内生交换经济学理论"创新及意义[J].财政研究,2009(08):78—81.

[27]厉以宁.走向城乡一体化:建国60年城乡体制的变革[J].北京大学学报(哲学社会科学版),2009,46(06):5—19.

2010年

[1]厉以宁.总量调控和结构性调控并重——中国货币政策的思考[A]//中国经济分析与展望(2009—2010)[C].中国国际经济交流中心,2010:11.

[2]厉以宁.城乡一体化改革中最困难的问题及其突破[J].理论参考,2010(12):16—19.

[3]厉以宁.对当前经济形势的几个判断[J].金融经济,2010(01):21—22.

[4]厉以宁.对发展低碳经济的九点看法[J].中小企业管理与科技(中旬刊),2010(09):30—31.

[5]厉以宁.对国家外汇储备安全的思考[J].中国市场,2010(16):52—54.

[6]厉以宁.发展民营经济可抑制结构性通胀[J].农村工作通讯,2010(19):34.

[7]厉以宁.改革城乡二元体制需破除认识误区[J].理论学习,2010(10):54—55.

[8]厉以宁.关于国家外汇储备安全的思考[J].财经界,2010(02):7—9.

[9]厉以宁.关于我国外汇储备安全问题的思考[J].中国流通经济,2010,24(04):4—7.

[10]厉以宁.国家外汇储备的安全[J].上海经济,2010(08):32—33.

[11]厉以宁.缓解就业压力的关键[J].人民论坛,2010(09):5.

[12]厉以宁.加紧经济转型摆脱投资怪圈[J].中小企业管理与科技(中旬刊),2010(05):63.

[13] 厉以宁.六件事决定未来十年中国经济走向[J].中国物流与采购,2010(01):37.

[14] 厉以宁.论城乡一体化[J].中国流通经济,2010,24(11):7—10.

[15] 厉以宁.论中国经济发展的动力[J].中国市场,2010(50):8—11.

[16] 厉以宁.破解投资冲动怪圈的路径[J].今日财富(金融版),2010(01):59.

[17] 厉以宁.认识民营经济在国民经济中的作用[J].中国物流与采购,2010(04):42—43.

[18] 厉以宁.如何摆脱投资怪圈[J].理论学习,2010(05):55.

[19] 厉以宁.如何保证外汇储备的安全[J].商周刊,2010(01):32.

[20] 厉以宁.实施土地综合整治的典型案例——评叶剑平、张有会著《一样的土地 不一样的生活》[J].中国城市经济,2010(04):96.

[21] 厉以宁.土地与资本瓶颈影响长期物价趋势[J].学习月刊,2010(23):50.

[22] 厉以宁.推进经济转型正当其时[J].当代经济,2010(13):12.

[23] 厉以宁.危机后寻找商业机会要注意什么[J].商界(评论),2010(02):108—109.

[24] 厉以宁.未来10年中国经济走向[J].理论学习,2010(02):36.

[25] 厉以宁.未来五年中国经济和世界经济会是怎样的[J].决策探索(下半月),2010(10):6—7.

[26] 厉以宁.未来五年中国经济和世界经济展望[J].当代经济,2010(21):4—5.

[27] 厉以宁.要预防通胀更要注意滞胀[J].理论学习,2010(03):36.

[28] 厉以宁.以创业带动就业:集体林权制度改革的启示[J].绿色中国,2010(05):16—17.

[29] 厉以宁.应对通胀不能单独采取宏观紧缩政策[J].中国投资,2010(10):118.

[30]厉以宁.中国第三次经济大转折刚刚开始[J].IT时代周刊,2010(01):8.

[31]厉以宁.中国货币政策的思考——总量调控和结构性调控并重[J].决策与信息,2010(04):22—26.

[32]厉以宁.转型须与经济体制改革相结合[J].中国高新技术企业,2010(11):20.

2011年

[1]厉以宁.当前经济运行中的几个问题[A]//中国经济分析与展望(2010—2011)[C].中国国际经济交流中心,2011:12.

[2]厉以宁.六卷本《方显廷文集》总序[N].中华读书报,2011-09-28(010).

[3]厉以宁.论中国经济发展的动力[A]//中国国际经济交流中心.第二届全球智库峰会会刊[C].中国国际经济交流中心:中国国际经济交流中心,2011:4.

[4]厉以宁.缩小城乡收入差距的新路子[N].北京日报,2011-12-12(017).

[5]厉以宁.把国企民企的优势结合起来[J].现代国企研究,2011(04):8.

[6]厉以宁.承接产业转移和次发达地区面临的机遇与挑战[J].中国市场,2011(46):3—7.

[7]厉以宁.改革城乡二元体制:开创城乡一体化新路(英文)[J].中国特色社会主义研究,2011,2(S2):17—30.

[8]厉以宁.关于中国城镇化的一些问题[J].当代财经,2011(01):5—6.

[9]厉以宁.关于中国企业文化的几个问题[J].北京大学学报(哲学社会科学版),2011,48(01):95—99.

[10]厉以宁.国企在经济结构调整中应站得更高[J].企业观察家,2011(03):56—57.

[11]厉以宁.积极财政政策的四个内容[J].中小企业管理与科技(中旬刊),

2011(12):13.

[12]厉以宁.亟须重视道德对市场经济的调节作用[J].IT时代周刊,2011(15):18.

[13]厉以宁.经济发展的动力在民间[J].学习月刊,2011(07):49.

[14]厉以宁.经济发展方式转变和国有企业的发展战略[J].中国市场,2011(03):4—5.

[15]厉以宁.厉以宁:宏观调控下的中国当今经济 兼议中国三峡集团公司企业文化建设[J].中国三峡,2011(06):5—15.

[16]厉以宁.论货币流通量的"正常水平"[J].经济研究参考,2011(49):17—19.

[17]厉以宁.论中国经济发展的动力[J].中小企业管理与科技(中旬刊),2011(08):15—17.

[18]厉以宁.三种资本的差别造成收入的差别[J].人民论坛,2011(22):43.

[19]厉以宁.缩小城乡收入差距的对策[J].中国市场,2011(24):4—6.

[20]厉以宁.缩小城乡收入差距的新路子[J].决策探索(下半月),2011(12):22—23.

[21]厉以宁.我国应及早摆脱高度依赖出口的经济模式[J].IT时代周刊,2011(Z1):16.

[22]厉以宁.抑制通货膨胀 保持经济持续增长[J].紫光阁,2011(03):44—46.

[23]厉以宁.中国经济当前面临的问题及走势[J].当代经济,2011(07):4—5.

[24]厉以宁.中国经济发展十问[J].全球化,2011(01):48—51.

2012 年

[1]厉以宁."九二派":中国改革进程中的一个重要群体[N].北京日报,2012-08-13(016).

[2]厉以宁.把经济立法作为第一位的任务[N].人民日报,2012-06-28(006).

[3]厉以宁.扶植小微企业最佳政策是免税[N].人民日报,2012-07-04(015).

[4]厉以宁.经济发展的动力在民间[N].华夏酒报,2012-12-25(A03).

[5]厉以宁.扩大内需十论[N].北京日报,2012-02-13(017).

[6]厉以宁.老城区+新城区+农村新社区[N].光明日报,2012-12-16(005).

[7]厉以宁.市场经济要求健全法制[N].民主与法制时报,2012-07-02(A04).

[8]厉以宁.双向城乡一体化显露生机[N].北京日报,2012-11-12(022).

[9]厉以宁.探寻转型期财政改革发展之路[N].经济日报,2012-10-29(016).

[10]厉以宁.新三大红利正替代旧红利[N].北京日报,2012-12-17(017).

[11]厉以宁.严防过度紧缩导致企业资金链断裂[N].中国企业报,2012-01-03(005).

[12]厉以宁.要重视对资本金融的研究[N].中国证券报,2012-07-21(A06).

[13]厉以宁.走符合中国国情的城镇化道路[N].文汇报,2012-12-24(00B).

[14]厉以宁.GDP和CPI分别增长7.5%和4%的目标是合适的[J].农村工作通讯,2012(06):25.

[15]厉以宁.当前民营企业的困境和金融对策[J].企业研究,2012(01):14—15.

[16]厉以宁.经济发展的优势[J].中国流通经济,2012,26(12):65—68.

[17]厉以宁.凯恩斯没有预料到的那些事[J].新财经,2012(05):12.

[18]厉以宁.厉以宁:改革的内生力量更为重要[J].国企,2012(10):24.

[19]厉以宁.论"中等收入陷阱"[J].经济学动态,2012(12):4—6.

[20]厉以宁.民间积极性一调动,整个经济就起来了[J].中国经济周刊,2012(49):25—28.

[21]厉以宁.摸石头的人[J].中国企业家,2012(13):120.

[22]厉以宁.牧区城镇化的新思路[J].北京大学学报(哲学社会科学版),2012,49(01):5—10.

[23]厉以宁.如何扩大内需[J].时事报告,2012(03):21—23.

[24]厉以宁.如何缩小城乡制度差距[J].当代财经,2012(02):5—6.

[25]厉以宁.生死存亡"调结构"[J].中国经济周刊,2012(01):21—22.

[26]厉以宁.双向城乡一体化显露生机[J].决策探索(下半月),2012(11):16—17.

[27]厉以宁.谁是"九二派"[J].中国经济周刊,2012(27):77.

[28]厉以宁.缩小城乡收入差距的新路子[J].资本市场,2012(01):8—9.

[29]厉以宁.谈扩大内需的几个问题——在中国经济年会(2011~2012)上的演讲[J].经济研究参考,2012(21):10—12.

[30]厉以宁.提高农民收入的新路子[J].农村工作通讯,2012(03):49.

[31]厉以宁.调整经济结构关系中国生死存亡[J].IT时代周刊,2012(02):15.

[32]厉以宁.维持8%的经济增长很费劲[J].资本市场,2012(06):10.

[33]厉以宁.写给《九二派》从一本书看改革[J].博鳌观察,2012(01):159—160.

2013年

[1]厉以宁.当前中国经济改革首先抓哪些方面[N].北京日报,2013-05-13(017).

[2]厉以宁.关于当前宏观经济形势若干问题的思考[A]//国家工商行政管理总局、四川省人民政府.第二届工商行政管理创新发展高层研讨会论文

集[C].国家工商行政管理总局、四川省人民政府:中国市场监督管理学会,2013:6.

[3]厉以宁.九方面看当前经济形势[N].学习时报,2013-12-16(004).

[4]厉以宁.民企、国企如何双赢?[N].人民政协报,2013-10-18(B01).

[5]厉以宁.民营企业发展需要大智慧[N].北京日报,2013-04-08(017).

[6]厉以宁.民营企业面临的最大问题是产权保护[N].北京日报,2013-09-23(017).

[7]厉以宁.农民不是市场主体 改善初次分配就缺条件[N].中国经济导报,2013-10-12(B01).

[8]厉以宁.企业家需走出去也要抱团[N].福建工商时报,2013-02-26(001).

[9]厉以宁.谈谈产权改革的若干问题[N].北京日报,2013-12-02(017).

[10]厉以宁.信誉是最重要的社会资本[N].华夏酒报,2013-01-15(A03).

[11]厉以宁.寻求国有资本配置新体制[N].社会科学报,2013-05-09(001).

[12]厉以宁.在市场中学习,在市场中成长[N].第一财经日报,2013-11-19(A10).

[13]厉以宁.中国宏观经济形势和新一轮的经济改革[N].上海证券报,2013-09-27(F02).

[14]厉以宁.中国经济的双重转型[N].中国证券报,2013-11-20(A04).

[15]厉以宁.中国企业需要培育凝聚力[N].华夏酒报,2013-03-05(A03).

[16]厉以宁.重点要多放在微调、预调上[N].福建工商时报,2013-03-15(003).

[17]厉以宁.抓好初次分配改革更重要[N].新华日报,2013-12-18(B06).

[18]厉以宁.走符合中国国情的城镇化道路[N].学习时报,2013-03-11(004).

[19]厉以宁.城乡二元体制改革可带来最大改革红利[J].农村工作通讯,2013(14):48.

[20]厉以宁.城乡权利平等是最重要制度红利[J].中国合作经济,2013(12):28.

[21]厉以宁.初次分配中收入差距缩小的对策[J].经济研究参考,2013(36):30.

[22]厉以宁.从九方面看当前经济形势[J].决策探索(下半月),2013(12):20-22.

[23]厉以宁.从三中全会公报看中国的四大关系[J].企业观察家,2013(12):18—19.

[24]厉以宁.当前改革的四个重点方面[J].理论学习,2013(03):40.

[25]厉以宁.当前中国经济改革首先抓哪些方面[J].理论学习,2013(06):46.

[26]厉以宁.对改革要有耐心[J].化工管理,2013(23):15—18.

[27]厉以宁.发展优势的创造[J].当代财经,2013(01):5—7.

[28]厉以宁.改革创造新红利[J].资本市场,2013(02):16—17.

[29]厉以宁.关于当前宏观经济形势若干问题的思考[J].中国市场,2013(47):3—6.

[30]厉以宁.国企和民企都必须求变[J].IT时代周刊,2013(23):15.

[31]厉以宁.国企和民企如何在改革中双赢[J].资源再生,2013(10):70—73.

[32]厉以宁.国企体制改革分两个层次[J].先锋队,2013(35):10.

[33]厉以宁.宏观调控不能替代改革[J].农村工作通讯,2013(24):46.

[34]厉以宁.经济发展的动力在民间[J].理论学习,2013(01):54—55.

[35]厉以宁.九方面看当前经济形势[J].经济导刊,2013(11):65—68.

[36]厉以宁.厉以宁:宏观调控取代不了改革[J].中国房地产业,2013(12):48—53.

[37]厉以宁.厉以宁:民富需要流动[J].商界(评论),2013(03):74—77.

[38]厉以宁.林下经济促进低碳发展[J].经济,2013(06):24—25.

[39]厉以宁.论中国的双重转型[J].中国市场,2013(03):3—8.

[40]厉以宁.民营企业发展需大智慧[J].中国中小企业,2013(05):14.

[41]厉以宁.民营企业面临的最大问题是产权保护[J].理论学习,2013(11):36.

[42]厉以宁.内生机制完善是中国经济运行的关键[J].IT时代周刊,2013(02):10.

[43]厉以宁.让农民成为市场主体[J].农村工作通讯,2013(23):28.

[44]厉以宁.社会和谐红利是最大制度红利[J].中国经济周刊,2013(50):32—35,88.

[45]厉以宁.试水者、实践者和受益者[J].英才,2013(11):122.

[46]厉以宁.收入分配制度改革应以初次分配改革为重点[J].经济研究,2013,48(03):4—6.

[47]厉以宁.缩小城乡收入差距 促进社会安定和谐[J].北京大学学报(哲学社会科学版),2013,50(01):7—10.

[48]厉以宁.推进土地确权改革 赋予农民三权三证[J].农村工作通讯,2013(02):29.

[49]厉以宁.新型城镇化的钱从哪里来[J].理论导报,2013(11):47.

[50]厉以宁.新一轮农村改革最重要的就是土地确权[J].理论学习,2013(09):34.

[51]厉以宁.信誉是最重要的社会资本[J].中关村,2013(03):96.

[52]厉以宁.中国城镇化须适合中国国情[J].理论学习,2013(02):40—41.

[53]厉以宁.中国道路与新城镇化[J].唯实(现代管理),2013(01):24—25.

[54]厉以宁.中国的市场经济需要继续产权改革[J].中国经济周刊,2013

(46):22—23.

[55]厉以宁.中国宏观经济形势和新一轮的经济改革[J].中小企业管理与科技(中旬刊),2013(11):11—19.

[56]厉以宁.中国经济的内生机制[J].财会月刊,2013(31):82.

[57]厉以宁.中国经济改革应首抓4大方面[J].IT时代周刊,2013(14):9.

[58]厉以宁.中国应走农民"就地城镇化"道路[J].农村工作通讯,2013(21):40.

[59]厉以宁.自主创新和产业升级:中国制造业的必由之路[J].全球化,2013(12):21—26,123—124.

[60]厉以宁.走符合中国国情的城镇化道路[J].中国合作经济,2013(03):30—32.

2014年

[1]厉以宁."双重转型"铸就可持续发展之路[N].人民日报,2014-04-18(007).

[2]厉以宁.不必对经济增速放缓过分担心[N].新华日报,2014-10-29(015).

[3]厉以宁.发展混合所有制经济是"国进民也进"[N].中国经济时报,2014-07-30(001).

[4]厉以宁.国企改革,重在国有资本配置体制改革[N].文汇报,2014-03-18(005).

[5]厉以宁.积极发展混合所有制的先行者[N].中国建材报,2014-08-05(001).

[6]厉以宁.经济低碳发展符合新常态[N].光明日报,2014-12-29(016).

[7]厉以宁.经济结构比总量更重要[N].上海证券报,2014-11-21(A01).

[8]厉以宁.民营企业家要坚定信心[N].中华工商时报,2014-03-03(002).

[9]厉以宁.民族贫困地区发展过程中的文化资源整合[N].楚雄日报(汉),2014-04-29(004).

[10]厉以宁.全面深化改革进一步释放制度红利[N].证券日报,2014-09-13(B04).

[11]厉以宁.山景总须横侧看 晚晴也是艳阳天[N].光明日报,2014-08-04(015).

[12]厉以宁.市场起决定性作用意味着什么？[N].华夏酒报,2014-03-04(A03).

[13]厉以宁.谈当前经济形势的几个前沿问题[N].北京日报,2014-10-27(018).

[14]厉以宁.信托研究大有可为[N].人民日报,2014-05-25(005).

[15]厉以宁.预测值有利于经济回归到正常的途径[N].北京日报,2014-08-04(017).

[16]厉以宁.在调查混合所有制中发现的几个误解[N].北京日报,2014-03-10(017).

[17]厉以宁.注重效率的道德调节[N].湖北日报,2014-04-28(009).

[18]厉以宁.转型实践产生的转型理论[N].中国经济时报,2014-11-21(010).

[19]厉以宁.走符合我国国情的城镇化之路[N].中国教育报,2014-08-29(006).

[20]厉以宁.《国民共进》序[J].中国建材,2014(08):66—67.

[21]厉以宁.把经济增长指标改为预测值[J].企业观察家,2014(10):23.

[22]厉以宁.把握结构调整的最佳时期[J].当代贵州,2014(32):60.

[23]厉以宁.必须澄清对混合所有制的几个误解[J].先锋队,2014(11):8—9.

[24]厉以宁.辩证看待增长和就业[J].中国投资,2014(08):92.

[25]厉以宁.别轻易试点员工持股[J].资本市场,2014(05):10.

[26]厉以宁.产权明确市场主体才能形成[J].当代贵州,2014(02):34.

[27]厉以宁.创新驱动经济转型[J].中国流通经济,2014,28(01):4—8.

[28]厉以宁.创造社会和谐红利[J].资本市场,2014(04):8.

[29]厉以宁.当前经济形势的几个前沿问题[J].当代社科视野,2014(11):33.

[30]厉以宁.道德调节市场的力量[J].资本市场,2014(07):9.

[31]厉以宁.顶层设计关乎改革成败[J].理论参考,2014(01):39.

[32]厉以宁.对发展低碳绿色经济的九点看法[J].理论学习,2014(11):42—43.

[33]厉以宁.改革激发社会和谐红利[J].中国房地产业,2014(Z1):14—17.

[34]厉以宁.国有企业改革分为两类[J].广东经济,2014(04):96.

[35]厉以宁.继续以体制转型带动发展转型[J].新金融,2014(01):7—10.

[36]厉以宁.结构调整比经济总量更重要[J].理论与当代,2014(12):54.

[37]厉以宁.经济进入新常态,不要担心GDP下滑[J].IT时代周刊,2014(21):13.

[38]厉以宁.经济学之争给创业者的启示[J].中国投资,2014(11):99.

[39]厉以宁.科学看待经济增长率与就业之间的关系[J].广东经济,2014(08):6.

[40]厉以宁.没有高增长,反而是好事[J].商界(评论),2014(11):26.

[41]厉以宁.民营企业家要坚定信心[J].北大商业评论,2014(04):28—32,22.

[42]厉以宁.社会和谐红利是最大制度红利[J].中国老区建设,2014(03):16.

[43]厉以宁.社会和谐是最大的制度红利[J].工会信息,2014(02):17.

[44]厉以宁.实际增长率比统计局公布的要高[J].理论学习,2014(09):44.

[45]厉以宁.收入分配制度改革应以初次分配为重点[J].理论参考,2014(03):20—21.

[46]厉以宁.谈当前经济形势的几个前沿问题[J].决策探索(下半月),2014(11):15—16.

[47]厉以宁.土地确权要学习林权改革[J].农村工作通讯,2014(01):44.

[48]厉以宁.效率、道德调节和社会和谐[J].紫光阁,2014(05):29—31.

[49]厉以宁.新常态有赖新的市场主体[J].中国经济周刊,2014(48):31—33,30,96.

[50]厉以宁.新农村的关口[J].商界(评论),2014(10):26.

[51]厉以宁.信誉是最重要的社会资本[J].学习博览,2014(12):76—77.

[52]厉以宁.要注重效率的道德调节[J].当代贵州,2014(12):38.

[53]厉以宁.应把经济增长指标改成预测值[J].广东经济,2014(09):7.

[54]厉以宁.预测值应成为指标[J].资本市场,2014(11):14.

[55]厉以宁.预测值有利于经济回归正常途径[J].当代贵州,2014(23):56.

[56]厉以宁.在调查混合所有制中发现的几个误解[J].当代社科视野,2014(04):35—36.

[57]厉以宁.中国城镇化道路怎么走[J].居业,2014(10):48—52.

[58]厉以宁.中国道路与混合所有制经济[J].中国市场,2014(23):3—11.

[59]厉以宁.中国经济双重转型之路[J].中国人民大学学报,2014,28(01):157.

[60]厉以宁.中国经济正在逐步实现双重转型[J].唯实(现代管理),2014(01):35.

[61]厉以宁.中国要走符合国情的城镇化道路[J].IT时代周刊,2014(01):16.

[62]厉以宁.走符合国情的城镇化道路[J].时事报告,2014(01):19.

2015年

[1]厉以宁."新常态就是按经济规律办事"[N].人民政协报,2015-01-20(005).

[2]厉以宁.从经济理论看质量[N].光明日报,2015-09-19(008).

[3]厉以宁.打破"好职业"与"坏职业"的藩篱[N].人民日报,2015-02-03(005).

[4]厉以宁.对民营企业转型要有信心和耐心[N].北京日报,2015-04-13(018).

[5]厉以宁.构建中国低碳经济学[N].人民日报,2015-04-22(007).

[6]厉以宁.两个假设,三种调节[N].北京日报,2015-01-26(018).

[7]厉以宁.论从供给方面发力[N].北京日报,2015-12-07(017).

[8]厉以宁.适应新常态:小微企业有大作为[N].山西政协报,2015-02-13(00D).

[9]厉以宁.调研归来谈经济情势[N].北京日报,2015-11-23(018).

[10]厉以宁.文化产业发展要重视道德调节[N].经济日报,2015-04-14(009).

[11]厉以宁.文化产业资源配置的道德力量[N].光明日报,2015-04-09(014).

[12]厉以宁.我们对简政放权的认识加深了[N].北京日报,2015-10-19(017).

[13]厉以宁.小企业有大作为[N].北京日报,2015-03-09(018).

[14]厉以宁.新常态下小企业有大作为[N].人民日报,2015-02-09(007).

[15]厉以宁.养老突围的信托之路[N].北京日报,2015-08-24(020).

[16]厉以宁.中国经济的下一程[N].首都建设报,2015-06-24(005).

[17]厉以宁.中国经济下一程需重视的八个问题[N].企业家日报,2015-08-23(W04).

[18]厉以宁."好职业"与"坏职业"藩篱亟需被打破[J].共产党员(河北),2015(06):34.

[19]厉以宁."十三五"规划中应着重关注的五个问题[J].中国经贸导刊,2015(19):9—10.

[20]厉以宁."十三五"应从供给方面更好地发力[J].中国经贸导刊,2015
（36）:23—24.

[21]厉以宁.厉以宁:经邦济世 诗化人生[J].西部大开发,2015(Z2):114.

[22]厉以宁.乘风破浪三十载 兼容并蓄天地宽[J].北大商业评论,2015(05):
23—31,22.

[23]厉以宁.当前中国经济的道德调节[J].时事(高中),2015(02):25—27.

[24]厉以宁.当前中国经济发展需要注意的几个问题[J].中国流通经济,
2015,29(09):1—5.

[25]厉以宁.二元劳动市场造成好坏职业 应缩小差距[J].东方企业文化,
2015(06):1—2.

[26]厉以宁.发展方式的转变,也是一种制度红利释放[J].IT时代周刊,2015
（05）:10.

[27]厉以宁.分析当前中国经济形势和全面阐述新常态[J].国家智库,2015
（Z1）:172—177.

[28]厉以宁.简政放权与培育自主经营的市场主体[J].行政管理改革,2015
（09）:10—16.

[29]厉以宁.解决就业要靠创业[J].资本市场,2015(12):9.

[30]厉以宁.金融如何适应新常态[J].大众理财顾问,2015(12):18.

[31]厉以宁.厉以宁:谁说增长指标只能硬[J].中国房地产业,2015(Z1):
14—17.

[32]厉以宁.论蓝领中产阶级的成长[J].中国市场,2015(05):4—10.

[33]厉以宁.让金融与新常态下的新理论有机结合[J].金融论坛,2015,20
（10）:5—6.

[34]厉以宁.深化农垦体制改革[J].北大商业评论,2015(10):52—65.

[35]厉以宁.实体经济最为重要[J].资本市场,2015(01):9.

[36]厉以宁.调整供给侧,国有企业改革要跟上[J].中国经济周刊,2015
（50）:31—33,30,120.

[37] 厉以宁.推动两个层次的农垦体制改革[J].农村工作通讯,2015(20):41.

[38] 厉以宁.文化产业资源配置的道德力量[J].理论学习,2015(06):45.

[39] 厉以宁.我们对简政放权的认识加深了[J].决策探索(下半月),2015(10):16—18.

[40] 厉以宁.我与中国经济改革:三十年,十件事[J].中国工商管理研究,2015(06):48—49,75.

[41] 厉以宁.新常态和中国经济的走势[J].特区实践与理论,2015(06):5—11.

[42] 厉以宁.新常态就是按经济规律办事[J].农村工作通讯,2015(01):55.

[43] 厉以宁.新常态下民营小企业能做些什么[J].决策探索(下半月),2015(03):16.

[44] 厉以宁.新常态下小企业有大作为[J].理论学习,2015(03):56.

[45] 厉以宁.新常态与中国经济的走向[J].福建理论学习,2015(08):4—11.

[46] 厉以宁.新文化运动与西学东渐[J].北京大学学报(哲学社会科学版),2015,52(06):5—12.

[47] 厉以宁.养老突围的信托之路[J].经济导刊,2015(06):12—13.

[48] 厉以宁.依法治国和深化经济改革[J].经济研究,2015,50(01):8—10.

[49] 厉以宁.制定规划应把调结构转方式放在首位[J].中国经贸导刊,2015(33):14—15.

[50] 厉以宁.中国经济的下一程[J].西部大开发,2015(06):69—75.

[51] 厉以宁.中国经济下行,怎么看?怎么办?[J].紫光阁,2015(05):15—16.

[52] 厉以宁.中国经济正面临的十大尖锐问题[J].党政视野,2015(12):3—4.

[53] 厉以宁.中国特色社会主义新阶段来临有了可喜征兆——谈谈简政放权的改革成效[J].中国经贸导刊,2015(31):30—32.

2016 年

[1]厉以宁,CFP.2016年中国经济势头正在变好[J].企业观察家,2016(02):22—24.

[2]厉以宁."白领"和"蓝领"的区别还会延续多久[N].北京日报,2016-01-25(018).

[3]厉以宁."汉译世界学术名著丛书"对中国学术界的贡献[N].中华读书报,2016-04-20(008).

[4]厉以宁.把区域经济发展经验上升为中观经济理论[N].南方日报,2016-04-14(A18).

[5]厉以宁.供给侧改革需要观念转变[N].南京日报,2016-12-07(A08).

[6]厉以宁.国企改革向着供给侧发力[N].北京日报,2016-03-21(013).

[7]厉以宁.坚定步伐,保持新常态下的中高速增长[N].文汇报,2016-03-09(005).

[8]厉以宁.马克思主义经济学将在社会主义实践中不断发展[N].光明日报,2016-06-02(001).

[9]厉以宁.民营企业与政府之间要做到"亲"与"清"[N].光明日报,2016-08-06(007).

[10]厉以宁.缩小城乡收入差距 促进社会安定和谐[A]//北京论坛(2004-2015)主旨报告与特邀报告集[C].:北京大学北京论坛办公室,2016:14.

[11]厉以宁.拓宽对红利的认识[N].光明日报,2016-12-21(015).

[12]厉以宁.新常态就是按经济规律办事[N].光明日报,2016-09-07(015).

[13]厉以宁.新文化运动与西学东渐[N].光明日报,2016-05-04(011).

[14]厉以宁.寻找中国"红利"的新源泉[N].21世纪经济报道,2016-12-13(004).

[15]厉以宁.一场人力资本革命正在悄悄进行[N].北京日报,2016-12-12

(013).

[16] 厉以宁.招商引资要做好三个清单[N].中国城市报,2016-09-26(010).

[17] 厉以宁.振兴"中华老字号"重在体制转型和观念更新[N].人民日报,2016-11-10(007).

[18] 厉以宁.中国经济双重转型的启示[N].人民日报,2016-02-25(007).

[19] 厉以宁.中国特色经济学的建设和发展[N].人民日报,2016-06-27(016).

[20] 厉以宁."白领"和"蓝领"的区别还会延续多久[J].决策探索(下半月),2016(02):16—17.

[21] 厉以宁."老字号"振兴要有市场思维[J].中国中小企业,2016(12):16.

[22] 厉以宁.服务业将主宰中国[J].资本市场,2016(01):9.

[23] 厉以宁.供给方的改革和结构调整[J].保险理论与实践,2016(01):5—10.

[24] 厉以宁.构建全球能源互联网 推动世界能源经济环境协调发展[J].国家电网,2016(04):51—52.

[25] 厉以宁.观念新才有新思路[J].现代企业文化(上旬),2016(11):60—61.

[26] 厉以宁.国企改革是供给侧结构性改革的当务之急[J].理论导报,2016(03):62.

[27] 厉以宁.解码"供给侧改革":2016—2020中国经济大趋势 第一个问题是供给和需求两端乏力和结构的调整[J].全国新书目,2016(07):71—74.

[28] 厉以宁.金融应该鼓励支持创新创业[J].经济研究参考,2016(18):16.

[29] 厉以宁.经济势头正在转好[J].商界(评论),2016(01):25.

[30] 厉以宁.经济调控如何从供给方面发力[J].领导科学,2016(03):20.

[31] 厉以宁.经济增长质量比增长速度更为重要[J].河南科技,2016(19):7.

[32] 厉以宁.厉以宁:中国经济的下一程[J].财经界,2016(08):50—54.

[33]厉以宁.厉以宁:中国经济双重转型的启示[J].南方企业家,2016(03):36—37.

[34]厉以宁.年轻创业者将如何改变企业家队伍[J].资源再生,2016(11):56—57.

[35]厉以宁.破解经济下滑要靠创新[J].经济研究参考,2016(54):10.

[36]厉以宁.如何让供给方更好地发力[J].财经界,2016(02):33—34.

[37]厉以宁.世界经济增长的新引擎[J].国家电网,2016(10):48.

[38]厉以宁.新常态就是按经济规律办事[J].中国中小企业,2016(10):14.

[39]厉以宁.新型城镇化建设值得关注的几个问题[J].经济导刊,2016(04):44—46.

[40]厉以宁.新型城镇化首先要解决农民在城市住房问题[J].中国合作经济,2016(03):19.

[41]厉以宁.寻找"红利"的新源泉[J].中国经贸导刊,2016(36):30—33.

[42]厉以宁.中国经济双重转型的启示[J].共产党员(河北),2016(11):32—33.

[43]厉以宁.中国特色经济学"特"在哪儿[J].共产党员(河北),2016(26):41.

[44]厉以宁.中国正在悄悄地进行一场人力资本革命[J].中国经济周刊,2016(48):37—41,36.

2017 年

[1]厉以宁,CFP.中国经济需要发挥道德的力量[J].企业观察家,2017(10):20—22.

[2]厉以宁,朱善利,罗来军,杨德平.低碳发展作为宏观经济目标的理论探讨——基于中国情形[J].管理世界,2017(06):1—8.

[3]厉以宁.创享"人才红利"[N].金融时报,2017-03-17(010).

[4]厉以宁.创新驱动与观念转变[N].成都日报,2017-08-23(006).

[5]厉以宁.当前对于财富管理的几点思考[N].人民政协报,2017-01-03(005).

[6]厉以宁.经济形势好了,问题还有一些[N].北京日报,2017-12-18(014).

[7]厉以宁.旧模式不会自动退出,要靠新模式挤出去[N].企业家日报,2017-12-29(W01).

[8]厉以宁.社会人假设已取代经济人假设[N].北京日报,2017-06-12(014).

[9]厉以宁.新动能是成千上万个创新者创造的[N].中国城市报,2017-03-20(002).

[10]厉以宁.学术性社会调查机构发展前瞻[N].北京日报,2017-01-23(016).

[11]厉以宁.寻找中国红利的"新源泉"[N].北京日报,2017-07-10(016).

[12]厉以宁.中国的农村,正在发生人力资本革命[N].中国城市报,2017-12-11(023).

[13]厉以宁.大变局与新动力:中国经济下一程[J].理论与当代,2017(08):42.

[14]厉以宁.PPP模式在中国的规范化问题[J].债券,2017(09):7—8.

[15]厉以宁.持续推进供给侧结构性改革[J].中国流通经济,2017,31(01):3—8.

[16]厉以宁.创新与创业[J].中国经贸导刊,2017(24):8—10.

[17]厉以宁.供给侧结构性改革和金融的作用[J].北京金融评论,2016(04):3—8.

[18]厉以宁.关注我们周围发生的变化[J].全球化,2017(02):42—44.

[19]厉以宁.厉以宁:对中国经济政策和决策的几个判断[J].财经界,2017(06):50—52.

[20]厉以宁.厉以宁:消除结构性失衡改革必须碰硬的[J].财经界,2017(12):29—30.

[21]厉以宁.厉以宁:寻找中国红利的"新源泉"[J].财经界,2017(07):39—40.

[22]厉以宁.厉以宁:中国经济面临的十大尖锐问题[J].中外企业家,2017(22):82—84.

[23]厉以宁.人才培育和制度创新[J].经济研究,2017,52(11):11—12.

[24]厉以宁.认清中国当前面临的六大问题[J].江淮论坛,2017(05):5—8,2.

[25]厉以宁.同甘共苦不是一回事[J].廉政瞭望(上半月),2017(01):33.

[26]厉以宁.推进供给侧结构性改革,时间不等人[J].中国房地产,2017(14):8.

[27]厉以宁.要对当前的创意、创新、创业有新认识[J].中国房地产,2017(02):9.

[28]厉以宁.振兴"中华老字号"重在体制转型和观念更新[J].中国品牌,2017(02):50—52.

[29]厉以宁.中国出现家庭农场 蓝领中产阶级正在形成[J].农村工作通讯,2017(03):41.

[30]厉以宁.中国发展需要弘扬优秀企业家精神[J].中国科技产业,2017(10):34—36.

[31]厉以宁.中国经济面临的十大尖锐问题[J].纺织科学研究,2017(10):18—21.

[32]厉以宁.转变发展方式和新动能的涌现[J].理论导报,2017(03):10.

[33]厉以宁.转变发展方式迫在眉睫[J].中国中小企业,2017(02):15.

[34]厉以宁.最先变革的小岗村为何没富裕起来[J].中国乡村发现,2017(01):15—20.

2018 年

[1]厉以宁.中国需要培养大量的民营企业[J].上海企业,2018(12):61.

[2]厉以宁.中国股份制改革的历史逻辑[J].智慧中国,2018(09):35—38.

[3]厉以宁.厉以宁:中国现在需要培养大量的、新的民营企业[J].商业观察,2018(09):10—12.

[4]厉以宁.改革开放以来的中国经济:1978—2018[J].山西财税,2018(08):64.

[5]厉以宁.企业家精神必须跟实体结合在一起[J].企业观察家,2018(08):101.

[6]厉以宁.摆脱路径依赖,在新思路指导下前进[J].全国新书目,2018(08):8—9.

[7]厉以宁.创新更多来自信息重组[J].支点,2018(08):12.

[8]厉以宁.中国现在需要大量新的民营企业家[J].上海企业,2018(08):62.

[9]厉以宁.中国改革开放是这样起步的[J].中国经济信息,2018(15):32—33.

[10]厉以宁.信息重组是当前企业创新的关键[N].华夏酒报,2018-07-24（A02）.

[11]厉以宁.改革开放是如何起步的[J].方圆,2018(14):56—57.

[12]厉以宁.中国改革开放是这样起步的[N].北京日报,2018-07-16(014).

[13]厉以宁.向和尚推销梳子[J].中国服饰,2018(07):13.

[14]厉以宁.改革开放以来的中国经济:1978—2018[J].金融纵横,2018(06):102.

[15]厉以宁.农民工、新人口红利与人力资本革命[J].改革,2018(06):5—12.

[16]厉以宁.新旧发展方式更替是一场革命[J].中国经济信息,2018(10):16—17.

[17] 厉以宁. 马克思主义来到中国必须跟中国国情结合[N]. 中国青年报, 2018-05-16(004).

[18] 厉以宁. 留恋旧发展方式,面对的风险不比转向新发展方式小[N]. 北京日报, 2018-04-16(013).

[19] 厉以宁. 企业家的使命是创新——兼论效率的源泉来自人们的积极性[J]. 北京大学学报(哲学社会科学版), 2018, 55(02):13—16.

[20] 厉以宁. 富二代不愿接班怎么办?[J]. 中国经济信息, 2018(05):72—73.

[21] 厉以宁. 贯彻新发展理念 加快建设制造强国[J]. 经济科学, 2018(01):5—9.

[22] 厉以宁. 摆脱路径依赖 在新思路指导下前进[J]. 中国经贸导刊, 2018(04):54—55.

[23] 厉以宁. 改革不能拖! 必须摆脱路径依赖[N]. 联合时报, 2018-02-09(004).

[24] 厉以宁. 改革并不是不要农民,改革需要新农民[J]. 农村工作通讯, 2018(03):57.

[25] 厉以宁. 发挥"X效率",更好调动积极性[J]. 前线, 2018(01):112.

2019 年

[1] 厉以宁. 民营企业迫切待解的几个问题[N]. 北京日报, 2019-12-23(016).

[2] 厉以宁. 论"两个一百年"的奋斗目标和"中国梦"的实现[J]. 理论学习与探索, 2019(06):10—13.

[3] 厉以宁. 非均衡的中国经济[J]. 金融纵横, 2019(11):102.

[4] 厉以宁. 金融领域新开放需要勇气和耐心[N]. 北京日报, 2019-11-11(014).

[5] 厉以宁,辜胜阻,高培勇,刘世锦,刘伟,洪银兴,樊纲,洪永淼. 中国经济学

70年:回顾与展望——庆祝新中国成立70周年笔谈(下)[J].经济研究,2019,54(10):4—23.

[6]厉以宁,程志强.推动经济高质量发展[J].商业观察,2019(04):10—12.

[7]厉以宁.一部解读中国经济40年成功秘诀的书——评郑新立同志《奇迹是如何创造的》一书[J].宏观经济管理,2019(03):2.

[8]厉以宁.结构调整与民企创新[J].新经济导刊,2019(01):8—10.

[9]厉以宁.结构性调整是经济发展的必经阶段[J].中国经济周刊,2019(01):48—51.

[10]厉以宁.民富是国富之源[J].中国服饰,2019(01):12.

2020年

[1]厉以宁,高尚全,刘伟,程志强,赵秋运.中国道路与中国经济发展70年[J].宁波通讯,2020(21):76.

[2]厉以宁.厉以宁:投资是工业化的第一推动力[J].山东经济战略研究,2020(10):34—35.

[3]厉以宁.投资是工业化的第一推动力[N].北京日报,2020-08-31(016).

[4]厉以宁,吴敬琏,林毅夫.中国经济的内在逻辑:看懂中国经济发展的几个关键问题[J].金融纵横,2020(07):102.

[5]厉以宁.中国道路和人口老龄化的就业对策[J].国际经贸探索,2020,36(03):4—11.

[6]厉以宁.中国道路与民营企业高质量发展[J].宏观质量研究,2020,8(02):1—8.

[7]厉以宁.融合的文化有益于回应挑战[N].北京日报,2020-02-10(012).

[8]厉以宁.今天的创新非同以往[N].北京日报,2020-01-13(020).

[9]厉以宁,蒋承.人力资本释放与深化改革[J].北京大学教育评论,2020,18(01):2—8,188.